MARIA POPOV

KEIN BOCK CLUB

MARIA POPOV

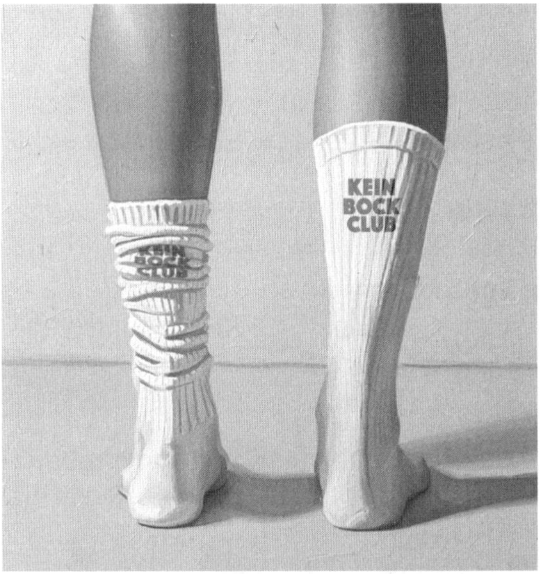

KEIN BOCK CLUB

Warum wir auch mal keine Lust auf Sex haben

kiwi space

Inhalt

Ein Manifest für Spätzünder*innen, für die, die nie zünden, und für die, deren Feuer zwischendurch auf niedriger Flamme brennt.

Prolog

»Ich schreibe gerade ein Buch und bin deswegen auf Lanzarote«, sage ich meinem Date, das ich seit genau 30 Minuten kenne. Sie ist in Vietnam geboren und in Italien aufgewachsen, trägt eine schwarze Kurzhaarfrisur, eine runde Hornbrille und hat eine Ausstrahlung, die das ganze kleine Restaurant, in dem wir zu Abend essen, erfüllt. Ihr »GRL-PWR«-Tattoo gibt mir 2015-Vibes, aber sie fesselt mich. Es ist, als wäre sie das Epizentrum von etwas Großem, das keiner versteht, aber alle spüren. In dem Moment, in dem ich den Satz ausspreche, weiß ich, in welche Bredouille ich mich bringe.

Die letzten Monate habe ich bei der Frage, was ich da tippe, immer gelogen. Ich habe erzählt, ich sei auf der Insel, weil ich surfe und remote für eine Werbeagentur arbeite. Niemand hinterfragt das. Es ist die perfekte Geschichte, die gleichzeitig nichts über mich preisgibt. Keine Reaktion, keine Erklärungen, keine neugierigen Nachfragen, warum ich mich in einem winzigen Fischerdorf an den Rand von Europa zurückgezogen habe. Warum ich also ausgerechnet vor dieser fremden Frau, dieser Fremden mit ihren funkelnden Augen und der Wärme in ihrem Lächeln, ehrlich bin? Keine Ahnung.

Natürlich fragt sie sofort höflich: »Worüber schreibst du?«

Ich stottere auf Englisch etwas von einem Buch über sexuelle Unlust.

Sie nickt, legt ihren Kopf leicht schief und fragt: »Bist du asexuell?«

Es fühlt sich an, als würde mein Herz in meinem Magen schlagen und meine Magensäure zum Vibrieren bringen. Ich bin überrascht, dass eine zehn Jahre ältere lesbische Frau überhaupt weiß, was das ist.

»Mir bedeuten Labels nicht so viel, aber ich glaube schon«, antworte ich zögernd. Egal, wie viele Jahrzehnte ich schon mit verschiedenen Labels herumhantiere, bin ich trotzdem manchmal noch peinlich berührt, Worte wie lesbisch, asexuell oder queer zu sagen.

Und dann grinst sie. Nicht aus Verlegenheit oder Unsicherheit, sondern breit, herzlich, mit einer Leichtigkeit, die mich aus der Fassung bringt. Sie schaut mir tief in die Augen, dann auf meinen Mund und wieder zurück, bevor sie mit ihrem süßen italienischen Akzent sagt:

»Das hätte ich nicht gedacht.«

»Warum?«

Leicht genervt beantworte ich mir die Frage in Gedanken selbst. Ja, safe, wird sie jetzt sagen, weil ich gar nicht asexuell aussehe, weil ich kurze Fingernägel habe oder weil ich nicht so wirke. Stattdessen sagt sie etwas ganz anderes.

»Weil ich das Gefühl habe, dass wir uns gegenseitig sehr anziehend finden.«

Am nächsten Morgen sitze ich beim Frühstück mit meiner Freundin Vidina. Sie lacht so laut, dass sich ein paar ältere deutsche Urlauber am Nebentisch zu uns umdrehen.

»30 Prozent, hast du gesagt! Die Chancen stehen bei 30 Prozent, dass da was laufen wird, Maria! Das waren deine Worte gestern! Und jetzt das?«

»Ja, ich wusste ja nicht, wie attraktiv ich sie finden werde«, murmele ich und schiebe meinen Toast hin und her.

»Aber du schreibst doch das Buch darüber, dass niemand immer Lust haben muss. Dass sexuelle Anziehung überbewertet wird. Und jetzt? Sieht's so aus, als hättest du plötzlich doch Lust gehabt?«

Vidina grinst noch breiter, als sie sieht, wie ich vor Verlegenheit die Augen verdrehe.

Ich wische mit meinem Zeigefinger über den Rand der Kaffeetasse in meiner Hand und versuche zu erklären, warum der Abend so anders war. Vielleicht war es ihre Art, so unaufdringlich und gleichzeitig präsent zu sein. Vielleicht war es die Tatsache, dass ich endlich mal ehrlich war, dass ich meinen Schutzschild für einen Moment sinken ließ. Oder vielleicht war es einfach nur der Funke, der überspringt, wenn zwei Menschen sich auf einer Insel begegnen und irgendetwas in der Luft liegt.

»Ich habe keine Ahnung, warum das passiert ist«, sage ich schließlich und versuche, den Blicken der älteren Urlauber auszuweichen, die Vidinas laute Art mit einer Mischung aus Belustigung und Missbilligung beobachten.

»Das ist okay«, sagt Vidina, die endlich ihren Toast isst. »Und wenn du das in dein Buch schreibst, schreib darüber, als wär es ein Recherche-Date, um zu beweisen, dass sexy Dates eigentlich immer eher für die Geschichte sind als für das Treffen an sich.«

Ich lache und nehme einen Schluck Kaffee. Ein Recherche-Date. Ja, vielleicht war es das. Vielleicht ist das mit der Anziehung und Lust aber auch komplizierter.

Vorwort

Dieses Buch entsteht durch ein Unwohlsein, das ich seit 15 Jahren in mir trage. Gefühle der Einsamkeit, der Suche nach einem Ich im Wir, Scham, Angst, aber auch Selbstbewusstsein, Dankbarkeit und Wissbegierde begleiteten mich auf dem Weg, der jetzt in diesen Text mündet.

Als Moderatorin und Journalistin befasse ich mich mit feministischen, popkulturellen und gesellschaftspolitischen Themen. Seit zehn Jahren drehe ich Filme über Liebe, Sex und Beziehungen und habe lange eine Sendung namens »Auf Klo« auf Youtube moderiert, die über Sexualität aufklärt. Dort, im Fernsehen und in Podcasts, habe ich über weibliche Lust gesprochen und Mythen über schlechten und guten Sex kritisiert. Eine Sache habe ich allerdings geheim gehalten: Während ich öffentlich so viel über Sex sprach, hatte ich selbst noch gar keinen Sex gehabt. Und zudem hatte ich nicht wirklich vor, das zu ändern.

Ich habe dieses Detail nicht verheimlicht, weil ich als Journalistin keine persönliche Note in meine Arbeit einbringen wollte. Im Gegenteil: Oft habe ich mein Outing als queere Frau oder meine Erfahrungen aus Dating und Beziehungen öffentlich besprochen. Ich habe dabei nicht gelogen, aber ganz bewusst ausgespart, dass ich kein aktives Sexleben hatte. Und ich habe mich immer wieder gefragt: Was passiert, wenn ich auffliege? Eine Moderatorin, die sexuelle Aufklärung für Jugendliche leistet, aber selbst gar keinen Sex hat? Eine Feministin, die den Hype um Sexpositivität nervig oder sogar manchmal gefährlich findet? Ich bin damit doch eine Betrügerin, Hochstaplerin, ein Imposter, oder?

Es vergingen einige Jahre, bis ich doch anfing, mich auszuprobieren und tatsächlich guten und schlechten Sex hatte. Trotzdem war eines für mich schnell klar: Ich gehöre zum »Kein Bock Club«. Ich habe einfach nicht so oft Bock auf Sex. Manchmal finde ich Sex trotzdem ganz schön, aber es ist definitiv nicht wie das, was mir 27 Jahre meines Lebens als die geilste, tollste, verbindendste Aktivität verkauft wurde, die es auf der Welt gibt. Für mich war und ist Sex einfach nur *eine* Aktivität von vielen, wie zum Beispiel ein heißes Bad nehmen, Tennis spielen oder Fußmassagen eine Aktivität sind. Und das zuzugeben ist irgendwie intim, und ich fühle mich damit vulnerabel. So als müsse ich nach der *Beichte,* dass ich zum Kein Bock Club gehöre, direkt sagen, dass ich trotzdem eine sexpositive Feministin bin, dass ich trotzdem nicht prüde, sondern offen für Experimente bin. Ist das nicht komisch?

Eine Freundin hat mir mal erzählt, dass sie als Zeitvertreib an der Supermarktkasse die Menschen in der Schlange vor sich scannt und einteilt in »Würde ich ficken« oder »Würde ich nicht ficken«. In dem Moment, als ich das hörte, war ich so verblüfft und amüsiert darüber, dass ich meinen Cappuccino wieder ausgespuckt habe. Es war einer der Momente, in dem mir klar wurde, dass Menschen sich in mindestens zwei Clubs einteilen lassen: Es gibt den Bock Club und den Kein Bock Club. Und ich gehöre definitiv zu Letzterem.

Unter dem Label Kein Bock Club vereinen sich für mich alle Menschen, die eine niedrige Libido haben oder sich auf dem asexuellen Spektrum befinden, also Menschen, die keine oder kaum sexuelle Anziehung zu anderen verspüren. Außerdem schließt er auch diejenigen ein, die zeitweise keinen Bock auf Männer, Sex oder Leistungsdruck haben – aber dazu später mehr. Ich spreche lieber von »keinen Bock haben« als von »sexueller Unlust«. Erstens klingt sexuelle Unlust direkt nach Sexualtherapie und so gar nicht sexy. Und zweitens können die meisten Menschen, die sich noch nicht so viel mit Sexualität beschäftigt haben, kaum zwischen Begriffen wie »Anziehung«, »Lust« oder »Libido« unterscheiden. Diese Unterscheidung ist wissenschaftlich sehr wichtig, und ich werde im Laufe dieses Buchs noch genauer darauf eingehen. Allerdings verkomplizieren sie das Sprechen über Sexualität – und vor allem über die eigenen sexuellen Bedürfnisse – manchmal auch. Deswegen werde ich in diesem Buch die gemeinsamen Aspekte von Anziehung, Lust und Libido meistens unter dem Wort »Bock« zusammenfassen. Auch weil ich daran glaube, dass wir sprachliche Hürden abbauen müssen, um in Zukunft ehrlicher und offener über Bocklosigkeit zu sprechen.

Meine Freund*innen in Berlin reden offen über Themen wie BDSM, Polyamorie und Pornografie, aber praktisch nie darüber, dass sie seit Monaten keinen Sex mehr mit ihren Partner*innen hatten – obwohl (oder gerade weil) sie diese lieben. Sie reden nicht darüber, warum sie lieber sagen »Nee, ich hab Kopfschmerzen« als »Nee, ich habe heute keinen Bock auf Sex«. Vielen von ihnen – das vermute ich zumindest – fehlen die passenden Worte, um darüber zu sprechen, dass man keinen Bock auf Sex hat. Aber nicht nur das: Bocklosigkeit ist bis heute nichts, worauf man stolz ist, oder etwas, das man als normal empfindet. Das möchte ich mit diesem Buch ändern.

Das Aufwachsen ohne sexuelle Bedürfnisse ist nicht nur weird, sondern auch einsam. Nicht weil ich wirklich allein war, sondern vor allem weil ich lost war. Und ich habe ganz viel Scham empfunden, zum Kein Bock Club zu gehören. Ehrlich gesagt, fühle ich die Scham auch jetzt gerade, weil dieses Buch vielleicht als Coming-out verstanden werden wird. Die Vorstellung, bei Steven Gätjen in der NDR-Talk-Show über den Kein Bock Club zu sprechen oder im SAT.1-Frühstücksfernsehen mit Marlene Lufen über Sexpositivität zu plaudern, ist beängstigend und empowernd zugleich. Der Gedanke fühlt sich jedenfalls genauso verletzlich und intim an, wie dieses Buch zu schreiben.

Ich hatte keine Vorbilder, die bocklos, selbstbewusst und smart sind und halbwegs coole Klamotten tragen. Nicht dass der Style dafür wichtig ist, eine Daseinsberechtigung in der Öffentlichkeit zu haben, aber ich war als Jugendliche verzweifelt auf der Suche nach Vorbildern, mit denen ich mich identifizieren konnte – und bin es eigentlich auch heute noch als erwachsene Frau. Daher kommt wiederum das aufregende, positive Gefühl, das ich habe, wenn ich daran denke, selbst für meine Bocklosigkeit einzustehen.

In diesem Buch möchte ich über viele Dinge schreiben, die das Thema Sexualität betreffen. Sexualität umfasst ein ganzes Spektrum von Gefühlen, Wünschen, Identitäten und Ausdrucksformen rund um das Thema Sex. Aber sie ist mehr als das, was im Schlafzimmer passiert. Unsere Sexualität beinhaltet unsere sexuellen Vorlieben, was wir über Geschlechterrollen denken und wie wir uns selbst und andere in Bezug auf Sexualität sehen. Sie umfasst Fantasien, Körperlichkeit, auch Fetische und ästhetisches Empfinden.

In der LGBTQIA+-Community ist diese umfangreiche Betrachtung nicht neu, aber in den Diskursen, die wir als heterosexuell-dominierte Gesellschaft führen, wird Sexualität oft auf den Rein-raus-Akt reduziert. Dabei stellen sich eigentlich viel komplexere Fragen: Ist Sex ausschließlich Penetration? Oder hat man nicht auch Sex, wenn man sich nackt aneinander reibt? Kann man Intimität nur in einer romantischen Zweierbeziehung verorten? Oder zum Beispiel auch in Freundschaften? Und warum ist es nicht eigentlich völlig egal, wie wir Sex haben, wen wir lieben und ob wir überhaupt bumsen?

Was beim Sprechen über Sexualität meiner Meinung nach nicht häufig genug beachtet wird: Sie kann sich im Laufe des Lebens entwickeln. Wenn Leute darüber lachen, dass eine sexuelle Orientierung eine Phase ist, denke ich mir oft: Ja, stimmt doch. Meine Heterosexualität war zum Beispiel eine Phase. Und je nach Wissensstand oder Lebensumstand kann sich diese Orientierung eben ändern. Aber auch darauf kommen wir später zurück.

Ich möchte in diesem Buch Sexualität breit fassen. Es wird natürlich um biochemische Prozesse, körperliche Zustände und wissenschaftliche Studien gehen. Aber vor allem schreibe ich über uns Menschen und Sexualität im Kontext unserer Gesellschaft. Zum Beispiel über historische Betrachtungsweisen weiblicher Lust, über Vorurteile gegenüber Menschen, die weniger Lust haben, als von ihnen erwartet wird, und die deswegen unter Druck stehen, und über Popkultur, die unsere Vorstellungen und Bilder im Kopf prägt.

Um die heutigen Debatten und den Status quo besser zu verstehen, gehe ich auch in meinem eigenen Leben zurück zu ein paar Momenten, die wichtig sind: zurück in die Pubertät, zu den Crushes meiner Jugend, zu meiner ersten Liebe. Nicht immer gehe ich dabei chronologisch vor, trotzdem wird hoffentlich ein roter Faden erkennbar sein, der zu meinem heutigen Ich und zu unserer Gegenwart führt.

Wenn ich meine eigene Geschichte erzähle, versuche ich, so ehrlich zu sein, wie es mir mit dem zeitlichen Abstand, den ich zu den Situationen habe, möglich ist. Um die Privatsphäre anderer Personen zu schützen, habe ich alle Namen geändert, mir manche Details ausgedacht und Szenen verfremdet. Einige Menschen, die in diesem Buch vorkommen, habe ich um ihr Einverständnis gebeten, konkrete Situationen schriftlich festzuhalten.

Außerdem ist mir wichtig, eine andere Sache hier zu erwähnen, und am liebsten würde ich es auf jeder Seite dieses Buchs platzieren und in jede Fußzeile hineinschreiben: Es gibt mehr als zwei Geschlechter. Auch wenn die meisten wissenschaftlichen Studien, die ich zitiere, auf der Binarität von Mann und Frau, Jungen und Mädchen, Penis und Vulva, beruhen, weiß ich: trans und queere Personen gab es schon immer und wird es immer geben. Ich hoffe, dass du dich als lesende Person von meiner hoffentlich möglichst inklusiven Sprache angesprochen fühlst, auch wenn ich mich manchmal auf ein binäres Geschlechtsmodell beziehe. Dass man Geschlecht nicht an Genitalien und Chromosomen festmachen kann, ist dabei trotzdem immer meine feste Überzeugung.

Im Fokus dieses Buchs steht vor allem weibliche Bocklosigkeit. Nicht weil Männer nicht keine Lust auf Sex haben können (ein gefährlicher Trugschluss sogar, auf den ich zurückkommen werde), sondern weil ich mich selbst als Frau identifiziere und vor allem über meine persönlichen Erkenntnisse aus meiner Recherche, meinem Leben und meiner Arbeit als Journalistin spreche. Das heißt ausdrücklich NICHT, dass dieses Buch nur für Frauen ist. Im Gegenteil sogar: Wenn wir alle uns mehr mit weiblich gelesener Bocklosigkeit beschäftigen würden, hätten alle etwas davon.

Ich möchte mit diesem Buch etwas anders machen, als uns gesellschaftlich beigebracht wird: Keinen Bock zu haben, ist kein Zustand, den man ändern muss, nichts, das geheilt werden muss oder zu bedauern ist. Der Kein Bock Club schuldet weder Partner*innen noch der Gesellschaft Sex. Noch mal langsam, weil das sehr wichtig ist: Der Kein Bock Club schuldet weder Partner*innen noch der Gesellschaft Sex. Der Bock Club schuldet übrigens auch niemandem Sex, aber darüber gibt es viele andere tolle Bücher.

Weil das hier mein Buch ist, möchte ich die Gelegenheit noch nutzen und ein paar Menschen grüßen:

Hallo, Ex-Beziehungen: Äh, ja, sorry! Aber gleichzeitig auch selbst schuld, wenn ihr das hier lest. Hab euch trotzdem lieb.

Hallo, Familienmitglieder: Wenn ihr das Lesen bis hier schon unangenehm findet, lest lieber nicht weiter. Das gilt auch für Ex-Lover*innen.

Hallo, Freund*innen: Ich liebe euch. Dankeeeee.

1.

Spätzünderin

Mein ganzes Leben schon wartete ich auf die beiden Momente, die zu viele schlechte Highschoolfilme thematisieren: meine fucking erste Periode und mein fucking erstes Mal. Bei beidem bin ich eine der Letzten, eine richtige Spätzünderin halt.

Meine Freundin Jenny war gerade einmal neun Jahre alt, als sie mir am ersten Tag nach den Sommerferien erzählte, dass sie jetzt immer eine Binde im Portemonnaie mit sich herumtragen muss. Ich selbst war auch neun und konnte es kaum glauben, dass Jenny jetzt, na ja, dass sie schon ... also dass sie zur Frau geworden war. Es dauert nicht lange, bis auch alle anderen in meiner Klasse – mehr oder weniger schüchtern – *davon* erzählten. Sie diskutierten auf dem Mädchenklo, wie sich das erste Mal bluten angefühlt hatte, welche Art von Binden sie bevorzugten und dass Selma keine Tampons benutzte, weil ihre Mama sage, man verliere dann die »Jungfräulichkeit«. Ich konnte bei alldem noch nicht mitreden – bis zu einem eisigen Tag im März 2008, kurz nach meinem 15. Geburtstag.

Mädchenkarriere

Im Reihenhaus meiner Eltern hängt ein Foto im Flur, auf dem meine Schulklasse zu sehen ist. Ich bin die in der ersten Reihe, die trotz ihrer schiefen Zähne breit grinst. Ich bin das kleinste der Mädchen. Ich bin ungefähr 14 Jahre alt. Alle anderen sind schon mitten in der Pubertät, haben Pickel und tragen Jeans mit Hochwasser. Nicht die Hosen im 7/8-Stil, die extra oberhalb der Knöchel aufhören und die damals im Trend waren, sondern Schlaghosen von *Miss Sixty*. Die, bei denen zwar der Reißverschluss am Po gerade noch zugeht, aber deren Hosenbeine so kurz sind, dass die unterschiedlich farbigen Socken darunter hervorblitzen.

Als ich an dem Foto vorbei die Treppe hinunterlaufe, tönt aus der Küche Musik, die ich mag. Meine Mama hat ausnahmsweise *1Live* angemacht und nicht einen Sender, der dinomäßig alt und peinlich ist. Es ist Freitagnachmittag, und im Radio läuft der neuste Song von Flo Rida. Er singt über eine Frau mit *Apple-Bottom*-Jeans, über Baggy-Sweat-Pants und *Reebok*-Sneaker. Der ganze Club schaut die besungene Frau an, während sie den Dancefloor betritt und ihrem »big booty« einen »slap« gibt: *»Shawty got low, low, low, low, low, low, low, low.«*[1]

Ich trage keine Markenjeans und keine coolen Schuhe. Den Wunsch nach solchen Statussymbolen, die in den 2000er-Jahren als cool galten, haben mir meine Eltern immer ausgeschlagen. Stattdessen musste es günstig sein. Für das Schulfoto im Flur war meine Wahl deshalb auf einen mintgrünen Hoodie mit einem aufgedruckten Affen und eine Blue Jeans mit heller Waschung gefallen. Die Hose hatte ich sorgfältig ausgewählt, vor allem aufgrund der Taschen auf der Rückseite. Die sollten immer an einer ganz bestimmten Stelle sein, um den Po perfekt zu betonen. Meine männlichen Mitschüler diskutierten in der Pause häufig darüber, dass ein schöner Po fast wichtiger sei als große Brüste. Sie waren sich am Ende ihrer Diskussionen nie ganz einig, worauf ihre Wahl *wirklich* fiel, aber da ich eh noch keine Brüste hatte, setzte ich auf meinen Arsch. An meinen Füßen trug ich auf dem Schulfoto Chucks, allerdings nicht die originalen. Außerdem waren meine Schuhe so ausgelatscht, dass sich der vordere Teil des Schuhs clownmäßig nach oben wölbte. Auf den Lippen hatte ich Lipgloss mit Plumping-Effekt und auf den Augen Glitzerlidschatten. Die Kufiya um meinen Hals, die wir damals »Palituch« nannten, war total in, und ich kannte weder ihren historischen Ursprung, noch verband ich damit irgendeine politische Gesinnung.

Das Bild ist eines der wenigen Klassenfotos, bei denen ich meinen Eltern die Erlaubnis gegeben habe, es auszudrucken. Die meisten Schulbilder habe ich weggeworfen oder gelöscht. Zu sehr schäme ich mich dafür, dass mit steigender Qualität der Digitalkameras ein dunkler Flaum auf meiner Oberlippe erkennbar wird.

Als wir das Schulfoto ausgehändigt bekamen und ich es mit meinen Freundinnen analysierte, zeigte jede von ihnen auf einen Jungen, auf den sie einen Crush hatte – »in den sie ist«, wie wir in den 2000ern sagten. Jede suchte sich einen aus, so lange, bis ich dran war.

»Und, Maria, in wen bist du?«, fragte Finja, und alle schauten mich dabei intensiv an.

Wenn mich jemand so was fragte, fing ich meistens an zu stottern. Und entschied mich jede Woche neu: Mal war ich überzeugt davon, in den Schulschwarm Jenrick verliebt zu sein, der ein Jahr älter war als wir. Der war immer eine sichere Wahl, bei der meine Glaubwürdigkeit nicht hinterfragt wurde.

Ein anderes Mal war es der Junge, der beim Fußball die meisten Tore schoss. In der nächsten Woche beteuerte ich meine Liebe zum Theaterjungen aus der Parallelklasse. Keiner dieser Jungs interessierte mich wirklich so richtig. Okay ... außer vielleicht der Theaterjunge.

Neben den erfundenen Schwärmereien sah ich noch eine weitere Chance, endlich den nächsten wichtigen Schritt in meiner Mädchenkarriere zu machen – und damit in den Status einer »Teenagerin« aufzusteigen: meinen ersten Kuss. Der Theaterjunge erschien mir dafür der Richtige zu sein, weil er immerhin sein Soft-Boy-Image regelmäßig in der Musical-AG unter Beweis stellte.

Auf Elsas 12. Geburtstag, den wir bei ihr zu Hause feierten, bemerkte ich seinen Blick auf mir. Wir zehn Teenager*innen saßen im Kreis und warteten gespannt darauf, auf wen die Flasche als Nächstes zeigen würde. Es roch nach V+Energy und Pubertätsschweiß. Irgendwann zeigte sie auf mich.

Nachdem die Flasche mir meinen ersten Kuss beschert hatte, war ich mit dem Theaterjungen zwei Wochen »zusammen«. Was genau das eigentlich hieß, schienen wir beide nicht richtig zu wissen. Denn »zusammen« war daran ziemlich wenig. Trotzdem war ein Kuss der ganz selbstverständliche Start eines »Wir gehen jetzt miteinander«. Die Fragen meiner Freundinnen, ob es beim Kuss auch »da unten« gekribbelt hatte, bejahte ich verwirrt, weil ich nicht verstand, was sie meinten. Schmetterlinge im Bauch kannte ich vielleicht, aber dass meine Freundinnen ernsthafte Absichten hatten, über mehr als Küssen zu sprechen, fand ich eher gruselig.

Der Theaterjunge machte nach zwei Wochen per SMS Schluss. Ich war nicht traurig, weil ich ihn so liebte, sondern weil er sich dazu entschlossen hatte, seine SMS – die mich auf meinem gerade erklommenen Teenagerinnen-Status wieder eine Stufe nach unten in Richtung »Mädchen« verfrachtete –, mit folgenden Worten zu beenden: »Aber Kopf hoch: Hakuna Matata.«

Die Klobrille im Gästeklo bei mir zu Hause ist kalt, als ich mich auf sie setze. Durch die Toilettentür hindurch höre ich immer noch das Radio. Das Lied erkenne ich diesmal nicht. Meine Schulfreundinnen tragen schon Tangas. Obwohl meine Mama es mir sogar erlaubt und mir ein Snoopy-Tanga-Set von ALDI mitgebracht hat, ziehe ich sie nur an, wenn ich in der Umkleide der Tanzschule auf cool tun will. Dazugehören, normal sein, ist das A und O. Nein, Tangas sind nicht die Schlüppis meiner Wahl. Der Schlüppi an diesem Freitag ist rosa mit kleinen Erdbeeren drauf, bei dem sich das Gummiband am Bund schon etwas auflöste.

Als ich die Unterhose runterziehe, ist ein dunkelbrauner Streifen darin zu sehen. *Was?* Ich bin kurz überfordert, aber dann weiß ich ganz genau, was zu tun ist. Im Gäste-WC hat meine Mutter schon immer groß und für alle Gäste sichtbar Tampons drapiert. Ich hatte nie das Gefühl, dass das etwas Peinliches ist. Mit 13 probierte ich schon, mir verschiedene Größen einzuführen, obwohl ich noch keine Blutung hatte. Meine Freundinnen in der Schule hatten immer nur Binden oder minikleine Tampons dabei. Ich und mein Erdbeerschlüppi sitzen also auf dem Klo, leicht nervös, und packen uns das Teil da rein, wo es hinsoll. Tipptopp.

Als ich in die Küche komme, riecht es nach gebratenen Zwiebeln und Bohnenkraut. Meine Mutter hat die Hände voll mit Hackfleisch, weil sie dabei ist, Köfteta, bulgarische Frikadellen, zu machen.

»Ja, mh, Periode, ja ...«, murmele ich und will schon schnell in mein Zimmer huschen, als sie fragt:

»Alles ok? Hast du Fragen?«

Natürlich hatte ich mit 15 tausend Fragen: Wieso bin ich jetzt erst dran? Was bedeutet es, »eine Frau zu werden«? Geht das mit einem Vertrag einher? Wieso stehen alle auf Jenrick, aber ich nicht? Was meinen meine Freundinnen mit dem Kribbeln »da unten« beim Knutschen? Muss ich jetzt die Pille nehmen? Und wenn ja, wofür?

Das und vieles mehr wollte ich fragen, aber tat es nicht. Alles, was mit Gefühlen und Unsicherheiten zu tun hatte, war zu Hause nicht so gut aufgehoben. Da musste alles schnell gehen, leise sein und funktionieren. Während meine Eltern hart für ihren German Dream ackerten, um sich das Reihenhaus leisten und abbezahlen zu können, versuchte ich krampfhaft, nicht aus der Reihe zu tanzen.

Ich schaue meine Mutter an, zucke mit den Schultern, sage »Nö« und renne die schmale Wendeltreppe hoch, um weiter Sims zu spielen. Zeit, wieder darauf hinzuarbeiten, dass meine zwei Sims-Charaktere endlich Techtelmechtel machen. Ich mache mit 15 kein Techtelmechtel und weiß noch nicht, dass es weitere zehn Jahre so bleiben wird. Spätzünderin halt.

Wer zündet wann?

Spätzünden – was bedeutet das eigentlich? »Zünden« heißt anbrennen, entfachen, aber auch begeistern oder fesseln. Wenn jemand »spät zündet«, wird dessen Feuer später entfacht als das Feuer derer, die »normal« zünden.

Ein Feuer entsteht durch drei Zutaten: Brennstoff, Hitze und Sauerstoff. Ein Brennstoff, der noch nicht entfacht ist, ist kalt, dem fehlt noch etwas. Nur durch eine Initialzündung, wie einen Blitz, der einen Baum trifft, wird eine Kettenreaktion in Gang gesetzt, und der Baum brennt. Der Baum kann gar nicht anders, als zu zünden, die Hitze ist nicht auszuhalten, sie braucht eine Reaktion.

Im Englischen heißen die Spätzünder*innen »Late Bloomers«. Das sind diejenigen, die später blühen, noch nicht floriert oder gediehen sind. Eine Pflanze, die noch nicht blüht, ist klein, schwach und hässlich, der steht die prächtige Zeit noch bevor. Als Spätzünderin dachte ich genau das: Ich bin noch nicht aufgeblüht. Das Feuer in mir ist noch nicht entfacht, obwohl doch die Pubertät genau der Zeitpunkt dafür sein sollte.

Wenn das Zünden oder Aufblühen in der Pubertät als Norm angesehen wird, ist das Spätzünden eine Abweichung, für die man Gründe finden muss. Spätzünder*innen wird zugeschrieben, sie seien prüde, nerdig oder sozial inkompetent. Sie scheinen ein Mysterium zu sein, das verstanden und entschlüsselt werden muss. Während die meisten erste Beziehungen formen oder ihre »Jungfräulichkeit verlieren« – eine schreckliche Formulierung, die ich ungern reproduziere, aber als ich in der Pubertät war, sagte man das so –, bleiben die Spätzünder*innen in dieser Hinsicht hinter den gesellschaftlichen Erwartungen zurück. Sie seien über das Alter hinaus, in dem »normale Jugendliche« ihre ersten sexuellen und romantischen Erfahrungen machen.

Ich malte mir aus, es gäbe zwei Arten von Menschen: diejenigen, die die Songtextzeilen von Ginuwine verstehen, und die, die keine Ahnung haben, was »Pony reiten« sein soll: *»Juices flowing down your thigh, If you're horny, let's do it. Ride it, my pony, My saddle's waitin', Come and jump on it.«*[2]

Welches Alter zum Zünden richtig ist, legt niemand fest, und welche Erfahrungen damit genau gemeint sind, auch nicht. Außerdem lässt sich kaum sagen, ab wann genau man kein*e Spätzünder*in mehr ist: Wenn man seine erste Periode hat? Sobald man Interesse am anderen Geschlecht entwickelt? Wenn man das erste Mal Geschlechtsverkehr hat? Und ist damit dann Penetration gemeint? Oder ist man auch kein*e Spätzünder*in mehr, wenn man Händchen haltend über den Schulhof läuft?

Als Teenagerin habe ich mir oft vorgestellt, was auf mich wartet, wenn ich endlich zünde. Was wohl dieser eine Moment sein würde, der mich aus meinem Spätzünderin-Dasein katapultiert und mich unweigerlich auf die andere Seite befördert – die Seite derer, die wissen, wie das alles funktioniert. Würde es schlagartig passieren? Ein Blick, ein Kuss, eine zufällige Berührung, die mich durchzuckt wie ein Blitz und mich wie einen Baum in Brand setzt? Oder wie der Moment im Frühling, wenn die Blüte blüht, und man es riechen und von weiter Entfernung sehen kann. Oder ist es eher ein schleichender Prozess, der mir erst im Rückblick klarmacht, dass ich nicht mehr dieselbe bin? Ich fragte mich, ob es so sein würde wie im Film. Und wenn ja, nach welchem Drehbuch meine Szene ablaufen würde. In der Bibliothek, wo ich nach einem Buch greife und seine Hand streife? In der dunklen Partyecke, in der sich zwei langsam näherkommen, während die Bässe der Musik alles andere übertönen? Oder wäre es ein unerwarteter Moment, ein Spaziergang, eine Zugfahrt, die auf einmal dieses Feuer in mir entfacht und den Vorhang zu einer Welt aufreißt, die mir bisher verborgen blieb?

Ich stellte mir vor, dass Menschen es mir sofort ansehen würden. Dass meine Freundinnen meine Haltung, meine Bewegungen, meinen Tonfall registrierten und merkten, dass ich jetzt dazugehöre. Dass ich an einem Samstagmorgen in der Küche stehen, Kaffee umrühren und mit einem selbstzufriedenen Lächeln sagen würde: »Ich verstehe jetzt, was ihr meint.«

Würde ich insgesamt mit einem anderen Selbstverständnis durch die Welt gehen? Ein cooleres, beiläufigeres Auftreten haben? So wie die Mädchen in Coming-of-Age-Filmen, die nach der entscheidenden Nacht mit offenem Fenster im Bett liegen, ein dünnes Laken über sich, während sie in die Ferne blicken, leicht verwirrt, aber doch verändert? Vielleicht wäre es auch wie in einer dieser Szenen, in der ein Mädchen mit vom Wind zerzausten Haaren in Zeitlupe durch den Schulflur läuft. Plötzlich mit einem neuen Glanz in den Augen und einem Soundtrack im Hintergrund, der signalisiert, dass sie nun jemand anderes ist. Shakira könnte im Hintergrund laufen, meine Hüften würden selbstbewusster denn je im Takt der Musik schwingen: *»Lucky that my lips not only mumble, They spill kisses like a fountain; Lucky that my breasts are small and humble, So you don't confuse 'em with mountains.«*[3] Ich glaubte fest daran, dass es ein Vorher und ein Nachher geben würde.

Weil ich aber auf mein persönliches Zünden auch nach dem Einsetzen meiner Periode vergeblich wartete, suchte ich regelmäßig nach Antworten. »Bin ich normal?«, war die Frage, die ständig meine Gedanken bestimmte. Und mit »normal« meinte ich eigentlich: Bin ich mit allem, was Sex angeht, nicht eigentlich schon zu spät dran?

Zeitschriften wie die *Bravo Girl!* oder die *Mädchen,* die ich regelmäßig las, gaben mir nur vereinfachte Antworten. Dort wurde erklärt, wann Menschen ihr erstes Mal haben – und ich war über dieses Alter *definitiv* hinausgewachsen. Die Zeitschriften verrieten mir nicht, ab wann Sex als Sex galt, und auch nicht, dass alles, was Teenager*innen machen, als »normal« gelten sollte. Nichts zu früh oder zu spät ist.

Beim Schreiben dieses Buchs im Jahr 2025 versuche ich, Studien zu finden, die meine ersten romantischen und intimen Erfahrungen als spät oder sogar *zu* spät einordnen. Zurück bleibe ich allerdings eher mit noch mehr Fragezeichen.

In Deutschland erleben die meisten jungen Menschen im Alter zwischen 14 und 19 Jahren die ersten körperlichen Kontakte und sexuellen Erfahrungen. Das hat zuletzt eine breit angelegte Studie der Bundeszentrale für gesundheitliche Aufklärung (BZgA) aus dem Jahr 2019 gezeigt.[4] Die Ergebnisse bringen hervor, dass viele Menschen im Teenageralter enorme Entwicklungsschritte durchmachen: Während sexuelle Aktivitäten unter den 14-Jährigen insgesamt mit durchschnittlich 4 Prozent noch die Ausnahme sind, gaben 94 Prozent der unter 19-Jährigen an, schon heterosexuelles Küssen, Petting oder Geschlechtsverkehr gehabt zu haben. 6 Prozent der heterosexuellen Befragten ohne Migrationsgeschichte gaben an, keinerlei Form von sexuellem Kontakt erlebt zu haben. Bei heterosexuellem Geschlechtsverkehr sind die Befragten deutlich älter als beim Küssen: Rund 34 Prozent der Jugendlichen gaben an, bei ihrem »ersten Mal« 15 Jahre oder jünger gewesen zu sein. Erst mit 17 oder 18 Jahren hat dann die Mehrheit, ungefähr 61 Prozent der Teenager, zum ersten Mal Sex. Ab einem Alter von 22 Jahren geben schließlich neun von zehn jungen Erwachsenen an, sexuell aktiv zu sein.

Neben diesen Zahlen kommt die Studie auch zu einem anderen interessanten Fazit: Jugendliche erleben ihr erstes Mal mittlerweile später als noch vor zehn Jahren. Die Leiterin des BZgA, Prof. Dr. Heidrun Thaiss, erklärt in einer Pressemitteilung: »Annahmen, wonach immer mehr junge Menschen immer früher sexuell aktiv werden, bestätigen sich nicht. Im Gegenteil: Im Alter zwischen 14 und 16 Jahren geben deutlich weniger Mädchen und Jungen an, sexuelle Erfahrungen gemacht zu haben, als noch vor zehn Jahren.«[5] Besonders 15- und 16-Jährige sind, im Vergleich zu ähnlichen Studien aus den frühen 2000er-Jahren, wieder eher zurückhaltender geworden, was sexuelle Erfahrungen angeht. Laut der Studie liegt das Durchschnittsalter in Deutschland für das erste Mal Sex bei ungefähr 17 Jahren.[6] Genauer gesagt: Fast 70 Prozent der 17-jährigen Frauen ohne Migrationshintergrund in Deutschland haben bereits Geschlechtsverkehr erlebt. Unter gleichaltrigen Frauen mit Migrationshintergrund liegt der Anteil dagegen bei etwa 37 Prozent.

So etwas wie einen global einheitlichen Durchschnitt für das erste Mal gibt es nicht. Zu unterschiedlich sind Faktoren wie die kulturelle, soziale oder politische Einstellung zu Sexualität, der Zugang zu Verhütungsmitteln oder Aspekte wie Urbanisierung und Bildung.

Eine US-amerikanische Studie aus dem Jahr 2017 besagt, dass eine Mehrheit von ungefähr 55 Prozent der 18-Jährigen angibt, bereits Geschlechtsverkehr gehabt zu haben.[7] In Japan liegt das Durchschnittsalter für das erste Mal Geschlechtsverkehr bei etwa 20 Jahren. Ein bedeutender Anteil bleibt lange sexuell inaktiv: 2015 hatten ca. 25 Prozent der 35-jährigen Japaner*innen noch keinen heterosexuellen Verkehr.[8] In Nigeria besteht ein deutlicher Geschlechtsunterschied. Laut der Demografie-Gesundheits-Umfrage 2018 liegt der Median bei Frauen bei etwa 17,2 Jahren, während er bei Männern rund 21,7 Jahre beträgt. Grund dafür sind frühzeitige Eheschließungen bei Frauen, während Männer älter sind, wenn sie heiraten.[9] Auch in Ägypten hängt das Durchschnittsalter der Heirat mit dem ersten Mal zusammen. Eine Studie aus dem Jahr 2014 zeigt, dass Frauen hier im Durchschnitt 20 bis 21 Jahre alt sind, ähnlich wie bei ihrer Eheschließung. In Ägypten erleben nur ca. 8,5 Prozent der Frauen vor dem 18. Lebensjahr Geschlechtsverkehr, wohingegen es bei den Männern schätzungsweise 27,6 Prozent sind.[10]

Dass kulturelle Unterschiede in Vorstellungen von »Was ist normal?« reinspielen, wird niemanden wundern. Manchmal wundere ich mich aber über mich selbst. Mein erstes Mal hatte ich erst mit Mitte zwanzig – statistisch gesehen also ziemlich spät. Und trotzdem war ich früh dran, wenn es ums Küssen ging. Diese Mischung hat mich lange irritiert. Ich dachte oft, ich sei eine Spätzünderin. Aber was bedeutet das eigentlich? Es gibt keine klare Definition dafür, ab wann man »spät« ist. Und doch vergleichen wir uns. Wir lesen Zahlen, Durchschnittsalter, Prozentwerte – und sortieren uns ein. Zu früh. Zu spät. Normal. Irgendwo dazwischen. Als gäbe es dafür ein Richtig oder Falsch. Aber das gibt es nicht. Es gibt nur unsere individuellen Geschichten.

Über Menschen, die als Spätzünder*innen gelten, gibt es ein Klischee, das sich hartnäckig hält: Ihnen wird oft eine Zugehörigkeit zur LGBTQIA+-Community zugeschrieben. Das zeigt sich zum Beispiel, wenn unter Jugendlichen das Gerücht verbreitet wird, jemand sei »bestimmt schwul«, weil die so bezeichnete Person noch kein Interesse am anderen Geschlecht oder an sexuellen Aktivitäten zeigt. Obwohl diese ganz konkrete Schlussfolgerung natürlich falsch ist und auf abwertenden Vorurteilen basiert, besagen Studien, dass es tatsächlich einen Zusammenhang zwischen dem späten Zünden und Menschen aus der LGBTQIA+-Community gibt.

Die BZgA-Studie aus dem Jahr 2019 zum Beispiel hat nicht nur heterosexuelle Sexualkontakte unter den Jugendlichen abgefragt, sondern auch homo- und bisexuelle. Bei den Jugendlichen, die angaben, sich zu beiden Geschlechtern oder zum eigenen Geschlecht hingezogen zu fühlen, gab es eine deutliche Abweichung zu den heterosexuellen Befragten: »Mit 31 Prozent gibt ein besonders hoher Anteil unter den Minderjährigen an, dass es [...] bisher zu keinerlei körperlichem Sexualkontakt mit Personen des eigenen Geschlechts gekommen sei.«[11] Jugendliche, die sich zur LGBTQIA+-Community zählen, steigen im Schnitt also deutlich später in ihr Sexleben ein als heterosexuelle Teenager.

Allerdings geht es beim Spätzünden nicht nur um konkrete sexuelle Erfahrungen, sondern auch darum, wann Jugendliche überhaupt anfangen, über ihre Sexualität nachzudenken. Eine Studie des Pew Research Centers aus dem Jahr 2013 zeigt eine interessante Verteilung.[12] Während die befragten Menschen im Durchschnitt 12 Jahre alt waren, als sie zum erste Mal darüber nachdachten, nicht heterosexuell zu sein, hatten schwule Männer diese Gedanken insgesamt deutlich früher als lesbische Frauen. 38 Prozent der schwulen Männer gaben an, bereits vor ihrem zehnten Lebensjahr über ihre sexuelle Orientierung nachgedacht zu haben. Von den lesbischen Frauen behaupteten das nur 23 Prozent. Umgekehrt sieht es in höheren Altersgruppen aus: 14 Prozent der Lesben antworteten auf die Frage, in welchem Alter sie sich zum ersten Mal nicht-heterosexuell gefühlt hätten, dass sie 20 Jahre oder sogar älter gewesen seien – bei schwulen Männern waren nur 3 Prozent der Befragten über 20.

Dass Jungen und Männer, egal ob hetero oder nicht, ihre Sexualität früher erkunden, ist kein Zufall. Eine überwiegende Mehrheit von ihnen nimmt Sexualität nicht als Gefahr wahr. Mädchen hingegen wird das Entdecken der eigenen Sexualität im frühen Kindesalter in vielerlei Hinsicht verwehrt. Das beginnt schon damit, wie Genitalien benannt werden. Durch den Begriff »Schamlippen« beispielsweise werden Teile des weiblichen Genitalbereichs mit dem negativ besetzten Gefühl der Scham in Verbindung gebracht. Für geschlechtsneutrale Begriffe wie »Schambereich« oder »Schambehaarung«, die sowohl Männer als auch Frauen betreffen, gibt es Alternativen: »Intimbereich« oder »Intimbehaarung«. Doch für die Schamlippen fehlte eine solche Alternativbezeichnung lange Zeit. Erst vor einigen Jahren entstand der neutrale Begriff »Vulvalippen«.[13]

Trotzdem bleibt es für Mädchen und Frauen schwer, über den eigenen Genitalbereich zu sprechen. Sie lernen zum Beispiel nicht, dass eine Vulva nicht das Gleiche ist wie eine Vagina. Als Vulva bezeichnet man das gesamte äußere Geschlechtsorgan von Menschen, denen bei der Geburt das weibliche Geschlecht zugewiesen wird. Die Vagina hingegen liegt im Inneren des Körpers. Sprache und die Fähigkeit, eigene Körperregionen korrekt zu benennen, sind ein wichtiger Faktor im selbstbestimmten Zugang zum eigenen Körper. Dass Mädchen und Frauen häufig im Leben zuerst lernen, was Übergriffigkeit und Vergewaltigungen sind, bevor sie die richtigen Worte haben, um über sich selbst zu sprechen, finde ich bezeichnend.

Wann und wie man »zündet«, die eigene Sexualität oder den eigenen Körper wahrnimmt und kennenlernt, ist also nicht nur ein individueller Prozess, sondern wird auch durch Gesellschaft und Sprache geformt und ist zudem davon abhängig, welches Geschlecht einem bei der Geburt zugewiesen wurde.

*Normalzünder*innen*

Wenn ich mich selbst Spätzünderin nenne, tue ich das mit einem schelmischen Grinsen. Hinter meinen schiefen Mundwinkeln verbergen sich aber auch Unsicherheiten und die Frage, ob ich als 32-jährige Frau überhaupt schon gezündet bin.

In ihrem Buch »Refusing Compulsory Sexuality« schreibt die Autorin und Redakteurin Sherronda J. Brown über Sexualität, Zwang und Norm. In das Zentrum ihres Textes stellt sie unter anderem ihre eigene Perspektive als Schwarze, asexuelle Frau. Asexuell bedeutet, dass Brown keine sexuelle Anziehung gegenüber anderen Menschen empfindet. Für die Autorin ist der Begriff »Spätzünderin« wenig hilfreich. Diejenigen, die sich selbst als Spätzünder*innen bezeichneten, nutzten den Begriff eher als Entschuldigung und bestätigen damit den Blick von außen: Wenn andere ein spätes Zünden als »unnormal« betrachten, bestätigt die Selbstbezeichnung diese Perspektive eher, als dass sie nützt. »Man ›zündet‹ nicht ›zu spät‹ – im Sinne des Eintritts in sexuelle Erkundungen –, weil es keinen festgelegten Zeitrahmen gibt, in dem man ›zünden‹ müsste. Es gibt auch keine Verpflichtung, überhaupt ›auf diese Weise zu zünden‹«, schreibt Brown.[14]

Wer als Spätzünder*in bezeichnet wird, wird laut Brown infantilisiert und als minderwertig wahrgenommen – als weniger reif und respektwürdig, als naiv und als jemand, der Mitleid verdient. Ein entmenschlichender Prozess, bei dem eine selbstgerechte Überlegenheit der sprechenden Person zutage tritt. Diese Position gehe häufig mit einer großzügigen Portion Herablassung einher sowie mit der Annahme, dass Spätzünder*innen eine Anleitung und Belehrungen von denjenen benötigen, die sich selbst als überlegen und erfahrener betrachten.

Diese Haltung kenne ich auch mir gegenüber. Sätze wie »Der Richtige wird noch kommen«, »Du musst nur mal ordentlich durchgenommen werden« oder »Ist sicherlich nur 'ne Phase« hören Spätzünder*innen häufig. Doch nicht nur eine Skepsis gegenüber dem späten Zünden liegt in diesen Sätzen. Aus jeder Pore dringt die Heteronormativität hervor, die mit der Vorstellung von »dem Richtigen« oder »nur eine Phase« einhergeht. Der kritische, neugierige und arrogante Blick von außen hat auch meine Selbstwahrnehmung geformt. So stark, dass ich mein eigenes »kein Bock haben« als abnormal angesehen und es oft als »spät« bezeichnet habe.

Rückblickend habe ich aber noch eine andere Perspektive auf all das: Ich empfinde das Spätzünden als Privileg. Denn ich hatte Zeit. Zeit, um mich selbst kennenzulernen, bevor ich andere an meiner Sexualität habe teilhaben lassen. Spät zu zünden bedeutete für mich, etwas nicht tun zu müssen. Nicht erklären zu müssen, nicht kämpfen zu müssen. Es bedeutete: Ich darf. Ich kann. Ich will. Und ja, ich habe vielleicht später herausgefunden, was mich eigentlich berührt – aber ich hatte dafür ein stabiles Fundament. Und vielleicht habe ich manche Dinge gar nicht spät gemacht, sondern einfach in meinem Tempo. Wenn es, wie Sherronda J. Brown schreibt, keinen Zeitrahmen und kein Regelwerk fürs Zünden gibt, bin ich vielleicht nicht einmal spät gezündet.[15] Vielleicht gibt es keine Spätzünder*innen, sondern nur Normalzünder*innen. Vielleicht habe ich mich als Teenagerin einfach nur nicht der zwanghaften Annahme unterwerfen wollen, hetero und sexuell zu sein. Die Teenager-Maria wusste es noch nicht, aber sie gehört zum Kein Bock Club und viele andere Menschen auch.

2.

Die Annahme, dass alle Bock haben

Mit 16 Jahren dachte ich, ich müsste endlich richtig verliebt sein. So wie im Fernsehen, wenn die Hauptdarstellerin in der Cafeteria stolpert, direkt in die Arme des Schulschwarms fällt und gar nicht anders kann, als ihm gedanklich die Klamotten vom Leib zu reißen, sich eine Hochzeit in Weiß, ein Haus mit Veranda und einen Golden Retriever auszumalen. Die einzige Person, die mich damals auffing, wenn ich nicht besonders elegant vom Turnbock runterkam, war Steven. Steven war der Typ, der in Bio immer mit dem Stuhl nach hinten kippte und jeden Satz mit »Alter, Junge« begann. Ich fand ihn nicht einmal attraktiv, aber alle sagten, er sei »sooo heiß«. Also entschied ich mich, ihn toll zu finden. Meine Aufmerksamkeit für Steven hielt mich allerdings nicht lange bei Laune. Meine erste echte Schwärmerei – die Art, bei der man stundenlang sein ICQ-Profilbild wechselt, damit der Typ auf einen aufmerksam wird – war Leon. Leon trug Vans mit Löchern, spielte Gitarre und war Mitglied einer Band, die ausschließlich Green Day coverte. Er schrieb mir nachts Nachrichten wie »Du bist anders als die anderen«. Ich las jede dieser Nachrichten mindestens 50-mal und war mir ganz sicher: Das ist Romantik.

Leon küsste mich nachts bei einem Musikfestival, in einem Zelt auf dem Campinggelände von Rock am Ring. Wir machten uns über seine harte Isomatte lustig, und ich tat so, als hätte ich Ahnung von *American Idiot*. Dabei wusste ich nicht mal, ob das ein Album, eine politische Beleidigung oder sogar beides war. Leon und ich hörten die gleiche Indie-Musik, die Bands hatten alle ausschließlich männliche Frontsänger, »weil die einfach cooler klingen«. Vor dem Kuss lag ich mit dem Rücken auf dem Boden des Zelts, und Leon hatte sich über mich gebeugt. Als er seine Hand auf meinem Bauch ablegte – viel zu nah an meinem Hosenbund, wie ich fand –, zuckte ich zusammen.

»Vertrau mir«, sagte er sanft, um mir zu versichern, dass er mir nichts antun würde.

Ich vertraute ihm. Unser Kuss war nass und kalt, seine Lippen schmeckten nach dem Energydrink, den er sich reingezogen hatte, als wir zusammen mit dem Headliner Marteria gerappt hatten: *»Fucker, ich fick die Hoes im Sandwich, ich rauch das dope unendlich, meine drinks sind hochprozentig.«*

Als das Festival vorbei und wir alle abgereist waren, schrieb mir Leon drei Tage nicht. Stattdessen postete er ein Foto mit einem anderen Mädchen bei SchülerVZ. »Mein Baby«, schrieb er darunter.

Der Tiefpunkt meiner performativen Schwärmereien kam mit Marco. Marco war kein Musiker und trotzdem der *Whitest Boy Alive*. Bundeswehrsoldat, sieben Jahre älter als ich, und wir gingen in denselben Tanzkurs. Immerhin hat er Geld, dachte ich stolz. Und er zeigte mir – einer 16-Jährigen –, dass ich reif und interessant genug für einen erwachsenen Mann wirkte. Er war der Typ Mann, der »Hey, Süße, ich stell mir grad unser erstes Date vor« schrieb und dabei nicht bedachte, dass seine Fantasiegeschichte wegen unseres Altersunterschieds in der JVA enden würde, wenn er sie in die Realität umsetzen würde. Ich muss 16 gewesen sein, als ich den Kurs wechselte und ihn nicht mehr wöchentlich sah. Er tanzte weiterhin mit seiner gleichaltrigen Partnerin Wiener Walzer und mir mit seinen flirtenden Facebook-Nachrichten auf der Nase herum. Irgendwann plätscherte auch das aus, und mein Interesse verschwand.

Immer wieder machte ich solche Bekanntschaft mit Männern, deren Aufmerksamkeit ich genoss. Aber nach kurzer Zeit war ich von einer ihrer Äußerungen oder ihren Fehltritten dermaßen abgestoßen, dass es mir nicht schwerfiel, das Anbandeln zu beenden. Enttäuscht blieb ich davon nicht zurück, immerhin lieferten sie mir gute Geschichten, um sie meinen Freundinnen zu erzählen. Darum ging es mir als Jugendliche: gute Geschichten, die ein bisschen so beginnen wie in den Filmen, die um 20:15 Uhr auf ProSieben liefen. Nur endeten meine Geschichten nie so.

Weil meine Freundinnen um mich herum andere Erfahrungen machten, drängte sich regelmäßig die Frage auf, warum ich mich nicht verliebte. Auch die Frage, ob ich wirklich heterosexuell war, schlich durch meine Gedanken, aber die einzigen zwei Mädchen, die sich in meiner Schulzeit als lesbisch outeten, waren Emos. Daraus schloss ich, dass die Zugehörigkeit zu einer Subkultur zwingend notwendig ist, wenn man schwul, lesbisch oder bi ist. Ich fand zwar Nietengürtel toll, aber ein Emo war ich nicht – und damit hatte sich die Sache mit dem Lesbischsein für mich erledigt.

Steven, Leon, Marco, sie alle waren wie die Sims-Charaktere, die ich in den Pool setzte, um anschließend die Leiter zu entfernen: ein Spiel eben. Diese Boys machten es mir sehr leicht, die Frage »Warum hab ich auf niemanden richtig Bock?« zu beantworten. Ich war noch jung, ich hatte noch Zeit. Und ich bekam Gefühle von Ekel, Angst und wollte laut »Storno!« rufen, wenn ich merkte, dass einer dieser Typen Bock auf mich hatte. Trotz meiner Abneigung war ich auch mal traurig, wenn ich von einer meiner Schwärmereien einen Korb kassierte – für fünfeinhalb Tage ungefähr. Danach ging mein Leben ganz normal weiter.

Ich hatte zwar kein Interesse daran, Sex zu haben, aber Sexualität und Jungs fand ich total spannend. Ich spitzte die Ohren, als Ina in der Umkleidekabine erzählte, wie oft sie masturbierte. Mir fiel auf, wer nach dem »Ich hab noch nie …«-Trinkspiel genauso nüchtern war wie ich. Ich wusste, welche Mädchen auch noch nie bei der Gynäkologin gewesen waren. Ich saugte all diese Informationen auf, weil sie für mich Teil einer mir noch verschlossenen Welt waren. Puzzleteile, die ich nur zusammenführen müsste, um das große Sex-Mysterium zu lösen und mich selbst besser zu verstehen. Ich fand mich auch hot auf der Tanzfläche, wenn Beyoncé mit kratziger Stimme sang: *»Driver roll up the partition please.«* Nur konnte ich beim besten Willen nicht verstehen, wieso ich mich in so eine Situation begeben sollte: *»He popped all my buttons, he ripped my blouse. He Monica Lewinsky'd all on my gown.«*[1]

Pubertät: das erste Mal Bock?

Wenn ein Mensch in die Pubertät kommt, entwickelt er oder sie die biologische Fähigkeit, sich fortzupflanzen. Gesellschaftlich wird in dieser Zeit vorausgesetzt, dass man das auch tut.

Im Jugendalter vielleicht noch nicht, um tatsächlich ein Baby zu zeugen, aber es wird erwartet, dass man im Laufe der Pubertät Interesse am anderen Geschlecht entwickelt und irgendwann Lust hat, Sex zu haben.

Allerdings ist die Pubertät wie ein Sprung ins kalte Wasser, bei dem einem niemand vorher sagt, ob man schwimmen kann. Sie ist eine Phase von emotionalen Achterbahnfahrten, denn während der Körper rasant neue Formen annimmt, bleibt der Kopf oft lange in einem kindlichen Selbstverständnis hängen. Meiner Freundin wuchsen Brüste, meine Menstruation setzte ein, und auf einmal war da eine neue Dimension von Körperlichkeit, die nicht nur individuell erlebt, sondern von außen kommentiert und bewertet wurde. Diese körperlichen Veränderungen sind biologisch programmiert, aber das, was sie für das Selbstbild, für die Sexualität, für die Rolle in der Gesellschaft bedeuten, ist Teil eines sozialen Konstrukts. Doch nicht nur körperliche Veränderungen, sondern auch die Entwicklung der eigenen Sexualität ist in der Pubertät ein besonders komplexer Prozess, der weit über hormonelle Veränderungen hinausgeht. Bis heute streitet die Wissenschaft darüber, ob Sexualität primär ein (Fortpflanzungs-)Trieb oder ein erlerntes Verhalten ist. Tatsächlich ist sie vermutlich beides: ein Wechselspiel aus biologischer Reifung und sozialer Prägung. Die steigende Empfänglichkeit für erotische Reize kommt nicht nur von innen, sondern auch von außen.

Eine Rolle spielen dabei popkulturelle Einflüsse, Gleichaltrige, soziale Medien und gesellschaftliche Erwartungen, beschreibt die Sozialpädagogin Anette Müller in ihrem Buch »Die sexuelle Sozialisation in der weiblichen Adoleszenz«.[2]

Während Jungs oft spielerischer an das Thema herangeführt werden, zum Beispiel weil Masturbation in Filmen und Serien humorvoll als normaler Bestandteil des Aufwachsens dargestellt wird, ist es bei Mädchen oft mit Scham besetzt. Die weibliche Sexualität wird weniger als eine zu entdeckende Kraft betrachtet, sondern eher als eine, die kontrolliert werden muss. Mädchen lernen früh, ihre Körper als Problemzonen zu sehen, als etwas, das bewertet wird, sei es durch einen prüfenden Blick in den Spiegel oder durch Kommentare von anderen. Dadurch bringt die Pubertät nicht nur sexuelle Neugier, sondern auch eine verstärkte Selbstbeobachtung mit sich: Bin ich »normal«? Sehe ich aus, wie ich aussehen »sollte«? In dieser Phase einfach frei Bock zu haben, ist total kompliziert. Die wenigsten Jugendlichen, die dann tatsächlich das erste Mal horny sind, können das einfach, selbstbewusst oder sicher in die Tat umsetzen.

Diese Unsicherheiten entstehen nicht zufällig. Es gibt ein unausgesprochenes Regelwerk darüber, wie weibliche Körper wahrgenommen und inszeniert werden. Menstruation ist das beste Beispiel dafür: ein völlig natürlicher Vorgang, der als peinlich empfunden wird, weil von klein auf vermittelt wird, man müsse sich dafür schämen. In der Schule steckt man sich Tampons heimlich in die Tasche, als würde man Drogen schmuggeln. Wer offen über Regelbeschwerden spricht, riskiert, als »eklig« abgestempelt zu werden. Und in Werbungen für Periodenprodukte war die Flüssigkeit, die das Blut simulieren sollte, oft steril und blau. Auch wenn sich mittlerweile einiges verändert hat und auf Schulhöfen sicher anders gesprochen wird als vor 20 Jahren, hat all das Konsequenzen: Wenn Mädchen in einer Lebensphase, in der sie besonders sensibel für gesellschaftliche Signale sind, lernen, dass ihre

Körper »unangenehm« oder »schmutzig« sind, dann bleibt das hängen. Anstatt den eigenen Körper als etwas Stärkendes zu erleben, wird er zur Quelle von Unsicherheit und Kontrolle.

Ein weiterer Aspekt ist das Timing: Weil Mädchen im Schnitt zwei Jahre früher in die Pubertät kommen als Jungs, werden sie oft als »erwachsen« wahrgenommen, obwohl sie es emotional noch nicht sind.[3] Eine 13-Jährige, die bereits Kurven hat, wird anders behandelt als ein Mädchen, das noch zierlich wirkt, und vielleicht mit Erwartungen konfrontiert, die sie nicht erfüllen kann oder will. Ältere Männer sehen in ihr plötzlich eine Frau, während sie selbst sich noch als Kind fühlt. Diese Diskrepanz kann überfordernd sein und dazu führen, dass Mädchen ihre Körper als fremd empfinden – als etwas, das mehr über sie aussagt, als sie selbst bestimmen können.[4]

Die Pubertät ist also weit mehr als eine biologische Umstellung. Sie ist ein Crashkurs in gesellschaftlichen Codes und Erwartungen. Und je nachdem, welches Umfeld ein Mädchen hat, kann das entweder bestärkend oder extrem verunsichernd sein. Wenn Sexualität nicht nur als biologischer Drang, sondern als identitätsstiftender Prozess verstanden wird, dann wird klar, dass es hier nicht um »Reife« im klassischen Sinne geht. Es ist ein Aushandlungsprozess zwischen dem eigenen Empfinden, den Erwartungen anderer und dem, was man sich selbst erlaubt zu fühlen. Manche finden in dieser Zeit früh ihre Sprache für Begehren und Lust, andere brauchen Jahre, um sich von Scham und Unsicherheit zu lösen. Was sicher ist: Niemand verlässt die Pubertät unverändert.

Ist das Biologie oder Skript?

Ein Teil der menschlichen Sexualität ist auf biologische Faktoren zurückzuführen, da ist sich die Wissenschaft weitestgehend einig. Doch während man früher dachte, Sex würde ausschließlich dazu dienen, Nachwuchs zu zeugen und somit die eigenen Gene weiterzugeben, ist die moderne Evolutionspsychologie heute weiter. Das erklärt auch die Psychologin Juliane Burghardt in ihrem Buch »Alles kann, nichts läuft«.[5]

Richtig ist: Fortpflanzung ist *ein* Grund, warum Menschen Sex haben. Wie die Weitergabe von Genen über Techtelmechtel aka den Akt des Geschlechtsverkehrs erfolgt, gibt es andere Faktoren, die Sex für Individuen interessant machen. Zu den biologischen und neurobiologischen Faktoren gehören zum Beispiel Hormone wie Testosteron, Östrogen und Progesteron. Sie beeinflussen das sexuelle Verlangen, das Menschen empfinden, die sogenannte Libido. Die menschliche Libido ist allerdings nicht nur von Hormonen abhängig, sondern wird durch verschiedene Hirnaktivitäten und unser biochemisches Belohnungssystem aktiviert. Neurotransmitter wie Dopamin, Serotonin und Oxytocin beispielsweise können dazu motivieren, Sex haben zu wollen, und emotionale Bindung fördern.

Das klingt zugegebenermaßen alles ziemlich sperrig. Zusammengefasst könnte man auch sagen: Der menschliche Körper sorgt unter anderem durch raffinierte biologische Prozesse dafür, dass uns die Weitergabe von Genen Spaß macht. Dafür hat er Sex zu einer Sache gemacht, die uns Lust bereiten kann. Die innere Energie, wegen der sich Menschen sexuelle Handlungen wünschen oder initiieren, nennen wir Libido.

Die moderne Evolutionspsychologie erkennt allerdings auch an, dass Menschen keine Fruchtfliegen sind, die eine instinktgetriebene Paarung über alles stellen. Unser Verhalten ist komplexer, weil es uns in der Regel nicht *nur* um Fortpflanzung geht, beschreibt Juliane Burghardt.[6]

Das sieht man daran, dass es ganz regelmäßig zu »Abweichungen« kommt, bei denen kein sogenannter Fortpflanzungserfolg, also kein Baby, entsteht oder zu erwarten ist. Ein Beispiel für eine solche Abweichung ist Selbstbefriedigung.[7] Wenn es wirklich nur um Fortpflanzung ginge, wie erklärt man ein Phänomen wie Selbstbefriedigung, bei dem definitiv keine Nachkommenschaft gezeugt wird? Einen Erklärungsansatz bietet ein Blick in die Schwangerschaft: Schon Embryos zeigen im Mutterleib Anzeichen von Masturbation – offensichtlich nicht, weil sie ihre Gene weitergeben wollen, sondern schlicht, weil es sich angenehm anfühlt.[8]

Die Vorstellung, dass unsere Sexualität ausschließlich vom Fortpflanzungstrieb geprägt ist, gerät auch durch eine andere Beobachtung ins Wanken: den verdeckten Eisprung beim Menschen. Während der Eisprung bei Säugetieren durch sichtbare Zeichen wie beispielsweise einen geröteten Hintern bei Schimpansen angezeigt wird, ist er bei Menschen weitestgehend unsichtbar.[9] Der versteckte Eisprung fördert die langfristige Bindung zwischen Paaren. Ohne das offensichtliche Signal des Eisprungs bleibt Sex nicht nur auf die Fortpflanzung beschränkt, sondern wird zu einem sozialen Akt, der Bindungen stärkt und Stabilität schafft.

Diese Beispiele und Abweichungen zeigen: Menschen sind mehr als Fortpflanzungsmaschinen. Sie sind soziale Wesen, deren komplexe Beziehungen und Verhaltensweisen weit über das bloße Ziel der Genvervielfältigung hinausgehen. Das sieht man unter anderem auch daran, dass menschliche Babys sogenannte Traglinge sind. Anders als viele Tiere, wie zum Beispiel Pferde, Elefanten oder Hühner, sind Menschen nach der Geburt und in den ersten Lebensjahren hilflos und benötigen jahrelange Fürsorge. Traglinge sind, wenn sie auf die Welt kommen, motorisch eingeschränkt und auf ständigen Körperkontakt angewiesen. Dieser vulnerable Zustand sorgt dafür, dass Kinder viel Zuwendung und Aufmerksamkeit brauchen – und das oft von mehr als einer Person. Evolutionär gesehen war es für das Überleben der menschlichen Spezies deswegen notwendig, dass sich nicht nur die Eltern, sondern eine ganze Gruppe an der Versorgung von Kindern beteiligt. Den Menschen hat dies zu einem sozialen Wesen gemacht, dessen Gruppenzusammenhalt durch enge soziale Bindungen und Sexualität gesichert wurde. Beides sorgte für stabile, langfristige Beziehungen zwischen Individuen und hatte nicht immer automatisch mit der Zeugung von Nachkommen zu tun.[10]

Neben der Evolutionspsychologie, die uns erklärt, inwiefern unsere Biologie uns zu sexuellen Wesen macht, ist es die Kultur, die unserer Sexualität Form und Richtung gibt. Was wir Menschen als attraktiv, romantisch oder sogar »normal« empfinden, ist zu einem großen Teil ein Produkt von kulturellen Skripten. Kulturelle Skripte sind unbewusste Drehbücher, die uns in vielen verschiedenen Lebensbereichen prägen. Sie geben vor, was wir für »normal« halten, wie wir uns verhalten sollen und was wir von anderen erwarten. Kulturelle Skripte gibt es zum Beispiel in Bezug auf Essverhalten oder bei Begrüßungsritualen. Während in Frankreich zur Begrüßung drei Küsschen auf die Wange verteilt werden, sind es in Italien nur zwei. In Deutschland wiederum gibt man sich eher die Hand oder umarmt sich, wenn man sich besser kennt. Für muslimisch geprägte Kulturen ist die respektvollste Art einer Begrüßung zwischen Frau und Mann, indem man sich die Hand aufs Herz legt. Aber auch komplexere Dinge wie die Versorgung von Babys und Kleinkindern können durch kulturelle Skripte geprägt sein: Das nomadische Mbenga-Pygmäen-Volk im Südwesten der Zentralafrikanischen Republik und im Norden der Republik Kongo lässt schon drei Wochen alte Babys zu einem großen Anteil von anderen Elternfiguren als den biologischen versorgen. In Deutschland ist das eher ungewöhnlich.[11] Man erkennt: Unterschiedliche soziale Gruppen greifen auf unterschiedliche kulturelle Skripte zurück.

Auch wenn es um Sexualverhalten geht, werden wir von kulturellen Skripten geprägt. Hier spielen soziale Normen, Rollenbilder und unser Medienkonsum eine wichtige Rolle. Während Rom-Coms uns zum Beispiel oft ein unrealistisches Bild von Dating vermitteln, können Songs wie »Blurred Lines« von Robin Thicke toxische kulturelle Skripte reproduzieren. *»I know you want it, I know you want it, but you're a good girl«*[12] – Er weiß, sie will es. Und vermutlich denkt er, er wisse es besser als sie selbst. In Bezug auf Sex kann auch Pornografie unser kulturelles Skript beeinflussen.

Besonders in der Jugend, wenn viele Menschen diese Skripte zum ersten Mal bewusst wahrnehmen, können sie uns enorm formen – und belasten.

Meinen ersten Porno habe ich mit 15 Jahren gesehen. Er wurde mir auf einer Party gezeigt, ohne meine Zustimmung, von einem Jungen aus meiner Klasse, der ein Jahr älter als alle anderen war. Den Jungen fand ich eklig, grenzüberschreitend und angsteinflößend – den Porno auch. Darin war zu sehen, wie eine Frau mit riesigen Brüsten von zwei Penissen bearbeitet wird. Ich habe mich vor dem Gezeigten geekelt und konnte nicht einordnen, was ich da zu sehen bekam. Wegsehen konnte ich auch nicht. Daraufhin schaute ich regelmäßig Pornos. Noch nicht aus eigener Lust, sondern weil ich es spannend fand. Pornos hatten einen großen Einfluss auf das, was ich später unter Sex verstand.

Besonders in den 2000er-Jahren zeigten Pornos oft eine bestimmte Art von Sex: laut, schnell und selten mit Fokus auf die Bedürfnisse von Frauen. Bei jungen Menschen, die gerade erst ihre Sexualität entdecken, können solche Darstellungen zu einem verzerrten Bild führen. Genauso aber die Darstellung von Sex in romantischen Komödien.[13]

Auf Männer wirkt sich der Vergleich mit den makellosen Körpern und überzeichneten »Leistungen« der männlichen Pornodarsteller besonders negativ aus.[14] Studien zeigen, dass das männliche Selbstbewusstsein darunter leidet – sei es durch Unsicherheiten über Penisgröße, Körpergewicht oder sexuelle »Performance«. Diese Unsicherheiten können zum Problem werden. Denn wer sich in seinem Körper unwohl fühlt, meidet oft intime Begegnungen. Die Psychologin und Wissenschaftlerin Juliane Burghardt stellt in ihrer Forschung außerdem fest, dass insbesondere junge Männer Pornos wie Lehrmaterial nutzen und versuchen, sie nachzuahmen. Sexualpraktiken wie zum Beispiel das Würgen meines Gegenübers werden dadurch – oft ohne Konsens – übernommen.[15]

Auch für Frauen können Pornos problematisch sein. Pornografie zeigt häufig Praktiken, die nicht nur unrealistisch sind, sondern auch körperliche Risiken bergen. Besonders unsensibles oder aggressives Verhalten, das in vielen Szenen gegen Frauen gerichtet ist, sorgt im Kopf der zuschauenden Person für bestimme Skripte, die nicht so leicht abzuschütteln sind.

Trotzdem sollten Pornos nicht pauschal verteufelt werden. Wie bei Computerspielen ist ihr Einfluss stark von der individuellen Persönlichkeit abhängig. Wer keine Tendenz zu Gewalt hat, wird durch Computerspiele nicht zum Straftäter. Und ebenso wenig macht ein Porno aus einer sehr einfühlsamen Person plötzlich jemanden, der andere durchweg unsensibel behandelt. »Filme und Internet haben nicht unbedingt neue Probleme geschaffen, sondern bestehende Probleme vervielfacht und sichtbar gemacht«, schreibt die feministische Pornoregisseurin Paulita Pappel in ihrem Buch »Porno Positiv«. »Sexismus und sexueller Missbrauch sind keine Erfindungen des 21. Jahrhunderts. Sie nehmen durch neue Medien neue Formen und Dimensionen an.« Für Pappel ist deswegen ein Verbot von Pornografie, das immer wieder diskutiert wird, um vor den Risiken zu schützen, keine Option: »Pornografie ist nicht das Problem. Das grundlegende Problem ist unser Verständnis von sexueller Selbstbestimmung beziehungsweise die mangelnden Ressourcen, um sexuelle Selbstbestimmung als menschliches Grundrecht zu etablieren, zu schützen und zu fördern.«[16]

Auch wenn Paulita Pappel und Juliane Burghardt die Risiken von Pornografie unterschiedlich einschätzen, kommen sie zu einem ähnlichen Fazit: Es braucht mehr Pornos mit Qualitätssiegel – und die gibt es zum Glück immer häufiger. Oder wie Pappel es formuliert: »Die Zeit ist reif, um andere Strategien zu wagen.«

Kulturelle Skripte, die unsere Sexualität formen, sind also nicht per se problematisch. Dennoch ist es wichtig, dass wir lernen, sie kritisch einzuordnen, anstatt sie als Bildungsersatz zu betrachten – egal, ob die Filme, die wir schauen, FSK 12 oder FSK 18 sind. Nur so können wir den Einfluss dieser

Skripte auf unsere Vorstellungen von Sex hinterfragen und uns eigene, realistischere Drehbücher fürs echte Leben schreiben.

Das Ding mit der Anziehung

Als 16-Jährige war mir ganz klar, dass ich keinen Bock hatte auf das, was mir unfreiwillig in dem Porno und freiwillig in Rom-Coms präsentiert wurde. Ich hatte auch keinen Bock auf Steven, Leon, Marco und wenn mich meine Freundinnen fragten, warum ich keinen Bock auf diese Jungs hatte, hatte ich keine Erklärung dafür. Wenn ich zurückfragte, wie sie merkten, dass sie auf jemanden Bock haben, konnten sie das auch nie wirklich formulieren. Sie wussten es einfach. So wie man morgens weiß, dass man aufgewacht ist, ohne es wirklich zu bemerken. Auf so ein Erwachen, den Moment, in dem ich so sehr auf jemanden stehe, dass mein Körper vor lauter Bock und Anziehung zu einer Person aufgeweckt und durchgeschüttelt wird, habe ich jahrelang gewartet. Dabei schien es doch für Mädchen und Jungs und alle dazwischen und außerhalb im Bock Club so klar zu sein, wenn sie bei Nelly Furtado und Timbaland mitsangen: *»Promiscuous girl, you're teasing me, You know what I want, and I got what you need, Promiscuous boy, we're one in the same.«*[17]

Die Musikvideos und Filme, die ich als Jugendliche sah, zeigten mir, wie Erregung aussehen sollte: Gänsehaut, Schweiß und unkontrollierte Zungenküsse. Bei den sexy Szenen in den Filmen, die ich mit meinen Eltern in der Primetime schaute, fing auch ich an zu schwitzen –, aber nicht weil mich das horny machte. Erregung sah dort so natürlich, animalisch und heftig aus: Die Hauptfiguren übertreten die Türschwelle, und die Anziehung steigt ins Unermessliche, sodass sie nicht anders können, als sich die Klamotten vom Leibe zu reißen. Ich hingegen saß nervös vor dem Fernseher und verstand nicht, was diese Anziehung war und was sie bedeutete.

Wenn Leute über »Anziehung« sprechen, meinen sie meistens einen unbewussten, oft körperlichen Drang, mit jemandem intim zu werden. Anders als die Libido, die den menschlichen Sex-Drive beschreibt, bezieht sich sexuelle Anziehung darauf, wen oder was wir als anziehend empfinden. Es geht darum, ob wir eine andere Person oder eine bestimmte Eigenschaft als attraktiv erleben. Sexuelle Anziehung muss dabei nicht immer mit einer aktiven Libido einhergehen – man kann sich zu jemandem hingezogen fühlen, ohne das Bedürfnis nach Sex zu verspüren.[18] Sexuelle Anziehung ist also horny sein, das sich auf eine Person bezieht, Lust mit einem Ziel.

Lange Zeit glaubte die Wissenschaft, dass Bockhaben einem klar definierten Ablauf folgt: Erst kommt die Erregungsphase, dann die körperliche Reaktion, danach der Orgasmus und schließlich die Entspannung. Dieses sogenannte lineare Modell der Erregung wurde in den 1960er-Jahren von dem Gynäkologen William Howell Masters und der Wissenschaftlerin Virginia Johnson entwickelt und dominiert bis heute unsere Vorstellungen.[19] Dieser Ablauf verkauft Sexualität als etwas, bei dem alles ganz einfach ist. Als müsse man lediglich einen Knopf drücken – und schwupp, alle sind erregt und haben Bock. Doch nicht nur in der Wissenschaft klingt es an manchen Stellen so, auch in der Popkultur. *»If you're ready for me, boy, you'd better push the button and let me know. Before I get the wrong idea and go, you're gonna miss the freak that I control«*, sangen die Sugarbabes im Jahr 2005.[20]

Forschungen, die auf Masters und Johnson folgten, zeigten, dass ihr Modell nur einen Teil der Realität abbildete – vor allem, weil sie sich stark an männlichen Erfahrungen orientierten. Die Sexualwissenschaftlerin Helen Singer Kaplan ergänzte das Modell Ende der 1970er-Jahre um eine vorgelagerte Phase: das Verlangen.[21] Sie ging davon aus, dass Verlangen die Voraussetzung für Erregung ist, entweder durch spontane Gedanken an Sex oder durch äußere Reize. Ist kein Verlangen vorhanden, so ihre These, kann keine sexuelle Erregung entstehen, egal, wie stark die Stimulation ist. Doch auch dieses Modell hatte seine Grenzen.

Meistens gehen wir von einem spontanen Lustempfinden aus, wenn wir von Lust oder Verlangen sprechen. Aber sexuelles Verlangen manifestiert sich auf ganz unterschiedliche Weise. Um diese Unterschiede besser erklären zu können, definiert die Wissenschaft zwei Hauptformen: spontane Erregung und reaktive Erregung. Spontane Erregung tritt unerwartet und ohne spezifische äußere Reize auf, reaktive Erregung hingegen ist, wie der Name schon sagt, eine Reaktion auf eine bestimmte Situation. Diese Unterscheidung ist bedeutsam, weil Erregungstypen die Dynamik in intimen Beziehungen beeinflussen können. Aber warum ist das hier wichtig?

Männer, das haben Forschungen gezeigt, haben tendenziell einen stärkeren Sexualtrieb, gemessen an Indikatoren wie der Häufigkeit sexueller Fantasien oder dem Wunsch nach Geschlechtsverkehr.[22] Sie gehören häufiger zum Typ »spontane Erregung«. Frauen hingegen zeigen tendenziell eher ein reaktives Verlangen. Erregung wird bei ihnen oft durch spezifische Situationen oder emotionale Nähe ausgelöst.[23] Natürlich gehen wir als Gesellschaft – wie in vielen anderen Bereichen –

auch beim Thema Sexualität von Männern und dem männlichen Körper als Norm aus. Das heißt: Spontane Erregung hat sich als »Normalzustand« etabliert. Und Menschen, die eher dem reaktiven Typ entsprechen, werden als Abweichung von dieser Norm angesehen. Sie haben vielleicht gar nicht weniger Bock, sondern einfach nur einen anderen Erregungstyp.

Ein neueres Modell aus den 2000er-Jahren stellt genau diesen Aspekt in den Mittelpunkt. Es beschreibt Sexualität als einen dynamischen Prozess, in dem Lust oft erst im Verlauf einer intimen Begegnung wächst. Gerade in langfristigen Beziehungen stimmen Frauen sexuellen Annäherungen häufig nicht aus einem akuten Verlangen heraus zu, sondern weil sie sich Nähe und Verbundenheit wünschen. Erst durch Berührungen, Küsse und emotionale Intimität entwickelt sich dann die Erregung. Studien zeigen, dass für etwa 60 bis 70 Prozent der Frauen sexuelles Verlangen nicht spontan auftritt, sondern eher als Reaktion auf den Partner entsteht. Nur etwa 29 Prozent der Frauen finden, dass spontanes Verlangen ihre Sexualität gut beschreibt.[24]

Bei meinen Recherchen bestätigen mir viele Frauen, mit denen ich spreche, dass sie nicht per se keinen Bock haben – aber auch nicht genauso viel oder oft Lust wie ihre männlichen Partner empfinden. Durch diese Inbalance haben sie das Gefühl, weniger Bock zu haben, obwohl sie einfach unter bestimmten Umständen Lust auf Sex haben. Meistens nicht aus heiterem Himmel, sondern mit Vorlauf, durch Fantasie und Liebe und selbstbestimmt. Die Erkenntnis, dass reaktive Erregung total normal ist, nimmt viel Druck aus der Vorstellung, dass Lust einfach von allein da sein muss.

Neben Verlangen gibt es noch andere Formen der Anziehung, die weder sexuell sind noch etwas mit Erregung zu tun haben. Romantische Anziehung zum Beispiel ist wie der charmante Cousin der sexuellen Anziehung. Es ist die Sehnsucht nach Intimität und Nähe und das Gefühl, jemanden als Partner*in in seinem Leben haben zu wollen. Es ist dieses »Mit dir will ich Sternschnuppen zählen«-Gefühl, das nichts mit Sex zu tun haben muss. Aber für viele gehören romantische und sexuelle Anziehung zusammen, ohne dass sie das je hinterfragt haben.

Sinnliche Anziehung ist zärtlicher, intimer und oft vielschichtiger. Es geht um Nähe, um Berührung, aber nicht auf sexuelle Weise. Es ist das Bedürfnis, jemanden zu umarmen, jemandem die Haare zu streicheln oder den Rücken zu kraulen. Sinnliche Anziehung wird oft mit sexueller verwechselt, weil Berührung und Intimität involviert sind, aber sie hat eine andere Qualität. Sie ist purer, frei von Erwartungen und oft noch intimer, weil sie nicht an Lust gebunden ist. Da sind wir auch wieder bei den kulturellen Skripten, denn manche Menschen haben sie gelehrt, dass es viel intimer ist, der sinnlichen Anziehung, zum Beispiel in Form von Händchenhalten, nachzugehen, als miteinander Sex zu haben. Genauso orientiert man sich, wahrscheinlich unbewusst, an einem kulturellen Skript, wenn einem das Kuscheln mit Freunden zu intim vorkommt und eher in romantischen Beziehungen verortet wird.

Ästhetische Anziehung ist die unkomplizierteste Form von allen. Es ist das Gefühl, jemanden oder etwas einfach schön zu finden, ohne jegliche Absicht, mehr daraus zu machen. Sie erinnert an den Genuss, den man empfindet, wenn man ein Kunstwerk betrachtet. Es ist ein unschuldiges Staunen über

Schönheit, ohne dass es romantisch oder sexuell gemeint sein muss.

Das Problem mit diesen verschiedenen Anziehungsformen ist, dass unsere Gesellschaft sie ständig vermischt und hierarchisiert. Sie tut so, als wäre Anziehung eine Einbahnstraße: Ästhetische Anziehung führt zu sexueller Anziehung und romantischem Interesse, sinnliche Anziehung liegt irgendwo dazwischen. Aber das ist Quatsch. Menschen erleben diese Dinge in unzähligen Kombinationen und Intensitäten. Wenn jemand sagt: »Du bist mein Lieblingsmensch«, könnte das romantisch gemeint sein. Oder platonisch. Oder beides. Es gibt keine klare Trennlinie, und genau das macht es unter Umständen so verwirrend. Doch die gute Nachricht ist: Es muss auch keine Trennlinie geben. Du kannst fühlen, was du fühlst, und das reicht.

Um die Komplexität von zwischenmenschlichen Beziehungen besser zu verstehen, ist es wichtig, die verschiedenen Formen von Anziehung zu kennen. Sie können helfen, Erwartungen abzustecken und Missverständnisse zu reduzieren. Wenn beispielsweise jemand merkt, dass er oder sie zwar eine starke emotionale Nähe zu einer anderen Person empfindet, aber keine sexuelle Anziehung, kann das die Beziehung klarer einordnen – und beiden Seiten den Druck nehmen, daraus unbedingt eine romantische oder sexuelle Beziehung zu machen. In einer Welt, in der romantische und heterosexuelle Beziehungen als zentral gelten, eröffnet die Unterscheidung zwischen sexueller, romantischer, sinnlicher und ästhetischer Anziehung neue Perspektiven. Sie hilft, starre Vorstellungen zu hinterfragen, und zeigt, dass Nähe nicht immer romantisch oder sexuell sein muss.

Heteronorm und Allonorm

Meine ganze Pubertät merkte ich, dass ich nicht in die Schublade passte, in die mich die gesellschaftliche Ordnung gerne gesteckt hätte. Ich passte nicht in die Norm. Den Begriff Heteronormativität haben die meisten Menschen wohl schon mal gehört oder genutzt. Konkret bezeichnet er die Annahme, dass jeder Mensch »von Natur aus« heterosexuell ist, dass sich Männer in Frauen verlieben (und umgekehrt) und dass romantische Beziehungen idealerweise in einer monogamen Ehe münden. Diese Vorstellung ist so tief in unserer Gesellschaft verankert, dass sie oft nicht einmal als Annahme, sondern als Naturgesetz empfunden wird.

Ich habe das immer wieder an der Standardfrage »Und, hast du schon einen Freund?« gemerkt – und merke es teilweise heute noch. Oder daran, dass queere Liebe in den meisten Geschichten, egal ob Filmen, Serien oder Büchern, immer erst als »Thema« verhandelt werden muss, statt einfach da zu sein.

Wer nicht in das Konzept der Heterosexualität passt, erlebt nicht nur unangenehme Nachfragen oder schlechte Repräsentation in den Medien, sondern Unsichtbarkeit, Abwertung oder Diskriminierung. Von dem unterschwelligen Gefühl, sich ständig erklären zu müssen, und alltäglichen Mikroaggressionen über homofeindliche Gesetze bis hin zu Drohungen oder Gewalt: Wer von der angenommenen Norm abweicht, wird dafür ständig bestraft. Doch nicht nur queere Menschen, sondern auch Heteros können unter dem Druck der Heteronormativität leiden. Frauen, die lieber als unabhängige Katzenlady statt als verheiratete Hausfrau leben wollen, werden belächelt. Männer, die nicht dem Bild des »Jägers« entsprechen oder deren Prioritäten nicht in einer romantisch-sexuellen Beziehung liegen, gelten als merkwürdig oder unreif. Aus Beziehungen, egal ob hetero oder queer, macht die Heteronorm ein starres System, in dem bestimmte Erwartungen an Begehren und Rollenbilder gesetzt werden, die eigentlich für keinen passen. Die einen leiden mehr darunter als andere, aber am Ende des Tages profitiert sogar der alte weiße Mann davon, diese Normen zu hinterfragen. Den Druck, zu heiraten, eine Familie zu gründen, kennen alle. Starre Geschlechterrollen beengen sogar diejenigen, die es sich vermeintlich in ihnen gemütlich gemacht haben. Heteronormativität erschwert zum Beispiel auch enge Freundschaften zwischen zwei Männern oder Mann und Frau. Die Gefahr, für schwul gehalten zu werden oder heimliche Gefühle zu entwickeln, sei zu groß.

Ebenso wie beim Zünden gehen wir gesellschaftlich davon aus, dass sexuelles Verlangen im Laufe der Pubertät automatisch entsteht. Für diese fast zwanghafte Annahme hat sich ein Begriff etabliert: Allonormativität, auch Allonorm oder Zwangssexualität genannt. Das Wort Allonormativität orientiert sich an dem Wort »Heteronormativität«, aber während Heteronormativität auf der Vorstellung beruht, alle Menschen seien »von Natur aus« heterosexuell, beschreibt die Allonorm die Annahme, dass alle Menschen »von Natur aus« sexuell sind oder sein wollen.[25]

Die auf den ersten Blick vielleicht ungewöhnliche Wortsilbe »allo-« kommt aus dem Griechischen und bedeutet übersetzt »anders« oder »fremd«.[26] In der Sexualforschung ist ihre Nutzung relativ neu. Erst seit einigen Jahren taucht der Begriff »Allosexualität« immer wieder auch in der Forschung auf, und das dazugehörige Adjektiv »allosexuell« wird genutzt, um Menschen zu beschreiben, die Bock auf sexuelle

Aktivitäten mit anderen Menschen haben. Allosexualität ist das Gegenstück zu Asexualität. Denn während allosexuelle Menschen sexuelles Verlangen gegenüber anderen empfinden, tun das asexuelle Menschen nicht. Aber darum geht es später noch ausführlicher.

Die Wurzeln des Begriffs liegen im Jahr 1980. In der Zeitschrift *Signs* brachte die US-amerikanische Autorin und Feministin Adrienne Rich einen Essay heraus namens »Compulsory Heterosexuality and Lesbian Existence«, auf Deutsch: »Zwangsheterosexualität und lesbische Existenz«.[27] Darin argumentiert sie, dass Heterosexualität nicht »natürlich« oder automatisch auftritt, sondern etwas ist, das vielen Kulturen und Gesellschaften aufgezwungen wurde und das Frauen dazu bewegt, sich in heterosexuelle Beziehungen einzugliedern. 2015 greift Kristina Gupta, eine US-amerikanische Professorin, Richs Ausführungen in einem Aufsatz für die Fachzeitschrift *Psychology & Sexuality* auf und prägt einen neuen Begriff: »compulsory sexuality«, auf Deutsch: Zwangssexualität.[28] Zwangssexualität beschreibt ein System gesellschaftlicher Normen und Strukturen, das die Vorstellung hervorbringt: Alle Menschen verspüren sexuelles Begehren, und dieses Begehren sollte auch ausgedrückt und ausgelebt werden. Im Sinne der Zwangssexualität führen Individuen nur dann ein erfülltes und gesundes Leben, wenn sie sexuell aktiv sind. Jede Person, die kein oder wenig sexuelles Interesse hat, wie zum Beispiel asexuelle Menschen, werden durch die Allonorm als »unnormal« oder »krank« angesehen.

3.

(Kein) Erstes Mal

Meine Freundinnen und ich waren auf Marvins 16. Geburtstag eingeladen. Und welcher People Pleaser kümmerte sich mal wieder um das Gruppengeschenk? Ich natürlich.

Für uns Schenkende war total klar: Teenager? Ne, wir sind so was von erwachsen! Das Geschenk musste also etwas mit Sex, Drugs und Rock 'n' Roll zu tun haben. Für die Deko im Geschenkkorb sollten deshalb noch Kondome her.

»Ich kann die kaufen!«, hatte ich die verantwortungsvolle Aufgabe an mich gerissen. Mir war sehr wichtig, dass alle mitbekamen, wie souverän ich Kondome im *dm* besorgte, denn um den Status meiner Jungfräulichkeit hatte ich schon einige Gerüchte gehört.

»Maria hatte noch nie einen Freund, natürlich ist sie noch Jungfrau.« – »Hä nein, so viele männliche Freunde, wie sie hat, ist sie bestimmt 'ne Schlampe.« – »Nein, die ist prüde.«

Prüde? Ich doch nicht. Das wollte ich beweisen und tauchte in Gedanken ein in meinen ganz eigenen Film.

Ich bin der Main Character, und der Weg zur Drogeriekasse ist mein Catwalk. In der Hand: ein Stapel Kondompackungen. Größe: XXL. Special Edition: mit Geschmack und Noppen.

Die Schiebetür öffnet sich, als eine andere Kundin den Laden verlässt, der Windstoß lässt meine Haare elegant fliegen, und meine Hüften bewegen sich perfekt im Takt des Piepens, das die Kasse macht. Meine Füße setze ich feminin voreinander, wie es mir vor einigen Jahren Bruce Darnell um 20:15 Uhr bei *Germany's next Topmodel* auf ProSieben beigebracht hatte. Paparazzis machen Fotos und sprechen mich auf die Kondome an. Ich lache lauter als normalerweise und zwinkere einer Frau zu, die vor Begeisterung für meinen Sexappeal ihre Einkäufe fallen gelassen hat. Aus den Boxen trällert ein Song von David Guetta, Akon singt: »*She's nothing like a girl you've ever seen before. Nothing you can compare to your neighborhood ho. I'm tryna find the words to describe this girl without being disrespectful. Damn girl, Damn, you's a sexy bitch. A sexy bitch.*«[1]

Es ist das Jahr 2009, und mich stört es nicht, dass Akon zur Beschreibung seines »favourite girl« keinen besseren Kosenamen als »sexy bitch« gefunden hat. Mir ist es egal.

Ich grinse den Kassierer breit an, weil ich mir ausmale, wie er in seinem Kopf schon eine Charakterisierung über mich geschrieben hat. Darin kommen Wörter vor wie »reif«, »sexy« und »selbstbewu–«

»Das macht elf fuffzig«, unterbricht der Mann hinter der Kasse meine Gedanken und schaut mich dabei an, als wäre ich die belangloseste Begegnung seiner ganzen Schicht.

Meine Außenwahrnehmung beschäftigt mich viel mehr, als etwas an meinem Status als Jungfrau zu ändern. Es fühlte sich an, als gäbe es eine unsichtbare Checkliste für das Erwachsenwerden, und alle anderen wären dabei, sie abzuhaken – alle, außer mir. Erste Party mit Alkohol? Check. Erster Kuss? Check. Erste sexuelle Erfahrung? Check.

In mir war stattdessen eine innere Unruhe, die mir sagte, dass mit mir etwas nicht stimmte. Ich kam mir vor wie ein Charakter bei Sims, der noch in der Erstelle-eine-Sim-Phase festhing, während die Jugendlichen um mich herum längst mit Motherload-Cheats Geld anhäuften und ständig Techtelmechtel machten.

Der Jungfrau-Huren-Komplex

Mit 16 Jahren war die Frage, ob man noch »Jungfrau« war oder nicht, eine Art Statusabfrage, die festlegte, wo man in der sozialen Nahrungskette auf der Laufbahn der Mädchenkarriere stand. Zu lange Jungfrau zu sein bedeutete, dass man etwas verpasste, nicht mitspielen durfte, bis man irgendwann zu alt war, um es noch als »süß und unerfahren« zu verkaufen. Gleichzeitig gab es keine Anleitung dazu, wie man seine »Jungfräulichkeit« verlor, nur ein diffuses Wissen aus Filmen, Songs und Gesprächen mit Freundinnen.

Ich allerdings wollte nicht einfach nur dazugehören, ich wollte mich passend fühlen. Ich wollte nicht mehr überlegen müssen, was ich sagen oder tun sollte, um nicht negativ aufzufallen. Ich wollte diesen einen Moment erleben, in dem ich mir sicher sein konnte, dass mit mir alles stimmt. Diesen Moment, der angeblich alles verändert: mein erstes Mal. Ich stellte es mir vor wie den Eintritt in einen neuen Club, einen Club der Wissenden. Ein Kreis von Menschen, die nicht mehr nur Zuschauer*innen sind, sondern Mitspielende. Als wäre Sexualität ein Club mit Türstehern und Geheimcode. Vorher gehörst du zu den Außenseiter*innen, nachher zu denen, die auf einmal ein Leuchten in den Augen haben und vielsagend grinsen, während andere noch auf den nächsten Schritt warten.

Auch wenn ich die höchsten Erwartungen an meine mögliche Verwandlung hatte: Ganz konkret sagen, was sich mit dem ersten Mal verändern würde, konnte ich nicht. Körperlich ist ein erstes Mal oft unspektakulär, manchmal sogar enttäuschend. Viele berichten nicht von einem magischen Übergang, sondern von Momenten, die furchtbar awkward sind, kurzen Schmerzen oder von dem Gefühl »Okay, das war's jetzt also«. Trotzdem hält sich der Mythos, dass Jungfräulichkeit ein Zustand ist, den man entweder hat oder verliert.

Ein wichtiger Teil, der zu diesem Mythos beiträgt, ist die Erzählung vom Jungfernhäutchen, das angeblich reißt und blutet, wenn eine Frau zum ersten Mal Sex hat. Viele stellen sich das vor wie eine Versiegelung, die aufgebrochen wird, eine Art Schutzfolie, die erst einmal entfernt werden muss. Medizinisch ist das Unsinn. Das Jungfernhäutchen ist kein Häutchen, sondern ein dehnbarer Muskelkranz am Scheideneingang, der von Person zu Person unterschiedlich aussieht. Bei manchen ist der Kranz kaum vorhanden, bei anderen elastisch genug, um sich ohne Schmerzen oder Risse zu weiten. Dass Blut fließen muss, ist ebenfalls ein Mythos. Schmerzen oder Blutungen beim ersten Mal kommen meist nicht durch eine Art Barriere, die durchbrochen wird, sondern durch mangelnde Entspannung, Nervosität oder fehlende Lubrikation, also Feuchtigkeit.

Warum hält sich die Vorstellung des Jungfernhäutchens als Barriere trotzdem so hartnäckig? Ein Grund liegt in der kulturellen Bedeutung, die der Jungfräulichkeit zugeschrieben wird. Die Idee, dass Frauen etwas »verlieren« und sie dabei ein eindeutiges körperliches Zeichen zeigen, dient vor allem der Kontrolle weiblicher Sexualität. In einigen Gesellschaften galt und gilt die sogenannte Bluthochzeitsnacht als Beweis für Unberührtheit, was zu absurden Praktiken wie Jungfräulichkeitstests führt, die medizinisch keinerlei Aussagekraft haben. Die Erzählung vom Jungfernhäutchen als Siegel, das erst ein Mann brechen muss, verankert die Vorstellung, dass Frauen in Sachen Sex passive Empfängerinnen sind. Und hier kommt die Verbindung zur Allonormativität ins Spiel.

Der Mythos der Jungfräulichkeit setzt voraus, dass heterosexueller, penetrativer Sex der entscheidende Moment ist, in dem sich alles verändert. Wer nie vaginalen Sex mit einem Mann hatte, gilt als »unberührt«, selbst wenn er oder sie andere sexuelle Erfahrungen gemacht hat. Gleichzeitig wird damit eine normative Vorstellung von Sexualität gestärkt, in der nicht nur Heterosexualität, sondern auch ein bestimmter Ablauf von Sex als einzig wahrer Standard gilt. Wer sich aus dieser Logik befreien will, muss den Begriff Jungfräulichkeit eigentlich ganz abschaffen.

In einem Interview mit dem amerikanischen Radiosender NPR erzählt die Bestseller-Autorin Peggy Orenstein von einer interessanten Begegnung. Sie berichtet von einem Gespräch mit einer lesbischen jungen Frau, die ihre Vorstellung von Jungfräulichkeit auf den Kopf gestellt habe. »Wann, glaubst du, hast du deine Jungfräulichkeit verloren?«, habe sie die Frau gefragt – auch um zu verstehen, welche Definition von Jungfräulichkeit lesbischen Sex möglicherweise mittransportiert. Zunächst hätte die Frau sehr unterschiedliche Antworten darauf gegeben, abschließend aber gesagt: »Ich glaube, eine Frau verliert ihre Jungfräulichkeit, wenn sie ihren ersten Orgasmus mit einem Partner oder einer Partnerin hat.«[2]

Ich finde den Gedanken sehr interessant, weil eine solche Definition besonders Sexualpraktiken berücksichtigen würde, die Frauen aus ihrer Passivität holen und ihnen vielleicht sogar gefallen. Und weil sie von Lesben kultiviert wurde. Andererseits könnten Menschen schwanger werden, ohne dieser Definition nach überhaupt Sex gehabt zu haben.

Gerade Frauen wird in Bezug auf Sexualität und Bockhaben wenig Ambivalenz zugestanden. Unsere Gesellschaft sieht es zum Beispiel so: Wann Frauen ihr erstes Mal haben, mit wie vielen Partner*innen sie Sex hatten und wie häufig sie Bock haben, macht sie entweder zu »Nonnen« oder »Schlampen«. Hinter diesem Blick auf weibliche Sexualität steckt ein Konzept, das seit Jahrhunderten unsere Wahrnehmung prägt: der »Madonna-Huren-Komplex«.

Der Begriff geht auf Sigmund Freud zurück, der Daddy der Psychoanalyse, der bereits Anfang des 20. Jahrhunderts beschrieb, dass viele Männer Schwierigkeiten haben, Frauen gleichzeitig als begehrenswert und respektabel wahrzunehmen.[3] Freud beobachtete, dass manche Männer ihre Ehefrauen oder Partnerinnen als reine, unschuldige Wesen betrachteten, mit denen sie zwar eine emotionale und familiäre Bindung eingingen, aber keinen echten sexuellen Wunsch empfanden. Leidenschaft empfanden sie nur für Frauen, die sie als »sündhaft« oder »verrucht« betrachteten. Diese unbewusste Trennung führte zum sogenannten Madonna-Huren-Komplex. Eine Frau ist entweder rein und unschuldig, also eine »Madonna«, oder sexuell verfügbar und damit moralisch minderwertig, eine »Hure«.

Dieses Denken ist kein historisches Relikt, sondern durchzieht nach wie vor unsere Gesellschaft. Frauen, die sexuell aktiv sind, werden schneller verurteilt als Männer. Frauen, die sich enthaltsam verhalten, werden entweder als Vorbild oder als suspekt betrachtet. Die Frage »Was bist du denn jetzt?

Offen *oder* zurückhaltend?« ist ein Symptom dieses binären Denkens. Es gibt keinen Raum für Ambivalenz, für Wandel, für ein dynamisches Verhältnis zur eigenen Sexualität.

Der Madonna-Huren-Komplex beeinflusst nicht nur, wie über Menschen gesprochen wird, sondern auch, wie sie sich selbst wahrnehmen. Er zwingt sie in starre Rollen und ignoriert ihre Vielschichtigkeit. Frauen, die in langfristigen Beziehungen weniger Sex wollen, kämpfen mit Schuldgefühlen. Frauen, die keinen Partner haben und keinen wollen, werden gefragt, ob sie »wirklich glücklich« sind. Frauen, die sagen, dass sie nie Lust auf Sex hatten, werden mit ungebetenen Ratschlägen über Therapie, Yoga oder »den richtigen Partner« bombardiert.

Und wer sich diesem System verweigert? Der oder die wird als »unnormal« abgestempelt. Hier zeigt sich wieder: Weibliche Lust wird gesellschaftlich verhandelt, genauso wie weibliche Unlust. Und auch wenn sich zum Beispiel der Mythos um Jungfräulichkeit immer noch hält, gerät er immerhin langsam ins Wanken. Klar wird dadurch: Es gibt keinen körperlichen Marker, kein Siegel, keinen magischen Übergang. Was es gibt, sind individuelle Erfahrungen, die für manche mehr, für andere weniger bedeutsam sind. Aber niemand tritt durch eine geheime Tür in einen neuen Status ein. Der Club, in dem andere wissend grinsen, immer Bock haben und durch ihr erstes Mal ein Vorher und Nachher erleben, das sie dann als Hure markiert, existiert nur in unseren Vorstellungen, die die Kultur über Jahrzehnte und Jahrhunderte hinweg aufgebauscht hat. Diese Debatten schaffen ein Klima, in dem sich Menschen, die eben nicht zur »normalen« Zeit ihre ersten Male erleben, ihre eigene Willenskraft infrage stellen: Strenge ich mich nicht genug an? Müsste ich einfach nur attraktiver sein?

Mir mehr Mühe mit sexy Outfits geben? Selbstbewusster auftreten? Durch solche Zweifel entsteht ein Klima der Scham – kalt, nass und einengend.

Performancedruck

Ich versuchte, ihn nicht so an mich ranzulassen, aber der Druck war überall. Er zeigte sich in den Gesprächen auf dem Schulhof, wenn jemand lachend von einem »Vorfall« im Park erzählte und ich nur nicken konnte, ohne wirklich zu wissen, wie sich das anfühlt. Es lag in den Liedern, die wir hörten, in denen Frauen entweder begehrt oder ausgelacht wurden, je nachdem, ob sie »zu viel« oder »zu wenig« taten. Er war in den Blicken, die Gleichaltrige austauschten, wenn jemand zugab, noch keinen Sex gehabt zu haben: eine Mischung aus Mitleid und abschätziger Überraschung.

Die Genderforscherin Ela Przybylo bezeichnet diese zwanghaft sexualisierte Welt als »Sexusociety«.[4] Wer dem Ideal der Sexusociety nicht entspricht, muss sich für seine angebliche Unlust rechtfertigen oder lebt mit dem Gefühl, sich umstimmen lassen zu müssen – vor allem, wenn man eine funktionierende romantische Beziehung führen möchte. Diese Haltung führt zu einem immensen Druck auf alle, insbesondere aber auf Frauen. Ein bedeutender Teil heterosexueller Frauen macht sexuelle Erfahrungen, die sie zwar einvernehmlich eingegangen sind, aber nicht wirklich gewollt haben. Eine Studie aus den Vereinigten Staaten aus dem Jahr 2005 ergab, dass 28 Prozent der befragten jungen Frauen ihr erstes sexuelles Erlebnis als freiwillig beschreiben, obwohl sie es »nicht wirklich wollten«.[5] In Deutschland werden solche Erfahrungen manchmal als »Verlegenheitssex« bezeichnet. Gemeint sind damit meist sexuelle Handlungen, die nicht (ausschließlich) aus echtem Interesse heraus stattfinden, sondern aus anderen Gründen – etwa um peinliche Situationen zu vermeiden, um Erwartungen zu erfüllen oder um sich nicht erklären zu müssen, warum man keinen Sex möchte. Die Verlegenheit zieht in die einzelnen Situationen nicht plötzlich ein, sondern schleichend: Am Anfang steht vielleicht richtiges Interesse, ein Flirt, ein gemeinsamer Abend, körperliche Nähe, Zustimmung, vielleicht auch Bock. Aber dann kommt irgendwann der Moment, in dem sich viele nicht mehr trauen, einen Rückzieher zu machen, weil sie glauben, es sei jetzt zu spät. In vielen Fällen geht es Frauen dabei weniger um ihren eignen Bock als um die Erwartungen des Gegenübers. Es geht um das Gefühl, gebraucht zu werden, attraktiv zu sein, etwas zurückgeben zu müssen.

Die deutsche Psychologin und Therapeutin Sandra Konrad hat unter anderem zu diesem Themenkomplex ein ganzes Buch namens »Das beherrschte Geschlecht« geschrieben.[6] Darin erklärt sie, dass viele Frauen nicht in Kontakt mit ihrem eigenen Begehren sind, sondern sich oft daran orientieren, was andere wollen. In der Dynamik heterosexueller Beziehungen definieren sich viele Frauen über das Begehren des Mannes – sie fühlen sich verantwortlich dafür, begehrt zu werden, und leiten daraus ab, was sie tun sollten. Der Untertitel von Konrads Buch bringt es auf den Punkt: »Warum sie will, was er will«. Diese Erwartungshaltung an Frauen von außen und an sich selbst wird von einem starken Performancedruck begleitet.

Auch Männer haben ungewollten einvernehmlichen Sex. Vermutlich, weil auch sie unter Performancezwang leiden, allerdings auf eine andere Art und Weise als Frauen. Aktuelle Zahlen aus Deutschland zu Verlegenheitssex gibt es leider nicht. Generell ist die Studienlage zu Sexualität wirklich schlecht im Vergleich zu anderen Forschungsfeldern.

Sexualität ist oft kein selbstbestimmter Raum, sondern eine Bühne, auf der ein vertrautes Drehbuch abgespult wird und auf der der eigene Körper zur Projektionsfläche und Ressource wird. Der Performancedruck ist hoch, die Erwartungen ebenfalls, für Abweichungen von der gesellschaftlichen Norm gibt es kaum Spielraum.

Also tat ich lange, was alle taten: Ich spielte mit. Ich ließ beiläufig Bemerkungen fallen, die mich erfahrener wirken ließen, als ich in Wirklichkeit war. Ich lachte in den richtigen Momenten und stellte wissende Fragen. Ich kopierte die tabulosesten zweideutigen Witze, die ich bei *How I Met Your Mother* gehört hatte. Ich war eine gute Schauspielerin – das bestätigte mir nicht nur mein Auftreten auf dem Schulhof, sondern auch meine Theaterlehrerin –, und ich begann, meine eigene Performance langsam selbst zu glauben. Ich sprach über Jungs, von denen ich insgeheim wusste, dass ich sie nicht mochte, nur um meine Freundinnen dazu zu bringen, »Ooooh!« zu machen. Ich knutschte beim Abiball mit dem australischen Austauschschüler, weil ich wusste, dass er in einer Woche eh abreiste. Ich hielt mich an die wichtigste Partyspiel-Regel: nie als Erste »Wahrheit« wählen, aber auch nicht zu oft »Pflicht« – sonst erschien man sofort verdächtig.

Der Vergleich mit anderen machte es nicht besser: Ina aus meiner Klasse hatte einen Ruf, den alle faszinierend fanden. Sie war irgendwie so selbstbewusst mit ihrem Körper. Sie sprach über Sex, als wäre es ein Menü in einem Restaurant, aus dem man sich einfach etwas aussuchen konnte. Ich beneidete sie und fragte mich, ob ich das auch könnte. Vielleicht war Sex einfach ein Skill, den man sich antrainierte, wie Mathe oder eine Sportart, und ich war nur noch nicht im Training? Aber der Druck war nicht nur sozial und kam von außen. Er war auch leise und persönlich, ein Gefühl, das ich nicht ganz greifen konnte. Es war eine Mischung aus Angst, Neugier und dem nagenden Verdacht, dass ich nicht normal war. Und da war ganz viel Scham.

Das Ding mit der Scham

Wir empfinden unsere Körper als etwas, was sich formen lässt. Ein bisschen mehr Make-up hier, eine Bauchweg-Strumpfhose und »Ach, das kriegt man mit Botox easy weg« da. Wir gestalten unseren Körper so, dass er zu dem Leben passt, das wir glauben, führen zu wollen. Unsere Haut ist nicht nur eine physische Grenze, sondern auch eine soziale. Sie trennt nicht nur innen von außen, sondern das Zeigbare vom Verborgenen. Dabei ist unser Körper selten nur unser eigener – er gehört auch den Blicken und Erwartungen anderer.

Journalist und Autor Matthias Kreienbrink beschreibt in seinem Buch »Scham«, dass wir nicht nur nach gesellschaftlichen Normen leben, sondern dass sich diese Normen in unseren Körper einschreiben.[7] Wir internalisieren sie, oft ohne es zu merken. Scham zeigt sich dabei nicht nur in errötenden Wangen oder peinlichen Momenten, so Kreienbrink, sondern auch in den alltäglichen Entscheidungen darüber, wie wir uns kleiden, wie wir unsere Körper pflegen oder was wir bereit sind, von uns zu präsentieren. Gerade in der Sexualität sei Scham allgegenwärtig. Sie manifestiert sich nicht nur durch soziale Kontrolle, sondern auch durch das, was unausgesprochen bleibt. Kreienbrink schreibt, dass unsere Körper zwar sichtbar sind, aber bestimmte Körper als »inakzeptabel« gelten. Wer zu dick, zu dünn, zu groß, zu klein, zu feminin oder zu maskulin ist, wird markiert und lernt früh, sich zu verstecken.[8] Scham formt nicht nur, was wir über unseren eigenen Körper denken, sondern auch, wie wir über Sexualität sprechen. Er erläutert, dass die Scham sogar in der Art steckt, wie wir unsere Geschlechtsorgane benennen und ob das eher klinisch distanziert ist, wenn wir über Medizin reden, oder voller Slang, wenn es um Lust geht. Der Wunsch nach Distanz zeigt sich in der Sprache: Während wir über Arme und Beine ohne Zögern sprechen, wirken Begriffe wie Penis oder Vulva oft roh oder unangenehm. Kreienbrink beschreibt, dass diese sprachliche Distanz nicht zufällig ist: »Die Sprache bildet eine weitere Schicht um unsere Körper – und formt sie dabei.«[9] Die Worte, die wir wählen, sind Teil eines gesellschaftlichen Mechanismus, der Sexualität zwar omnipräsent macht, aber gleichzeitig beschämt und kontrolliert.

Matthias Kreienbrink zeigt auf, dass Scham eine doppelte Funktion hat: Sie schützt uns, indem sie soziale Grenzen sichtbar macht, aber sie begrenzt uns auch, oft auf eine Weise, die wir nicht hinterfragen. Wir schämen uns für unsere Lust, wenn sie zu »abweichend« erscheint. Wir schämen uns für unsere Unerfahrenheit, wenn sie als Defizit gilt. Und, ich würde ergänzen, wir schämen uns sogar für unser Begehren, wenn es als zu groß oder zu klein wahrgenommen wird.

Kreienbrink verweist darauf, dass der Körper nicht nur ein privates, sondern immer auch ein »politisches und soziales Objekt« ist.[10] Meiner Meinung nach ist die Idee der Jungfräulichkeit ein gutes Beispiel dafür. Sie ist keine biologische Realität, sondern eine kulturelle Erzählung, die Frauen in passive Rollen zwingt.

In vielen Gesellschaften, das hat mir meine Recherche gezeigt, wurde und wird Sexualität durch Scham reguliert. Wer sich »zu früh« auf Sex einlässt, riskiert, als »zu leicht zu haben« abgestempelt zu werden. Wer »zu lange« Jungfrau bleibt, gilt als seltsam oder unattraktiv. Der Spielraum ist schmal, die Unsicherheit groß. Scham ist ein perfektes Werkzeug, um Menschen zu steuern, weil sie keinen äußeren Zwang braucht. Sie arbeitet von innen heraus. Das zeigt sich darin, dass Scham nicht mit dem »ersten Mal« endet. Sie verschiebt nur ihre Position. Erst schämen wir uns, weil wir »noch nicht« dabei waren, dann schämen wir uns, weil wir »nicht genug« wissen, dann, weil wir vielleicht »zu anders« begehren. Die Scham sorgt nicht nur dafür, dass wir uns anpassen, sondern auch, dass wir die Anpassung selbst als unsere eigene Entscheidung wahrnehmen. Ich frage mich wirklich, wieso wir Frauen sogar von uns selbst erwarten, diese krassen Sexgöttinnen zu werden, obwohl wir mit all dieser Scham über unsere Körper sozialisiert wurden.

Meinen eigenen Körper habe ich gehasst. Nicht nur so, wie es Mädchen ohnehin beigebracht wird, sondern tiefer, mit einer Schwere, die mein gesamte Erwachsenwerden prägte. Ich war haarig. Nicht nur ein bisschen, nicht so, dass es mit einem schnellen Rasiererstrich erledigt gewesen wäre. Meine Haut war bedeckt von dicken schwarzen Haaren, von der Hüfte abwärts bis zu den Zehen. Ich konnte sie jeden Morgen entfernen, doch abends waren sie wieder da. Es fühlte sich aussichtslos an, ein Kampf, den ich niemals gewinnen konnte. Waxing war nicht besser. Es tat höllisch weh, bedeutete ständig gereizte Haut, und trotzdem blieben immer ein paar Stellen übrig, die mich verrieten. Wenn ich meine Haare wachsen ließ, weil ich es nicht mehr ertragen konnte oder meine Haut zu gereizt war, dann blieb das nicht unbemerkt. Schulkameraden machten spitze Bemerkungen, als ginge sie mein Körper etwas an. Ein Nachbarsjunge jagte mich über den Hof und rief »Schnäuzer« wegen der feinen Haare über meiner Oberlippe. Ich konnte nicht verstehen, wie andere Mädchen so selbstverständlich ihre Körper zeigen konnten, während ich den Freibadbesuch lieber absagte und beteuerte, dass es mir bei 30 Grad mit langer Jeans nicht zu heiß sei. Manchmal lag ich nachts wach und dachte darüber nach, wie es wäre, einen Freund zu haben. Die Vorstellung, dass ein Junge mich berührte und meine stoppligen Beine bemerkte, verursachte mehr Angst als Lust. Jetzt lässt mich die Vorstellung, dass mir ein Typ nahekommt, aus anderen Gründen erstarren, aber dazu später mehr.

Wenn Scham so tief verankert ist, gibt es dann einen Weg, ihr zu entkommen? Es beginnt damit, sie nicht einfach loswerden zu wollen, sondern sie zu hinterfragen. Zu erkennen, dass sie oft nicht unsere eigene Stimme ist, sondern das Echo gesellschaftlicher Erwartungen. Dass sie uns sagen will, wer wir sein sollen, und dass wir entscheiden können, ob wir das akzeptieren. Scham kann ein Zeichen von Selbstreflexion sein. Aber sie wird dann gefährlich, wenn sie uns nicht schützt, sondern kleinmacht. Wenn sie nicht vor tatsächlicher Verletzlichkeit warnt, sondern uns daran hindert, überhaupt herauszufinden, was wir eigentlich wollen.

Vielleicht bedeutet Erwachsenwerden nicht, bestimmte Checklisten abzuarbeiten, sondern genau das: sich nicht mehr von einer Scham bestimmen zu lassen, die man nie selbst gewählt hat. Um das zu durchbrechen, braucht es mehr als ein »Sex ist gut«-Narrativ, das zum Beispiel die Sexpositivität bietet. Es braucht die Anerkennung, dass Sexualität und auch deren Abwesenheit individuell und wandelbar ist. Weder der Club der Spätzünder*innen noch der Kein Bock Club ist ein homogener Haufen von lustlosen Menschen. Es sind Individuen mit ihren eigenen Geschichten, Wünschen und Grenzen. Wer keinen Sex will, braucht keine Erklärung. Wer seinen eigenen Rhythmus hat, muss sich nicht rechtfertigen.

237 Gründe für Sex

Bock oder das verlegene Gefühl, sein erstes Mal endlich hinter sich bringen zu wollen, sind nur zwei mögliche Gründe, warum Menschen Sex haben. Letzteres konnte mein 16-jähriges Ich, das unbedingt dazugehören wollte, vielleicht noch nachvollziehen. Aber sonst fielen mir nicht viel mehr Gründe ein. Und damit war sie also da, die drängendste Frage, die ich mit 16 Jahren im Kopf hatte: Wieso haben andere überhaupt ihr erstes Mal? Wieso haben andere Menschen Bock?

Ich hoffe, es ist bis hierhin in diesem Buch schon klar geworden: Die Antwort auf diese Frage ist komplizierter, als man denkt. Würde man es sich einfach machen, könnte man sagen: Menschen empfinden sexuelles Verlangen, und Sex kann Spaß machen, deswegen tut man es. Aber wenn man ein bisschen tiefer gräbt, wird schnell klar, dass es bei Sex um viel mehr als nur um Bock und Spaß geht.

In einer großen Studie haben sich die Psychologin Cindy Meston und Evolutionspsychologe David Buss mit der Frage beschäftigt, aus welchen Gründen Frauen Sex haben, und ihre Ergebnisse 2009 in ihrem Buch »Why Women Have Sex« zusammengetragen.[11] 237 verschiedene Gründe haben die beiden gefunden. Nicht 235, auch nicht 236, sondern zweihundertsiebenunddreißig. Heißt: Wer glaubt, Frauen schlafen nur mit jemandem, weil sie horny sind, liegt ungefähr so daneben wie jemand, der denkt, Frauen hätten keinen Spaß an Sex.

Für ihre Forschung haben Meston und Buss 1.006 Frauen auf der ganzen Welt interviewt und einer der häufigsten Gründe, warum Frauen Sex haben, ist, weil sie sich körperlich zu jemandem hingezogen fühlen. Aber das ist längst nicht alles. Auch emotionale Nähe spielt eine große Rolle, denn Sex kann eine Möglichkeit sein, Liebe auszudrücken oder eine tiefere Bindung überhaupt erst herzustellen. Gleichzeitig ist das Bild, dass Frauen Sex nur aus emotionalen Gründen haben, falsch. Sie tun es auch aus Neugier, Abenteuerlust oder einfach, weil es sich gut anfühlt.

Manchmal ist Sex auch ein Mittel zum Zweck: Frauen nutzen ihn, um sich begehrt zu fühlen, um ihr Selbstwertgefühl zu pushen oder um sich einen Vorteil zu verschaffen – sei es in Form von sozialem Status oder sogar materiellen Dingen. Sex für Zuneigung, für Geschenke, für Aufmerksamkeit. Sex kann außerdem bewusst als Machtinstrument eingesetzt werden, um eine bestimmte Dynamik in einer Beziehung zu steuern oder sich selbst in einer unsicheren Situation stabiler zu fühlen. Das ist kein Mythos, sondern Realität, die in unterschiedlichsten Formen existiert: von »Ich hatte Sex mit ihm, weil ich wollte, dass er mir morgen beim Umzug hilft« über »Ich habe sie benutzt, um mich hübsch zu fühlen« bis hin zu klassischen Sugar-Daddy-Konstellationen. Das mag unbequem sein, aber es gehört zu den vielfältigen Motivationen für Sex dazu.

Ein anderes Kapitel in Mestons und Buss' Buch ist besonders unangenehm, aber wichtig: Es gibt viele Frauen, die Sex haben, weil sie sich verpflichtet fühlen. Weil sie denken, dass es zu »ihren Aufgaben« in einer Beziehung gehört. Oder weil sie nicht wollen, dass ihr Partner oder ihre Partnerin sich zurückgewiesen fühlt. Hier würde man wieder von Verlegenheitssex sprechen. Und ja, es gibt auch Frauen, die Sex als eine Form der Vermeidung nutzen, um Streit zu entschärfen oder Schuldgefühle zu minimieren.

Manipulation, Zwang und Missbrauch gehören zu den übergriffigen Seiten von Sex. Auch diese Aspekte werden von Meston und Buss thematisiert. Natürlich geht es hier nicht um freiwillige sexuelle Motivation, aber die Daten zeigen, dass eine nicht unbedeutsame Anzahl an Frauen Sex aus Angst oder Unsicherheit hat.

Das Bild von Frauen, die nur aus Liebe oder reiner Lust mit jemandem schlafen, ist falsch. Die Wahrheit ist komplexer: Menschen haben Sex aus Liebe und Leidenschaft, aus Spiritualität, aus Neugier, aus Einsamkeit, aus Selbstzweifeln und aus Machtspielchen.

4.
Alles ist Sex! – Ist Sex alles?

Gebannt sitze ich in einem Hotelzimmer in München, habe mir einen Whiskey Sour aufs Zimmer bestellt und klicke eine neue Serie auf dem Fernseher an. *Too Hot to Handle* heißt die Sendung, sie läuft auf Netflix. Die allererste deutschsprachige Staffel ist gerade erschienen, im Jahr 2023.

Es gibt Dating-Formate, die Romantik und *Love* versprechen, und dann gibt es *Too Hot to Handle* – eine Reality-Show, die aussieht, als hätte ein Algorithmus nach »heiße Menschen mit Bindungsangst« gesucht und sie auf eine tropische Insel geworfen. Die Sendung funktioniert so: Die Kandidat*innen denken am Anfang der ersten Folge, sie sind in einer »normalen« Dating-Show. Dann kommt eine KI namens Lana ins Spiel, die verkündet, dass körperliche Intimität verboten ist. Kein Sex, kein Küssen, nicht mal ein intensiver Hüftschwung – jede Übertretung dieser Regeln kostet Geld aus dem Gemeinschaftstopf, der am Ende an alle Teilnehmer*innen ausgezahlt werden soll. Der kollektive Schock der Kandidat*innen ist filmreif, weil sie es offensichtlich gewohnt sind, körperliche Anziehung sofort auszuleben. Und natürlich auch, weil sie von Redakteur*innen am Set auf eine »normale« Dating-Show vorbereitet wurden, in der Knutschen, Fremdgehen,

Sex nicht nur erlaubt, sondern sogar gewünscht sind und provoziert werden.

Too Hot to Handle ist ein gutes Beispiel für Ela Przybylos »Sexusociety«: eine Welt, in der Sexualität als zentrales Bedürfnis gilt und Verzicht als absurd erscheint. Die Allonorm, also die Annahme, dass alle Menschen sexuelles Verlangen haben oder haben sollten, ist so tief verankert, dass die Teilnehmenden sich ernsthaft fragen, ob sie ohne Sex überhaupt noch eine Verbindung zu einem*r Teilnehmer*in aufbauen oder 24 Stunden überleben können. Die Serie führt unfreiwillig vor, wie stark körperliche Nähe mit zwischenmenschlicher Intimität gleichgesetzt wird – und wie wenig Raum für Alternativen bleibt.

Männliches vs. weibliches Verlangen

Wie bei vielen Normen in unserem patriarchalen Gesellschaftssystem profitieren vor allem Männer von der Allonorm. Die Allonorm erlaubt es ihnen, sexuelles Verlangen als etwas sehr Natürliches, ja, fast Unkontrollierbares darzustellen. Der oft zitierte Spruch »Männer denken alle sieben Sekunden an Sex« ist natürlich völliger Quatsch, aber er zeigt, wie sehr die Gesellschaft daran gewöhnt ist, männliches Verlangen als unvermeidbar zu betrachten. Männer, die ständig Lust haben, gelten als normal. Männer, die weniger Lust haben, hingegen schnell als »unmännlich«.

Gleichzeitig sorgt die Allonorm dafür, dass männliches Verlangen Vorrang hat. Sex wird oft aus männlicher Perspektive erzählt, in Filmen, Büchern oder auch einfach in Gesprächen. Es ist gesellschaftlich akzeptiert, dass Männer Sex »brauchen«, während Frauen ihn »geben«. Auch in Beziehungen zeigt sich das: Frauen hören oft, dass es »normal« sei, dass der Partner mehr Sex möchte als sie – und dass es Teil einer guten Beziehung sei, ihm diesen zu ermöglichen.

Das bedeutet nicht, dass Frauen grundsätzlich keine Lust haben. Ihre Lust wird allerdings anders bewertet, wie schon der Blick auf den Madonna-Huren-Komplex gezeigt hat. Weibliche Lust soll kontrolliert sein, nicht zu viel und nicht zu wenig. Am besten funktioniert sie also irgendwo in der Mitte, angepasst an das, was gesellschaftlich gewünscht ist.

Viele Frauen übernehmen unbewusst die Idee, dass es ihre Aufgabe ist, für ein »gesundes« Sexleben in der Beziehung zu sorgen, und tragen damit oft selbst zur Allonorm bei.

Es gibt Ratgeber, die erklären, wie Frauen ihre Lust »wiederentdecken« können, als wäre es automatisch ein Problem, wenn sie keine Lust haben. Es gibt Bestseller, die Frauen Tipps geben, wie sie im Bett »Spannung aufrechterhalten«, aber kaum welche, die Männern erklären, dass weniger Sex auch okay sein kann. (Oder darüber, dass sie sich bitte den Dreck unter ihren Fingernägeln entfernen sollten, bevor sie anfangen, die Klitoris zu suchen.)

Frauen lernen früh, dass ihre Sexualität nicht wirklich ihnen gehört, sondern eine Erwartung an sie ist. Sie sollen sich begehrenswert machen, aber nicht zu sehr. Sie sollen Sex genießen, aber auch nicht erwarten, dass es nach dem Orgasmus des Partners weitergeht. Und sie sollen in Beziehungen dafür sorgen, dass der Partner zufrieden ist. Wenn sie das nicht tun, drohen Konsequenzen: Schuldgefühle, Vorwürfe oder die Angst, verlassen zu werden. Viele Frauen übernehmen diese Denkmuster, weil sie glauben, dass es »normal« ist. Dass es dazugehört, sich anzupassen.

In feministischeren Filterblasen wird Frauen vermittelt, sie sollen sich weibliche Lust zurückholen und so viel ausüben, wie sie wollen. Unverbindlicher Gelegenheitssex klingt nach Freiheit, aber für Frauen ist er oft mit mehr Risiken verbunden als für Männer. Der offensichtlichste Faktor: eine ungewollte Schwangerschaft. Während Männer sich theoretisch und statistisch aus der Verantwortung ziehen, tragen Menschen mit Gebärmutter nicht nur die körperlichen, sondern oft auch die sozialen Folgen – inklusive der Möglichkeit, alleinerziehend dazustehen. Dazu kommt die Verantwortung für Verhütung, die in heterosexuellen Begegnungen fast immer auf Frauen abgewälzt wird. Pille, Spirale, Kupferkette. Die Optionen sind vielfältig, aber oft teuer, mit Nebenwirkungen verbunden und trotzdem keine Garantie.

Dazu kommt das höhere Risiko für sexuell übertragbare Infektionen, auf Englisch auch STI, »Sexually Transmitted Infections« genannt. Denn biologisch sind Menschen mit Vulven anfälliger für STIs und zugleich gesellschaftlich benachteiligt: Ein Mann, der ein Kondom verweigert, gilt oft als »selbstbewusst«, während Frauen, die darauf bestehen, als »nervig« abgestempelt werden.

Die Allonorm reguliert also nicht nur die Sexualität von Frauen, sondern gibt Männern das Gefühl, dass ihre Lust ein unverhandelbares Grundbedürfnis ist, das anderen Bedürfnissen überlegen ist. Und solange das als selbstverständlich gilt, werden Frauen weiterhin die Rolle übernehmen, die ihnen zugeschrieben wird: die der Verwalterinnen von männlichem Begehren. Vielleicht ist es Zeit, diese Erwartungen endlich abzuschütteln und sich stattdessen zu fragen: Wem nützen sie?

Janelle Monáe, ein*e non-binäre amerikanische Sänger*in und Schauspieler*in, stellt sich diese rhetorische Frage in deren Song »Screwed«. Darin singt Monáe: *»Everything is sex. Except sex, which is power. You know power is just sex. Now ask yourself who's screwin' you.«*[1] Dieser Songtext verknüpft Sex mit Macht und referiert dabei auf ein angebliches Zitat des irischen Schriftstellers Oscar Wilde: »Auf der Welt dreht sich alles um Sex, außer beim Sex, da dreht sich alles um Macht!« Leider gibt es keine sichere Quelle dazu, ob Wilde das wirklich gesagt und gedacht hat. Aber wie auch immer: Der Satz ist ausdrucksstark. Es ist wichtig zu hinterfragen, wer, wenn es um die Allonorm oder die sogenannte Zwangssexualität geht, wirklich in der Machtposition ist und wer nicht. Wer profitiert von der Allonorm und wer nicht?

Eine einfache und in Teilen sicherlich richtige Antwort auf diese Frage könnte sein: Die bösen weißen cis Männer sind schuld an und Profiteure von diesem System. Ich glaube aber, es ist komplizierter als das: Ich glaube, dass es eigentlich keinen Menschen gibt, der *nur* und zu 100 Prozent von der Allonorm profitiert. Und ich glaube auch nicht, dass die, die darunter leiden, alleinig Opfer der Allonorm sind.

(Ent-)Sexualisierung

Was man jedoch deutlich sagen kann: Während privilegierte Gruppen dazu angehalten werden, sexuell aktiv zu sein, werden ohnehin marginalisierte Gruppen entweder fetischisiert oder völlig entsexualisiert. Manchmal – paradoxerweise – sogar beides gleichzeitig.

Fetischisierung bedeutet, dass eine Person oder eine Gruppe auf bestimmte körperliche Merkmale oder stereotype Eigenschaften reduziert wird und diese übertrieben begehrt oder exotisiert werden. Dabei geht es nicht um die Person selbst, sondern um die Vorstellung, die mit ihr verknüpft wird. Ein Beispiel dafür ist die Sexualisierung asiatischer Frauen als besonders »sanft und gehorsam«. Solche Klischees können oberflächlich zwar »positiv« erscheinen, entmenschlichen aber letztlich, weil sie die Individualität der betroffenen Personen ignorieren und sie auf ein sexuelles und oft rassistisches Klischee reduzieren.

Auch Schwarze Männer und Frauen werden gesellschaftlich durch stereotype Vorstellungen übersexualisiert und zugleich entsexualisiert. Schwarze Männer gelten häufig als »zu sexuell«, sie werden mit aggressiver Männlichkeit und triebhaftem Begehren assoziiert. In Werbung und Medien werden sie als hypermaskuline Sportler oder gefährliche Verführer dargestellt. Schwarze Frauen wiederum gelten als exotisch und hemmungslos oder werden medial oder auf Dating-Apps fetischisiert. Schwarze Mütter hingegen werden auf ihr Muttersein reduziert, ihre eigene Sexualität bleibt unsichtbar.

Diese Darstellungen und die daraus entstehenden Wahrnehmungen von Schwarzen Menschen ist historisch tief verwurzelt. Sie wurden objektifiziert und begutachtet, vor allem in Europa und Amerika. Unter anderem wurde die Vergewaltigung von explizit Schwarzen Frauen als weiße Machtdemonstration durch Mitglieder des Ku-Klux-Klans verwendet. Und vor gerade einmal hundert Jahren wurden sogenannte Völkerschauen praktiziert, bei denen insbesondere Schwarze Frauen zur Schau gestellt und entmenschlicht wurden.

Ein bekanntes Beispiel ist das Leben der Schwarzen Südafrikanerin Sarah Baartman, auch »Saartjie« genannt, eine abwertend konnotierte Verniedlichungsform des Namens Sarah. Sarah Baartman wurde Ende des 18. Jahrhunderts geboren und wurde Anfang des 19. Jahrhunderts in Europa vorgeführt und ausgestellt.[2] Aufgrund ihrer ausgeprägten Körpermerkmale galt sie in den Augen der damaligen Gesellschaft als Sinnbild für rassistisch fehlgeleitete Unterschiede zwischen Schwarzen und europäischen Frauen. Der schottische Militärchirurg William Dunlop nutzte ihre Erscheinung, um sie auf Messen und in Shows vorzuführen, wo Zuschauer Eintritt zahlten, um sie zu betrachten und teilweise sogar physisch zu erniedrigen. Ihr Körper wurde als Beweis für rassistische Theorien genutzt, die Schwarze Frauen als unzivilisiert, übermäßig körperlich und exotisch stilisierten.

Solche Stereotypen haben sich über Generationen hinweg verfestigt. Auch heute noch werden Schwarze Frauen oft als besonders sinnlich oder körperbetont wahrgenommen, und es existiert die Erwartung, dass sie durch ihr Auftreten männliche Aufmerksamkeit nicht nur provozieren, sondern auch akzeptieren sollten.

Dabei sind es gerade Schwarze Frauen, die seit langer Zeit gegen sexualisierte Gewalt kämpfen und Veränderungen angestoßen haben – lange bevor die #MeToo-Bewegung weltweite Aufmerksamkeit erlangte. Aktivistinnen wie Tarana Burke, Rosa Parks und Recy Taylor spielten eine zentrale Rolle im Widerstand gegen geschlechtsspezifische Gewalt. Die Ursprünge des Slogans »Me Too« gehen auf Tarana Burke zurück, die sich seit den 1990er-Jahren für Schwarze Mädchen und Frauen einsetzt. 1997 vertraute ihr ein 13-jähriges Mädchen an, dass es ein Opfer sexueller Gewalt geworden war. Dieses Erlebnis ließ sie nicht los und inspirierte sie dazu, eine Organisation ins Leben zu rufen, die marginalisierten Jugendlichen einen geschützten Raum bietet, um über ihre Erfahrungen zu sprechen. Aus dieser Arbeit heraus entwickelte sich schließlich die #MeToo-Kampagne, die später weltweit bekannt wurde.[3]

#MeToo hatte nicht den Effekt, dass Frauen weniger geschlechtsspezifische Gewalt erleben. Im Gegenteil, die Gewalt steigt an, und Deutschland hat »gravierende Defizite bei der Bekämpfung geschlechtsspezifischer Gewalt«, heißt es im Bericht, den die Berichterstattungsstelle geschlechtsspezifische Gewalt des Deutschen Instituts für Menschenrechte (DIMR) 2024 herausbrachte.[4] Der Konflikt zwischen einer immer aufgeklärteren, feministischeren Gesellschaft und brennenden Herden von geschlechtsspezifischer Ungerechtigkeit scheint sich zu verstärken.

Auch Arbeiter*innen aus bildungsfernen Milieus werden oft in Bezug auf ihre Sexualität bewertet. Besonders Frauen aus der Arbeiter*innenklasse stehen immer wieder im Spannungsfeld zwischen vermeintlicher Prüderie und der Annahme, sie seien leicht zu haben.

Während in Popkultur und Reality-TV das Bild von »sexy Arbeiterfrauen« mit knappen Leo-Outfits und lautstarkem Auftreten bedient wird, gelten Akademikerinnen eher als zurückhaltend, kontrolliert und anspruchsvoll. Dieser Vergleich zeigt, dass Sexualität nicht nur als persönliches Empfinden gesehen wird, sondern als soziales Signal, das darüber entscheidet, wie eine Person wahrgenommen wird.

Das ist zudem mit Blick auf bestimmte Gruppen, die konsequent entsexualisiert werden, zu erkennen. Ältere Menschen beispielsweise werden in Medien selten als sexuell aktiv dargestellt oder von der Gesellschaft als besonders begehrenswert wahrgenommen. In deutschen Pflegeeinrichtungen ist Sexualität kaum ein Thema. Ältere Frauen spielen in

Filmen oft Großmütter oder humorvolle Nebenfiguren, während ältere Männer zwar vereinzelt als charmante Verführer inszeniert werden, aber kaum als Objekte realen Begehrens auftreten.

Ähnlich verhält es sich mit asiatischen Männern, die als zurückhaltend, freundlich und intellektuell dargestellt werden, aber selten als sexuell attraktiv. Die stereotype Wahrnehmung, dass asiatische Männer weniger dominant oder weniger »männlich« seien, schlägt sich direkt in den Dating-Statistiken nieder: Studien zeigen, dass asiatische Männer in Deutschland auf Dating-Plattformen die niedrigsten Matching-Chancen haben. Das bedeutet nicht, dass sie weniger begehrenswert sind, sondern dass das gesellschaftliche Bild von Männlichkeit und Sexualität sie aktiv aus der begehrten Norm herausdrängt.[5]

Menschen mit Behinderungen erleben ebenfalls häufig, dass ihre Sexualität unsichtbar gemacht wird. In der öffentlichen Wahrnehmung stehen sie oft als »besondere« Menschen außerhalb der Norm, denen Sexualität nicht zugeschrieben wird. Barrierefreie Sexualaufklärung ist in Deutschland nach wie vor Mangelware, ebenso wie Angebote für selbstbestimmte Sexualität in der Behindertenhilfe. Während nichtbehinderte Menschen automatisch als sexuelle Wesen betrachtet werden, müssen Menschen mit Behinderungen ihre eigene Sexualität aktiv beweisen, oder sie wird ihnen abgesprochen.[6]

Dicke Menschen erleben eine doppelte Stigmatisierung. Einerseits gelten sie in der gesellschaftlichen Vorstellung oft als sexuell unattraktiv, andererseits wird ihnen unterstellt, dass sie für sexuelle Aufmerksamkeit dankbar sein müssten. Insbesondere dicke Frauen bekommen in Medien kaum Rollen als begehrte Personen, es sei denn, ihre Sexualität wird als komödiantisch oder besonders mutig dargestellt. Dicke Männer werden entweder als asexuell oder als übertrieben maskulin inszeniert, als triebhafte Genießer, die ihren Körper und ihre Lust nicht kontrollieren können, oder als Witzfigur.[7]

Entsexualisierung und Fetischisierung dienen also nicht nur der gesellschaftlichen Abwertung, sondern verfestigen die Idee, dass Sexualität und Normalität untrennbar miteinander verbunden sind. Wer nicht als begehrenswert gilt, wird oft auch in anderen Bereichen ausgeschlossen – sei es in der Jobwelt, in Freundeskreisen oder in der Politik. Das führt dazu, dass die Norm der Sexualität nicht nur beschreibt, wer Lust empfindet, sondern auch, wer überhaupt als vollwertige, ernst zu nehmende Person gilt.

Gleichzeitig (und bitte bleibt bei mir, wenn es hier noch einen Tick deeper wird) kann der Widerstand gegen Entsexualisierung dazu führen, dass es total schwer ist, überhaupt ein Gefühl für die eigene Sexualität zu entwickeln. Aber was genau ist damit gemeint? Zum Beispiel haben einige queere Theoretiker*innen und Aktivist*innen auf die Unsichtbarkeit lesbischer Sexualität reagiert, indem sie betonten, dass lesbische Frauen sogar »sexueller« seien als heterosexuelle Frauen. Auch in der Behindertenrechtsbewegung gab es Versuche, gegen die Entsexualisierung anzukämpfen, indem betont wurde, dass Menschen mit Behinderungen selbstverständlich sexuelle Wesen sind – unabhängig davon, ob sie das individuell wirklich so empfinden oder nicht.

Sowohl Fetischisierung als auch Entsexualisierung führen dazu, dass es Betroffenen total schwer gemacht wird, selbstbestimmt eine sexuelle Orientierung zu entwickeln.[8]

237 Gründe gegen Sex

Durch die allonormative Brille, mit der wir auf Menschen schauen, landen wir nicht nur bei der Be- und Abwertung von Individuen und Gruppen, sondern auch bei dem Gefühl, dass die ganze Welt nach dem Too-Hot-to-Handle-Prinzip funktioniert: Sex befriedigt ein Bedürfnis, das alle Menschen haben.

Aber was ist, wenn das gar nicht stimmt? Während Cindy Meston und David Buss 237 Gründe gefunden haben, warum Frauen Sex haben, würde ich behaupten: Es gibt mindestens genauso viele Gründe, warum Menschen und insbesondere Frauen keinen Bock auf Sex haben. Und das ist mehr als okay. Alle Gründe haben ihre Daseinsberechtigung im Kein Bock Club.

Die Gründe für sexuelle Unlust – mein Gott, ich finde diesen Ausdruck so unglaublich unsexy – bei Menschen sind so vielfältig wie Menschen selbst und werden von einer Vielzahl von Faktoren beeinflusst. Was alle Menschen, die keinen oder wenig Bock haben, gemeinsam haben: Sie passen nicht ins gesellschaftliche Raster. Menschen, die keinen Sex haben (oder ihn nicht haben wollen), werden oft nicht ernst genommen, pathologisiert oder romantisiert, aber selten einfach als das gesehen, was sie sind: Menschen mit individuellen Bedürfnissen.

Genauso wie ich die 237 Gründe für Sex nicht alle aufzählen konnte, werde ich dieser Individualität hier sicher nicht komplett gerecht werden können. Aber ich versuche, einige Gründe zu kategorisieren und zu ordnen.

Das Wichtigste zuallererst: Menschen, die aus egal welchem Grund manchmal oder immer zum Kein Bock Club gehören, denken oft, sie sind mit ihrer Bocklosigkeit allein. Sie glauben, etwas wäre falsch mit ihnen oder dass sie zu einer winzigen Minderheit gehören. Dabei ist das Gegenteil der Fall. Schon 2018 stellte die Klinik für Reproduktions-Endokrinologie des Universitätsspitals Zürich fest: »Bis zu 45 % aller Frauen berichten über ein vermindertes sexuelles Interesse. Allerdings gibt lediglich jede dritte bis vierte Frau einen signifikanten Leidensdruck an.«[9] Ich nehme daraus mit: Jede zweite Frau gehört zum Kein Bock Club, und die meisten finden das nicht schlimm. Und mehr noch: Dieser Anteil wird sich seit 2018 vermutlich sogar vergrößert haben. Denn eine global angelegte Studie aus dem Jahr 2024 zeigt, dass Menschen weltweit immer weniger Sex haben und auch später ihre sexuelle »Karriere« beginnen. Nur in Lateinamerika und der Karibik konnte dies nicht bestätigt werden.[10] Dazu gleich mehr.

In der Auflistung für Gründe, keinen Bock zu haben, die jetzt kommt, lege ich einen Fokus auf weibliche Bocklosigkeit. Aber keine Sorge: Männern widme ich später noch ein eigenes Kapitel.

Die KB-Phase

Kein-Bock-Haben kann eine Phase sein. Die KB-Phase ist ein Grund, warum Menschen keinen oder wenig Sex haben. Sie kann 10 Tage oder 10 Jahre andauern. Wenn ihr in so einer Phase steckt und es euch entlastet zu lesen, dass es den Kein Bock Club gibt, dann seid ihr nun recht herzlich Teil davon!

Für mich beschreibt die Kein-Bock-Phase eine Zeit im Leben eines Menschen, in der Sex nicht im Mittelpunkt steht. Sie kann selbst gewählt sein oder durch Umwelteinflüsse entstehen, ohne dass man es eigentlich will. Viele Frauen entscheiden sich, Sex zeitweise aus ihrem Leben zu streichen, um sich auf persönliche Ziele zu konzentrieren, emotionale Heilung nach schwierigen Beziehungen zu erfahren oder um gesellschaftliche Normen zu hinterfragen. Auch Selbstschutz kann ein Grund für weibliche Enthaltsamkeit sein, weil Frauen immer wieder Machtmissbrauch erleben und sich diesem entziehen.

Dass ich hier das Wort Phase verwende, kann auf Menschen komisch wirken, die gegen das Vorurteil ankämpfen müssen, ihre Geschlechtsidentität oder sexuelle Orientierung sei eine Phase. Hier unterscheide ich ganz klar zwischen Fremd- und Selbstzuschreibungen. Ich selbst empfand meine Heteroromantik als eine Phase, sie war keine Lüge, aber ein Resultat aus meinem Umfeld und Unwissenheit, gemischt mit ehrlichen Gefühlen.

Ist die KB-Phase weniger selbstbestimmt gewählt, wirken oft andere, äußere Ereignisse auf unsere Libido ein. Und die Wahrheit ist doch: Jede*r hatte schon mal eine Kein-Bock-Phase. Um ein aktives Sexleben zu führen, muss man eine*n Sexualpartner*in finden, auf den*die man Bock hat, und die Person muss – vice versa – auch Bock haben. Für manche Menschen ist eine solche Situation äußerst selten. Wie ein Sechser im Lotto. Ein absolutes Privileg. Denn sexuelle Lust existiert nicht im Vakuum oder unabhängig von unserer Lebenssituation: Wer ständig unter Zeitdruck steht, sich um Kinder kümmert oder beruflich stark gefordert ist, hat häufig weder die Energie noch den mentalen Raum für Intimität. Finanzielle Sorgen oder unsichere Lebensverhältnisse können zusätzlich belasten und das Bedürfnis nach Nähe in den Hintergrund rücken lassen. Auch soziale Prägungen spielen eine Rolle: Wer in einem Umfeld aufgewachsen ist, in dem Sexualität tabuisiert oder mit Schuldgefühlen belegt wurde, kann

Schwierigkeiten haben, Lust als etwas Selbstverständliches zu empfinden.

Solche äußeren Einflüsse sind nicht immer direkt greifbar, wirken aber subtil auf das persönliche Erleben von Sexualität ein. Für mich ist es zum Beispiel total unvorstellbar, dass eine Mutter, die den Hauptanteil der Care-Arbeit erledigt, ein schlechtes Gewissen haben soll, weil ihr Mann seit drei Wochen keinen Sex mehr gehabt hat, während dieser nicht mal weiß, in welchem Schrank das Waschmittel zu finden ist.

Menschen sind unterschiedlich: Eine Person ist traurig, wenn sie drei Wochen nicht mehr gepimpert hat, eine andere findet es schlimmer, dass sie drei Wochen nicht zum Poledancing gehen kann. Jede Person sollte selbst entscheiden können, was im Leben zu priorisieren ist. Und jeder Mensch entscheidet selbst, ob eine KB-Phase belastend oder einfach okay so ist.

Politisches Kein-Bock-Haben

Keinen Bock auf Sex zu haben oder enthaltsam zu leben kann auch politische Beweggründe haben. Es ist wie ein politisch motivierter Konsumverzicht, nur auf Sex bezogen. Das sogenannte 4B-Movement ist ein aktuell sehr populäres Beispiel für politisches Kein-Bock-Haben. Das 4B-Movement ist zwischen 2017 und 2018 in Südkorea entstanden. Es basiert auf vier zentralen Prinzipien: kein Sex mit Männern (***b**isekseu*), keine Geburt (***b**ichulsan*), kein Dating mit Männern (***b**iyeonae*) und keine Ehe mit Männern (***b**ihon*). Die Bewegung entstand als Reaktion auf tief verwurzelte patriarchale Strukturen und rigide Schönheitsstandards in der südkoreanischen Gesellschaft. Enthaltsamkeit wird hier als Akt der Selbstermächtigung verstanden, der Raum für andere Formen von Intimität und Nähe schafft. Frauen, die sich dem 4B-Movement anschließen, verweigern traditionelle Erwartungen hinsichtlich Femininität und Familiengründung, um sich von gesellschaftlichem Druck und geschlechtsspezifischen Rollenbildern zu befreien. Nach der Wiederwahl Trumps zum Präsidenten der USA ging das 4B-Movement auf Tiktok viral und fand weltweit Anhängerinnen. Um das Thema der politischen Enthaltsamkeit geht es auch im Kapitel »Männer LOL« noch einmal.

Sexuelle Orientierung

Auf der anderen Seite gibt es unfreiwillige, aber dennoch selbstbestimmte Umstände, die dazu führen können, dass Frauen keinen sexuellen Antrieb verspüren. Asexualität ist ein Paradebeispiel dafür: Es beschreibt eine sexuelle Orientierung, bei der Menschen wenig bis keine sexuelle Anziehung zu Menschen empfinden.

Asexualität ist ein Spektrum, auf dem sich weitere Orientierungen wie demisexuell oder grausexuell versammeln. Demisexuelle Menschen fühlen sich nur dann zu einer anderen Person körperlich oder sexuell hingezogen, wenn sie eine langfristige emotionale Bindung zu dieser Person aufgebaut haben. Grausexualität bedeutet, dass Menschen sehr selten sexuelle Anziehung empfinden und sich trotzdem dem asexuellen Spektrum zuordnen. Eine Abkürzung für das Adjektiv asexuell ist »ace«. Asexuelle Menschen haben keinen Bock, mit anderen Menschen zu schlafen, aber können durchaus Spaß beim Masturbieren haben.

Menschen, die ace sind, können trotzdem Menschen hübsch finden, eine Libido haben, Pornos schauen, Fetische haben, in Beziehungen sein oder ein aktives Sexleben pflegen. Manche asexuellen Menschen fühlen sich von der Vorstellung, Sex zu haben, abgestoßen oder angeekelt, andere mögen Sex, haben Spaß daran oder stehen neutral dazu.

Ein weiterer Faktor, der Lust beeinflussen kann, ist verdrängte Queerness. Frauen, die in einem heteronormativen Umfeld sozialisiert wurden, erleben mitunter, dass ihre fehlende Lust auf Männer nicht auf allgemeine sexuelle Unlust zurückzuführen ist, sondern darauf, dass sie sich zu anderen Geschlechtern hingezogen fühlen. Der gesellschaftliche Druck, in konventionellen Beziehungen zu funktionieren, kann dazu führen, dass diese Erkenntnis lange unterdrückt wird – mit dem Nebeneffekt, dass Sexualität als belastend oder unpassend empfunden wird. Erst wenn Raum für Selbstreflexion und ehrliche Auseinandersetzung entsteht, wird klar, dass Lust nicht »fehlt«, sondern möglicherweise nur an einem anderen Ort gesucht werden muss.

Gesellschaftlicher Druck

Sexuelle Lust wird oft als etwas Natürliches und Spontanes betrachtet, aber gesellschaftliche Erwartungen haben erheblichen Einfluss darauf, wie und ob Menschen, die weiblich sozialisiert wurden, Bock haben. Die vielen widersprüchlichen Erwartungen gegenüber Frauen (wie »Sei begehrenswert, aber nicht zu offensiv«, »Empfinde Lust, aber nur in den richtigen Momenten«) führen dazu, dass viele Frauen Schwierigkeiten haben, ein unbefangenes Verhältnis zu ihrer eigenen Lust zu entwickeln. Hinzu kommt die Vorstellung, dass eine erfüllte Sexualität als Grundvoraussetzung für eine glückliche Beziehung angesehen wird. Wer weniger Lust empfindet, sei es phasenweise oder dauerhaft, wird schnell als defizitär wahrgenommen oder fühlt sich unter Druck gesetzt, die eigenen Bedürfnisse zu hinterfragen. Bei Menschen mit Penis kann das zum Beispiel auch zu Erektionsproblemen und damit zusammenhängender Bocklosigkeit führen. Über Beziehungen schreibe ich später noch einmal genauer. Sexuelle Lust ist jedenfalls kein fixer Wert, der stets verfügbar ist, sondern etwas, das sich individuell und im Laufe des Lebens verändert. Erst wenn gesellschaftliche Normen nicht mehr als Maßstab dienen, sondern persönliche Empfindungen im Vordergrund stehen, kann sich eine Sexualität entfalten, die wirklich zur eigenen Identität passt.

Psychische Faktoren

Stress, emotionale Belastung und psychische Erkrankungen können das sexuelle Verlangen maßgeblich verringern. Hoher Druck im Alltag, ungelöste innere Konflikte oder anhaltende Erschöpfung lassen wenig Raum für Lust und Intimität. Depressionen oder Angststörungen können die Libido stark reduzieren, während traumatische Erfahrungen oder negative Prägungen zu einer tiefen Distanz gegenüber Sexualität führen können. Auch das eigene Körperbild spielt eine Rolle: Wer sich unwohl in der eigenen Haut fühlt, meidet oft Nähe oder empfindet sie als unangenehm. Welche Rolle Scham dabei spielt, habe ich ja schon beschrieben. Da diese Faktoren meist eng miteinander verknüpft sind, ist es wichtig, sie nicht zu übergehen, sondern bewusst zu reflektieren und anzusprechen. Die Scham, die man empfindet, wenn man keine Lust auf Sex hat, ist in diesem Fall ein Teufelskreis, sie hindert uns daran, Herrin der eigenen Lage werden zu können. Die Scham lähmt uns dabei zu reflektieren, inwiefern die Bocklosigkeit überhaupt ein Problem ist. Wer gestresst ist oder wem es psychisch nicht gut geht, der braucht vor allem eins nicht: den Druck, Sex haben zu müssen. Auf Sex zu verzichten und sich deshalb vielleicht auch nicht um Dinge wie Verhütung kümmern zu müssen kann entlasten.

Stress wird oft als einer der Hauptgründe für Libidoverlust genannt, aber das ist nicht unbedingt so. Tatsächlich kann die Aktivierung des sympathischen Nervensystems (SNS), die mit Stressreaktionen verbunden ist, sexuelle Erregung bei Frauen sogar steigern. Eine Studie hat dies untersucht, indem Frauen zunächst eine stressfreie Reisedokumentation sahen und danach einen erotischen Film. An einem anderen Tag wurde ihnen vor dem erotischen Film ein stressauslösender Clip gezeigt. Das Ergebnis: Die Frauen zeigten eine deutlich stärkere vaginale Durchblutung, wenn sie vorher den stressigen Film gesehen hatten. Das lag nicht daran, dass die stressige Szene erotische Gedanken ausgelöst hätte, sondern daran, dass die SNS-Aktivierung die sexuelle Erregung verstärkte.[11]

Ein weiteres Experiment hat gezeigt, dass körperliche Aktivität einen ähnlichen Effekt hat. Frauen, die vor einem erotischen Film für 20 Minuten intensiv trainiert haben, reagierten mit 150 Prozent stärkerer Erregung als an Tagen, an denen sie sich nicht bewegt haben. Das widerspricht der verbreiteten Annahme, dass Entspannung das wichtigste Training gegen Bocklosigkeit ist. Während beruhigende Aktivitäten wie ein warmes Bad oder meditative Musik sicherlich helfen, den Kopf frei zu bekommen, scheinen aktivierende Erlebnisse wie Tanzen oder Sport eine effektivere Möglichkeit zu sein, um den Körper auf Erregung einzustellen. Wenn man das möchte. Stress kann also – unter bestimmten Bedingungen – nicht nur lähmen, sondern auch stimulieren.

An dieser Stelle möchte ich gerne eine Sache betonen: Wer unter Libidoverlust leidet, also einen Leidensdruck verspürt, kann oder sollte sich in medizinische oder therapeutische

Beratung begeben. Es gibt aber auch Menschen, die können kaum unterscheiden, ob der Ehemann derjenige ist, der Stress verursacht, weil er mehr vögeln will, ob man selbst eine Veränderung der eigenen Libido bedauert oder ob man eigentlich zufrieden ist mit dem Zustand der Bocklosigkeit.

Physische Faktoren

Physische Faktoren spielen eine zentrale Rolle bei sexueller Lust und betreffen sehr unterschiedliche Bereiche des Körpers. Das sexuelle Verlangen von Frauen kann beispielsweise durch hormonelle Schwankungen beeinflusst werden. Während des Menstruationszyklus variieren die Spiegel von Östrogen und Progesteron. In der ersten Zyklushälfte, der sogenannten Follikelphase, steigt der Östrogenspiegel an, was häufig mit einer erhöhten Libido einhergeht. Während des Eisprungs erreicht der Östrogenspiegel seinen Höhepunkt. In der zweiten Zyklushälfte, der Lutealphase, dominiert Progesteron, das tendenziell dämpfend auf die Libido wirken kann. Neben Östrogen und Progesteron spielt auch Testosteron eine Rolle für die weibliche Libido. Obwohl es als sogenanntes männliches Hormon gilt, wird Testosteron auch bei Frauen von den Eierstöcken und Nebennieren produziert. Ein Mangel an Testosteron kann zu einem verminderten sexuellen Verlangen führen.[12] Während der Perimenopause und Menopause sinken die Spiegel von Östrogen und Testosteron, was die sexuelle Funktion, einschließlich der Libido, beeinflussen kann. In der Menopause können zusätzlich Veränderungen wie vaginale Trockenheit zu schmerzhaftem Sex führen.[13] Auch während der Schwangerschaft unterliegt die Libido natürlichen Schwankungen. Das Hormon Prolaktin beispielsweise stimuliert die Milchproduktion und reduziert gleichzeitig die Produktion von Sexualhormonen, was zu einem verminderten sexuellen Verlangen führen kann.[14]

Bestimmte Medikamente, wie hormonelle Verhütungsmittel oder Antidepressiva, sind dafür bekannt, die Libido zu senken. Die Wirkung der Antibabypille auf die sexuelle Lust ist zwar individuell unterschiedlich, eine Studie hat jedoch ergeben, dass 15 Prozent der Frauen, die die Pille einnahmen, über eine verminderte sexuelle Lust klagten.[15] 40 Prozent aller verhütenden Frauen weltweit berichteten davon, schon einmal unter Sexualfunktionsstörungen gelitten zu haben.[16] Ich frage mich aber, ob diese Studien nicht alle aus einer allonormativen Sicht geführt werden, weil die Teilnehmenden in einer Gesellschaft leben, die ihnen das Gefühl gibt, mit ihrer Libido stimme etwas nicht, wenn sie nicht gut performen.

Weitere physische Faktoren können chronische Erschöpfung, Schlafmangel oder körperliche Beschwerden sein. Sie führen oft dazu, dass das Bedürfnis nach Intimität abnimmt oder keine Priorität hat. Zu den körperlichen Beschwerden gehört beispielsweise die Schmerzstörung »Vaginismus«, eine Verkrampfung des Beckenbodens und der Vaginalmuskulatur, die Sex schmerzhaft macht. Doch wie viele andere körperliche Beschwerden bei Frauen werden solche medizinischen Gründe für Bocklosigkeit gar nicht erkannt oder nur halbherzig behandelt.

Auffällig finde ich, dass bei den meisten physischen Faktoren nicht beachtet wird, dass vor allem penetrativer Sex durch zum Beispiel Trockenheit oder eine Verkrampfung verhindert wird. Andere Arten von Verkehr sind davon häufig nicht betroffen. Dabei kann es auch sein, dass man Sex als weniger lustvoll empfindet, weil man nie herausgefunden hat, was einem gefällt oder wie man zum Orgasmus kommt. Ich fände ein Umdenken gut, das nicht Scheidenkrämpfe als Übeltäter für eine Flaute im Bett ausmacht, sondern die fehlende Fantasie, Sex mal anders zu denken.

Anders als bei Asexualität handelt es sich bei einem Libidoverlust, der durch äußere Umstände oder gesundheitliche Beschwerden verursacht wird, um eine Veränderung der sexuellen Lust, die oft als belastend empfunden wird. Menschen, die sich in dieser Situation wiederfinden, erleben ihre Unlust oft nicht als Wahl, sondern als eine Art Entfremdung von sich selbst. Dennoch kann ihre Entscheidung, keinen Sex zu haben, selbstbestimmt sein, da sie ihre eigenen Grenzen respektieren und sich dem Druck, Erwartungen zu erfüllen, verweigern.

Religion & Spiritualität

Sex kann nicht nur eine körperliche, sondern oft auch eine moralische oder spirituelle Praxis sein. Religion und Glaube können eine tiefe Verbindung zwischen Sexualität und Sinnhaftigkeit herstellen – manchmal im Sinne einer positiven, bewussten Auseinandersetzung, manchmal als restriktive Grenze. Viele Frauen wachsen mit der Vorstellung auf, dass Sex an Bedingungen geknüpft ist: Ehe, Liebe, Reinheit, Pflicht. Lust wird nicht als eigenständiges Bedürfnis betrachtet, sondern als etwas, das kontrolliert oder »verdient« werden muss. Das kann dazu führen, dass sexuelles Verlangen unterdrückt wird, weil es nicht mit den erlernten Werten vereinbar scheint.

Doch nicht nur religiöse Vorschriften beeinflussen das Erleben von Sexualität. Auch spirituelle Konzepte, etwa die Idee, dass Sex Energie bindet oder eine besondere Form der Verbindung voraussetzt, können dazu führen, dass Frauen sich bewusst dagegen entscheiden. Manche erleben Sexualität als etwas Heiliges, das nicht wahllos geteilt werden soll. Andere fühlen sich durch religiöse Prägungen so stark mit Scham und Schuld verknüpft, dass Lust gar nicht erst entstehen kann. In beiden Fällen zeigt sich, wie eng Sexualität mit der eigenen Identität und der Suche nach Sinn verbunden ist und dass sie genauso durch Glaubenssätze geformt wird wie durch körperliche oder emotionale Faktoren.

In vielen weißen feministischen Debatten wird Religion – insbesondere der Islam – oft als repressive Kraft dargestellt, die weibliche Sexualität kontrolliert oder einschränkt. Für solche Repressionen gibt es sicherlich zahlreiche Hinweise, schaut man zum Beispiel auf die Situationen von Frauen in Afghanistan. Doch ein differenzierter Blick auf Religion und Spiritualität zeigt auch, dass kulturelle und religiöse Normen, gehen sie mit Freiwilligkeit und Eigenständigkeit einher, nicht unbedingt einengend sein müssen, sondern auch neue Perspektiven auf Lust, Intimität und Selbstbestimmung eröffnen können.

Ein Beispiel ist die Betonung von Impulskontrolle und Achtsamkeit im Islam im Umgang mit Sexualität. Während in westlichen Kulturen spontane Lust oft als Zeichen eines »gesunden« Begehrens gilt, setzen viele muslimische Traditionen auf Reflexion und bewusste Entscheidungen. Diese können als Schutzraum dienen: Wer nicht dem Druck ausgesetzt ist, jederzeit sexuell verfügbar oder aktiv sein zu müssen, kann sich intensiver mit den eigenen Bedürfnissen auseinandersetzen. Statt sich von äußeren Erwartungen treiben zu lassen, entsteht Raum für eine Sexualität, die auf Selbstkenntnis und gegenseitigem Respekt basiert. Gleichzeitig eröffnet eine Einschränkung der direkten sexuellen Handlung neue

Wege der Intimität und Sinnlichkeit. Wenn penetrativer Sex nicht im Mittelpunkt steht, bleibt Raum für alternative Formen der Nähe. Berührungen, Gespräche, gemeinsame Rituale oder kreative Wege der körperlichen Verbindung können eine tiefere Form der Intimität ermöglichen, die über reine Sexualität hinausgeht.

Die Entscheidung, Sexualität an bestimmte Bedingungen zu knüpfen, kann ebenso selbstbestimmt sein, genauso wie die Entscheidung, sie uneingeschränkt auszuleben. Gerade in einem von hypersexualisierten Bildern geprägten Zeitgeist kann die bewusste Reduktion von Sexualität eine Form des Widerstands sein oder ein Weg, sich von gesellschaftlichen Erwartungen zu lösen und den eigenen Körper nicht als konsumierbares Objekt, sondern als Quelle von Selbstbestimmung zu begreifen.

Der kollektive Abtörner

Vor allem junge Menschen haben keinen Bock mehr. Sie vögeln weniger. So wenig sogar, dass Medien und Politik in den letzten Jahren teilweise den Notstand ausgerufen haben. »Generation Z für Zölibat?«, heißt es dann.[17] Oder: »Was hinter dem Mythos der prüden Gen Z steckt«.[18] Die Artikel implizieren, es sei traurig bis gefährlich, dass Menschen weniger Sex haben, denn ihre Rechnung lautet: Kein Sex ist gleich kein Spaß, keine Lust und keine Nachfahren. Dabei klingen manche der Berichte so, als würden sie sagen wollen: Wie schlimm ist es bitte, dass junge Erwachsene jetzt lieber Videospiele spielen, als auf Dates zu gehen und Babys zu machen? Aber damit machen sie es sich natürlich viel zu einfach.

Daten aus den USA, Japan, Australien, Finnland, Großbritannien und Deutschland zeigen, dass wir gerade ein

»Collective Turn-off« erleben, also eine kollektive Abkehr von Sex. Studien der Bundeszentrale für gesundheitliche Aufklärung belegen beispielsweise, dass Deutsche in jeder Altersgruppe weniger Sex haben. Der Begriff des Collective Turn-offs wurde 2020 von der deutsch-britischen Autorin und Theoretikerin Sophie Lewis das erste Mal in einem Essay in dem Magazin *Mal Journal* verwendet.[19] Die Ausgabe trug den Titel »Sex Negative«. In den USA zeigt sich der Rückgang besonders bei den verheirateten Paaren. In Deutschland und Japan geben eher die Menschen an, weniger Sex zu haben, die ohne Partner*innen leben. In Deutschland betrifft das Singles aller Geschlechter und aller Altersgruppen, aber besonders die unter 30-Jährigen.

Auch wenn die prozentualen Veränderungen in Bezug auf Bock und Bocklosigkeit über die letzten 15 Jahre nicht drastisch sind, sind sie doch deutlich erkennbar, und der Aufschrei ist groß. Es scheint eine Entwicklung zu sein, die fast jede Gesellschaft erschüttert. Ich habe diese Zahlen und Erkenntnisse mit dem Sexualtherapeuten Umut Özdemir besprochen und wollte wissen, welche Gründe er für den kollektiven Abtörner sieht.

»Wenn ich eine Sache in Psychologie gelernt habe«, erklärt er mir zuerst, »dann, dass alles immer multifaktoriell ist. Es gibt nie nur einen Grund, der heraussticht.« Umut vermutet, dass wir in der westlichen Welt durch eine vermeintlich liberalere Gesellschaft gesättigt sind, was sexuelle Bilder und Möglichkeiten anbelangt. »Eventuell sind wir gar nicht mehr so neugierig.« Was in seinen Augen allerdings klar ist: Die Studienlage ist generell eher schlecht und Daten verzerrt, weil zum Beispiel zurückhaltende oder konservativere Menschen sich seltener zu Umfragen über Sex anmelden.

Auch die Psychologin Juliane Burghardt analysiert in ihrem Buch »Alles kann, nichts läuft« internationale Studien zur steigenden Bocklosigkeit. Sie kommt zu dem Schluss: Menschen haben weltweit weniger Sex, unabhängig vom Alter. Als mögliche Gründe sieht sie den »modernen« Lebensstil, die zunehmende Nutzung digitaler Medien sowie reduzierte zwischenmenschliche Kontakte. Insbesondere diese Faktoren würden dazu führen, dass weniger persönliche Treffen und somit weniger sexuelle Aktivitäten stattfinden.[20]

Das Argument, dass Smartphones, Medien und Social Media für eine kollektive Lustlosigkeit verantwortlich wären, lese ich während meiner Recherche häufig. Aber es kommt mir oft sehr simpel vor. Ein bisschen wie in den Medienberichten: »Die gucken nur aufs Handy. Da kann's ja auch kein Techtelmechtel geben.« Man glaubt es kaum, aber eine ähnliche Argumentation haben Menschen genutzt, als der Buchdruck das Medium Buch und Zeitung populär gemacht hat. Medienapokalyptiker*innen sahen eine Gefahr darin, dass Menschen auf Parkbänken von nun an nicht mehr ihren Freunden in die Augen, sondern nur noch in ihr Buch schauen.

In ihrem Buch führt Burghardt die Argumentation zum Medienkonsum genauer aus, und ich verstehe natürlich, was sie damit sagen möchte. Aber allein verantwortlich ist unser Handy natürlich nicht. Hinzu kommt auch bei Burghardt ein weiterer Punkt: reduziertes Pflichtgefühl. »Es ist nicht auszuschließen«, schreibt sie, »dass wir aktuell weniger Sex haben, weil (junge) Menschen seltener akzeptieren, zum Sex verpflichtet zu sein«.[21] Puh, lasst das mal auf euch wirken.

Andere Expert*innen, die sich auf aktuelle Daten beziehen, machen die COVID-19-Pandemie für den Abtörner verantwortlich.[22] Aber ganz so einfach ist es auch hier nicht. Vor allem Menschen in festen Partner*innenschaften hatten während der Pandemie eher mehr Sex: mehr Langeweile = mehr Sex. Außerdem erschien vielen Pärchen der Zeitpunkt passend, ihren Kinderwunsch in die Tat umzusetzen.

Doch es gab auch die andere Seite: In Zeiten der Krise sind kaum ungeplante Babys oder Schwangerschaften aus wilden Partynächten entstanden. Außerdem ergab eine Studie des Universitätsklinikums Hamburg-Eppendorf, dass viele junge Erwachsene während der Pandemie Veränderungen in ihrem Sexualverhalten wahrnahmen, darunter ein vermindertes sexuelles Verlangen und weniger sexuelle Aktivitäten.[23]

Kontaktbeschränkungen und das Leben auf Distanz führten zu einer Reduzierung zwischenmenschlicher Interaktionen und schränkten die Möglichkeiten für sexuelle Erfahrungen ein. Gleichzeitig verlagerten sich während der Pandemie intime Interaktionen verstärkt in den virtuellen Raum. Online-Dating und digitale Kommunikation wurden zu zentralen Mitteln, um soziale und sexuelle Bedürfnisse zu erfüllen. Dennoch konnten diese persönliche Begegnungen nicht vollständig ersetzen, was zu Frustration und einem Gefühl der Isolation führte.

Jugendliche machen also später sexuelle Erfahrungen als noch vor zehn Jahren. Als Hauptgründe für ihre sexuelle Zurückhaltung geben 55 Prozent der 14- bis 17-Jährigen das Fehlen des oder der Richtigen an, und 41 Prozent sagen, dass sie zu jung für sexuelle Aktivitäten seien. Während 2014 35 Prozent der Mädchen angaben, dass sie für sexuelle Erfahrungen noch zu jung seien, waren es 2020 dann schon 48 Prozent.[24]

In einer aktuellen Studie, die die britische Zeitung *The Times* und das Umfrageinstitut *YouGov* im Jahr 2025 veröffentlicht haben, wurden die Ansichten der Gen Z zu verschiedenen Themen abgefragt. Heraus kam unter anderem: Im Vergleich zu früheren Generationen hat die Gen Z deutlich weniger One-Night-Stands. Nur 23 Prozent der Befragten gaben an, dass Sex bei einem One-Night-Stand in ihrem Freundeskreis üblich sei. Das ist ein drastischer Rückgang gegenüber den 78 Prozent unter Millennials vor zwanzig Jahren.[25] Einer der Gründe dafür liegt laut der Studie in der veränderten Wahrnehmung des modernen Datings. Eine Teilnehmerin, Sawyer, beschreibt Dating-Apps als »grauenhaft« und berichtet, dass es heutzutage schwerer sei, sich für unverbindliche Begegnungen zu begeistern.[26]

Der digitale Überfluss an Möglichkeiten scheint eher Frust als Freiheit zu erzeugen. In einer Welt, in der das nächste Match nur einen Wisch entfernt ist, wächst die Sehnsucht nach echter Verbindung. Die Studienergebnisse zeigen außerdem, dass die Veränderungen hinsichtlich One-Night-Stands nicht unbedingt auf Prüderie zurückzuführen sind. Die Gen Z hat ihren Fokus von Sex und Beziehungen verschoben zu Freundschaften, persönlicher Weiterentwicklung und mentaler Gesundheit.

Die Generation Z trinke, so die britischen Studienergebnisse, außerdem weniger Alkohol als ältere Generationen, und 21 Prozent der Teilnehmer*innen verzichten sogar ganz darauf.[27] Auch deutsche Studien bestätigen das.[28] Dieser Rückgang des »flüssigen Muts« könnte eine Erklärung für die Abnahme spontaner Affären sein, während soziale Medien neue Wege bieten, Menschen ohne Alkoholeinfluss kennenzulernen.

Eine traurige Erkenntnis – wie ich finde –, dass Alkoholkonsum zu mehr One-Night-Stands führt. Nicht weil ich diese Art von Sex verurteile, sondern weil Drogen enthemmend wirken und ich der Meinung bin, dass Zurückhaltung und Respekt schützen können. Meine ersten Erfahrungen mit Alkoholexzessen waren immer mit anonymen Zungenküssen verbunden. Zu viel Speichel, zu wenig Rücksicht. Diese kleinen Aussetzer habe ich zwar danach selten bereut, aber hätte sie vermutlich auch nicht gebraucht. Manchmal hatte ich auch einfach Glück, von Freundinnen rechtzeitig von viel zu alten Männern weggezogen zu werden. Wenn ich mir vorstelle, dass die jüngeren Generationen mehr Wert auf Freundschaften und ihre Gesundheit legen, sehe ich darin eine positive Entwicklung.

Außerdem könnte die Wohnungssituation junger Menschen ein Grund für sexuelle Zurückhaltung sein. Eine Studie des Deutschen Jugendinstituts zeigt, dass junge Erwachsene in Deutschland später aus dem Elternhaus ausziehen als in den Jahren zuvor. Im Jahr 2019 lebten 34 Prozent der 25-Jährigen noch bei ihren Eltern, während es im Jahr 2000 nur 21 Prozent waren. Dieser spätere Auszug kann mit steigenden Mietkosten und unsicheren Arbeitsverhältnissen erklärt werden, die es jungen Menschen erschweren, finanziell unabhängig zu werden. Sie leben länger bei ihren Eltern oder entscheiden sich für das Wohnen in Wohngemeinschaften. Eine Entwicklung, die direkte Auswirkungen auf das Sexualverhalten hat. Die fehlende Privatsphäre kann dazu führen, dass intime Begegnungen erschwert werden. Die ständige Anwesenheit von Mitbewohner*innen oder Familienmitgliedern kann Hemmungen verstärken und spontane sexuelle Aktivitäten verhindern. Wenn Mutti nebenan Tatort guckt, ist es nachvollziehbar, dass man da nicht so Bock hat.

Sophie Lewis, die den Begriff Collective Turn-off geprägt hat, macht den Kapitalismus für unsere Bocklosigkeit verantwortlich. »Die Wahrheit ist«, schreibt sie online, »dass wir im Kapitalismus zu überarbeitet sind, um wirklich kollektiv horny zu sein, und zu überarbeitet, um das zu merken.«[29]

Der Kapitalismus funktioniert nach der Logik ständiger Steigerung: mehr Leistung, mehr Effizienz, mehr Konsum. Doch in diesem endlosen Zyklus der Optimierung entsteht eine tiefsitzende Erschöpfung, die sich in einer allgemeinen Bocklosigkeit niederschlägt. Arbeit wird nicht mehr als sinnstiftend für die Gemeinschaft empfunden, sondern als Mittel zum Zweck, um sich das Leben außerhalb der Arbeitszeit leisten zu können.[30] Gleichzeitig greift die kapitalistische Logik längst über den Arbeitsplatz hinaus. Lewis schreibt, dass selbst Freizeit zum Wettbewerb wird: Hobbys sollen produktiv sein, Selbstfürsorge wird zur optimierten Routine, Beziehungen unterliegen Effizienzgedanken. Alles wird durch die Brille des Nutzens betrachtet, nichts darf einfach nur sein.

Dieses Gefühl, permanent etwas aus sich machen zu müssen, kann, denke ich, zu einer Art innerem Streik führen, einer resignierten Abkehr von dem, was eigentlich Freude bereiten könnte. Menschen verweigern sich nicht, weil sie faul sind, sondern weil sie nicht mehr in einem System mitspielen wollen, das sie auslaugt, ohne ihnen echte Erfüllung zu bieten. Die permanente Verfügbarkeit, die durch Technologie und soziale Medien gefördert wird, verstärkt das Gefühl, nie genug zu sein und immer erreichbar sein zu müssen. Anstatt wirklich zu entspannen, scrollen wir weiter, lassen uns berieseln, doch echte Erholung tritt nicht ein. Der Körper zieht die Notbremse, die Motivation schwindet, und was bleibt, ist das diffuse Gefühl, zu nichts mehr wirklich Lust zu haben. Die Bocklosigkeit ist also vielleicht keine persönliche Schwäche, sondern eine logische Konsequenz eines Systems, das von uns fordert, immer weiterzumachen, aber keine echten Pausen kennt.

»Ich bin zu müde«, sagen wir manchmal und meinen: »Heute hab ich keinen Bock.« Im Kapitalismus wird Müdigkeit oft wie ein kleiner Unfall behandelt, ein Hindernis, das man überwinden soll, um noch ein bisschen mehr zu leisten. Aber was, wenn Müdigkeit auch eine Grenze ist? Eine, die nicht repariert oder bekämpft werden will, sondern die sagt: Ich kann nicht mehr. Ich will nicht mehr.

Wenn ich sage, ich bin müde, dann meine ich manchmal: Ich bin erschöpft von der Idee, ständig verfügbar sein zu müssen – emotional, körperlich, fürsorglich. Und manchmal heißt »Nein, Schatz, ich bin müde« eben nicht, dass ich fast einschlafe, sondern dass ich keine Energie mehr dafür habe, nett zu sein, zu lächeln, mich in irgendeine Erwartung einzufühlen. Dass ich keine Lust habe und dass diese Lust auch nicht herbeigezaubert werden kann, wenn der Kopf längst überläuft.

Eine immense systematische Ungleichbehandlung, die die Erschöpfung von weiblich gelesenen Menschen zur Folge hat, ist Sexismus. Alltagssexismus ist für viele Frauen eine konstante Belastung, die sich tief in den Alltag einschreibt. Dabei geht es nicht nur um offensichtliche Diskriminierungen, sondern auch um subtile, wiederkehrende Übergriffe, die langfristig Auswirkungen auf unser psychisches Wohlbefinden haben. Die permanente Konfrontation mit sexistischen Bemerkungen, ungewollten Blicken oder körperlichen Grenzüberschreitungen führt zu einer schleichenden Erschöpfung, die sich in Form von Resignation und Antriebslosigkeit äußert. So schreibt es jedenfalls Franziska Schutzbach in dem Buch »Die Erschöpfung der Frauen«.[31] Eine Studie namens »Sexismus im Alltag« aus dem Jahr 2020 zeigt, dass viele Frauen auf diese Erschöpfung durch Alltagssexismus mit einem spezifischen Abwehrmechanismus reagieren: Obwohl 63 Prozent der weiblichen Befragten angaben, dass sie bereits Sexismus gegen sich oder andere wahrgenommen hätten, gaben 60 Prozent von ihnen an, Sexismus in ihrem Alltag nicht schlimm zu finden.[32] In qualitativen Interviews fanden die Macher*innen der Studie dann heraus: Das Ergebnis stellt keine echte Gleichgültigkeit dar. Die Gleichgültigkeit funktioniert nur wie ein Schutzmechanismus, um sich vor den negativen emotionalen Folgen von Alltagssexismus zu bewahren. Indem Frauen solche Erfahrungen ausblenden oder herunterspielen, vermeiden sie es, sich als Opfer zu fühlen. Die Studie spricht hier von einer »selektiven Unempfindlichkeit aus Selbstschutz«.[33]

Diese Form der Abwehr sorgt laut Franziska Schutzbach jedoch dafür, dass Betroffene ihre eigenen Grenzen immer weniger ernst nehmen und Übergriffe als unvermeidbar hinnehmen.[34] Diese Normalisierung hat weitreichende Folgen: Frauen stumpfen mit der Zeit gegenüber Belästigungen und sexistischen Rollenzuschreibungen ab, was dazu führt, dass sie sich weniger gegen solche Strukturen wehren. Wenn sexistische Kommentare oder übergriffiges Verhalten als »normal« gelten, entsteht das Gefühl, dass Gegenwehr zwecklos ist. Daraus resultiert nicht nur ein Rückzug aus bestimmten sozialen oder beruflichen Situationen, sondern auch ein genereller Verlust an Motivation. Die ständige mentale Belastung durch

Sexismus kostet Energie, die an anderer Stelle fehlt – sei es in der Arbeit, im sozialen Engagement oder im Schlafzimmer.

Ein weiteres Problem, das die Studie aufzeigt, ist die ständige Notwendigkeit für Frauen, Situationen richtig einzuschätzen: War das Verhalten einer Person nun übergriffig oder nur unbedacht? Hätte ich anders reagieren sollen? Solche Überlegungen erfordern kognitive Ressourcen und emotionale Energie, die im Laufe der Zeit zu Erschöpfung führen können. Wer immer wieder in solchen Situationen hinterfragt, ob das eigene Unbehagen gerechtfertigt ist, verliert mit der Zeit das Vertrauen in die eigene Wahrnehmung – ein Phänomen, das langfristig zur inneren Resignation beiträgt.

Die Konsequenz dieser Entwicklungen betrachte ich als eine weitverbreitete Bocklosigkeit: eine Mischung aus Frustration, Resignation und Antriebslosigkeit. Wenn sich das Gefühl festsetzt, ohnehin nichts ändern zu können, sinkt die Bereitschaft, sich für eigene Wünsche oder auch Rechte einzusetzen. Die Studie verdeutlicht, dass sich diese Dynamik nicht nur auf den einzelnen Alltag, sondern auf strukturelle Benachteiligungen auswirkt, denn wenn Betroffene sich nicht mehr gegen Sexismus wehren, bleibt er weiterhin bestehen.

Alltagssexismus ist somit nicht nur ein individuelles, sondern auch ein gesellschaftliches Problem, das Frauen in ihrer Handlungsfähigkeit einschränkt. Die Energie, die wir aufbringen müssten, um uns ständig gegen Sexismus zur Wehr zu setzen, fehlt in anderen Lebensbereichen. Die Erschöpfung führt dazu, dass bestehende Machtstrukturen unangetastet bleiben. Und das zeigt, dass eine wachsende sexuelle Unlust nicht die Bedrohung unserer Beziehung und Gesellschaft ist, stattdessen ist die Bocklosigkeit ein Symptom aus vielen Umständen, die aber Auswirkungen haben, die uns mehr bedrücken sollten, als dass dein Boyfriend letzte Woche leider nicht zum Orgasmus kam.

Anders als bei vielen anderen Gründen, warum der Kein Bock Club größer wird, kann ich bei der systemischen Erschöpfung nicht für eine empowerte Bocklosigkeit plädieren. Eine alleinerziehende Mutter mit drei Kindern, die vom Bürgergeld lebt und vermisst, mal einen Abend allein zu sein, wird sich dem Thema Bocklosigkeit anders nähern als ich – eine weiße privilegierte Journalistin mit einer Zwei-Zimmer-Wohnung in Berlin. Nur wer überhaupt die Wahl hat, kann zufrieden mit wenig Intimbeziehungen sein. Wer gar nicht das Gefühl hat, das selbst in der Hand zu haben, ist damit unglücklich.

Dieses Kapitel hat hoffentlich gezeigt: Es wäre ein Fehler, alle Mitglieder des Kein Bock Clubs über einen Kamm zu scheren. Denn Abstinenz, Asexualität oder einfach nur temporäre Lustlosigkeit sind keine Kategorien, die sich klar voneinander abgrenzen lassen. Die Asexuelle kann depressiv sein und sich völlig zurückziehen, aber genauso gut kann sie lebendige soziale Beziehungen führen, voller Nähe, Intimität, nur eben ohne Sex. Die Enthaltsame kann einen hohen Sex-Drive haben, ihre Fantasien bewusst ausleben, ohne jemals körperlich aktiv zu werden. Wer weniger oder keinen Sex hat, tut das aus den unterschiedlichsten Gründen, die nicht immer mit Lust oder deren Abwesenheit zu tun haben.

Ob aus politischer Überzeugung, aus einer grundlegenden Orientierung heraus oder aus situativen Gründen: Die Entscheidung, keinen Sex zu haben, ist in jedem Fall eine, die Respekt verdient. Viel zu oft wird die weibliche Sexualität auf Lust und Verfügbarkeit reduziert, doch diese Perspektive greift viel zu kurz. Frauen haben die Freiheit, ihre Sexualität und auch deren Abwesenheit auf ihre Weise zu gestalten, und diese Freiheit sollte nicht nur anerkannt, sondern gefeiert werden.

5.

Willkommen im Kein Bock Club

Ich sitze auf dem Bett in meinem Zimmer, die Nachmittagssonne dringt durch die Wolken und wärmt meine stoppeligen Beine. Ich gucke seit zwei Stunden YouTube-Videos auf meinem Laptop und bewege mich nur vom Fleck, wenn mein Laptop überhitzt oder ich die Position wechseln muss. Hätte ich in meinen zwei Jahren in dieser WG jemals Fenster geputzt, würde sogar noch mehr Licht durch sie hindurchscheinen. Ich bin gerade in meinem letzten Bachelorsemester und 23 Jahre alt. Der Dreck, der an meinen Scheiben klebt, und der Staub, der sich in Knäueln in jeder Zimmerecke sammelt, stehen symbolisch für den Zustand meines Kopfes. Ich höre meine Mitbewohnerin in der Küche und entscheide mich zu warten, bis sie fertig ist – social awkwardness kicked in. Dabei ist es schon 15 Uhr, und ich habe noch nichts gegessen. Leider ist das keine Ausnahme für mich.

Mein Smartphone leuchtet auf – eine Nachricht von Dilay. Ich kenne Dilay von der Theatergruppe der Uni, wir haben den gleichen Freundeskreis, gehen zu WG-Partys, machen zusammen Mensapausen, drehen in unserer Freizeit witzige Dokumentarfilme, die wir nie veröffentlichen, und arbeiten beide im Kino. Ich verkaufe Snacks und Getränke und beschwere mich über Menschen, die süßes Popcorn mehr mögen als salziges. Dilay sitzt an der Kasse und beschwert sich über Menschen – generell.

In den letzten zwei Jahren habe ich gelernt, Dilays Nachrichten zu entziffern, denn Dilay stellt selten eine zusammenhängende Frage wie »Hast du schon deinen Text gelernt?«. Stattdessen schafft Dilay es, aus einer simplen Frage ein wildes Storytelling zu machen, das den ganzen Bildschirm füllt. So wie in den meisten Fällen steht auch heute zuerst dort:

»Maria!!!!!«

Normalerweise zucke ich nicht mehr zusammen, wenn Dilay so schreibt. Meistens heißt es nicht, dass es irgendwo brennt, sondern die Begrüßung lässt sich mit einem neutralen »Hallo« übersetzen. Danach folgt häufig, und auch an diesem Tag, der Anfang einer Frage:

»Hast du«

Eine Minute später folgt ein:

»schon«

Die Maria von vor zwei Jahren hätte direkt ungeduldig nachgefragt. Gegenwarts-Maria weiß: WhatsApp besser gar nicht erst öffnen und in drei Minuten noch mal nachsehen, was Dilay für ein Tetris an Wörtern schickt.

Statt mich erst mal wieder auf einen Vlog bei YouTube zu konzentrieren, starre ich heute trotzdem auf den Bildschirm und wartete das Tetris ab. Immer wieder steht dort »Dilay schreibt …« mit kleinen Pausen. Es ist ein Spiel, und irgendwie finde ich es schön, Dilays Profilbild anzusehen. Das Foto habe ich bei unserer Istanbul-Reise gemacht. Dilay steht wie der Wanderer über dem Nebelmeer auf einem Steg. An dem Tag hatte ein kalter Wind geweht und Dilays langen Pferdeschwanz herumgewirbelt. Auf dem Foto trägt Dilay einen Lieblings-Hoodie und eine Cap. Wir machten oft solche Kurztrips, wenn Ryanair mal wieder Billigflüge für 28 Euro raushaute.

»Mittag gegessen?«, lautet der letzte Teil der Nachricht.

»Maria!!! Hast du schon Mittag gegessen?«, will Dilay also wissen.

Dilay weiß ganz genau, dass ich weder Frühstück noch zu Mittag gegessen habe. They checkt oft den Status meines täglichen Bedarfs an Nahrungsmitteln. Insgeheim weiß ich, dass Dilays Fürsorge schon lange ein klassisches Freundschaftspensum überschritten hat. Auch meine Gefühle haben diese imaginäre Linie bereits übertreten. Wenn ich bei einer Party mit dem Mitbewohner unseres Kumpels rumknutschte, bitte ich ihn darum, es nicht herumzuerzählen, damit Dilay es nicht erfährt. Aber in Worte fassen, was Dilay und ich sind, will ich auch nicht.

»Zweite Frage«

»hast du«

»Bock«

»mit mir heute«

»zur Derniere-Party vom anderen Theaterkurs zu gehen?«

»bittteeee«

Auf keinen Fall, denke ich. Ich habe seit sechs Tagen nicht geduscht, habe keine sauberen Schlüppis mehr, und wenn ich jetzt wieder, ohne etwas zu essen, bei einer Party aufkreuze, habe ich schneller einen Filmriss als mir lieb ist.

»Auf keinen Fall«, antwortete ich.

30 Minuten später sitze ich im Uni-Theater mit einem Cuba Libre in der Hand. Die Wände sind mit Lametta geschmückt.

Ein verzweifelter Versuch, das Ambiente der Räumlichkeiten zu verbessern.

Ich höre mit halbem Ohr zu, während Dilay und andere Freund*innen über ihre Love Languages sprechen. Weil ich eh noch nie verliebt gewesen bin, geschweige denn eine Beziehung hatte, habe ich nicht das Bedürfnis, mich einzuschalten.

»Der größte Quatsch ist doch Geschenke als Liebessprache. Wer ist denn bitte so? Also ich bin hundert pro Physical Touch«, sagt Bene. »Dilay, was ist mit dir?«

»Love Language? Ähm, ich denke Acts of Service.«

Während meine Freund*innen auf dem letzten Wort von Dilays Antwort herumhacken, stecke ich noch beim ersten fest. Während meine Freund*innen Witze darüber machen, ob Dilay wohl ein Service Top ist, realisiere ich in diesem Moment zum ersten Mal, dass Dilay mich liebt.

Eigentlich ist das nichts Neues. Ich habe nur Angst, es offen anzusprechen, weil ich mich dann ja auch dazu verhalten müsste. Die Realisation heute ist anders als bei meinen Kumpels in der Schulzeit, die mir ihre Liebe gestanden haben. Heute fühlt es sich nicht kalt an, sondern warm. Und trotzdem machen mir alle Gedanken zu der Situation Angst. Was, wenn ich Dilay verliere? Ich unser »Wir« verliere?

Das Wir hatte schon existiert, bevor ich mir eingestanden habe, auch in Dilay verliebt zu sein. Ich werde zu einem Geburtstag eingeladen? Natürlich ist Dilay mein +1. Ich fahre zu meiner Familie? Natürlich nehme ich Dilay mit. Ich habe Fernweh und will einen Roadtrip in Griechenland machen? Natürlich fragte ich Dilay als Erstes. Ich habe um 15 Uhr noch nichts gegessen? Natürlich klingelt Dilay um 16:30 Uhr mit einer veganen Bolognese an der Tür. Dilays Love Language: Act of Service. *Love* Language – Fuck.

»Toxic« von Britney dröhnt aus den Boxen des Auditoriums: »*With a taste of your lips, I'm on a ride. You're toxic, I'm slippin' under. With a taste of a poison paradise. I'm addicted to you, don't you know that I'm toxic.*« Es riecht nach dieser spezifischen Mischung aus Schweiß, altem Teppich, Orange und Wodka. Meine Freunde sind schon lange nicht mehr nüchtern. Sie ahmen Britneys Tanzeinlage nach und grölen mit. Ich spüre keine addiction in Bezug auf niemanden. Vielleicht bin ich verliebt, aber auf keinen Fall zu jemanden sexuell hingezogen.

Mit Anfang 20 zu studieren und immer noch keinen Sex gehabt zu haben erschien mir wie das Peinlichste, was mir je hätte passieren können. Ich glaubte zu dieser Zeit immer noch daran, dass der richtige Typ irgendwie bald um die Ecke käme, in den ich mich verlieben und mit dem ich mein erstes Mal haben würde.

Aber in einer Kleinstadt Tinder zu nutzen erschien mir unmöglich und peinlich. Und selbst wenn ich mich mit jemandem träfe, wie sollte ich ihm erklären, warum ich noch nie Sex hatte und noch nie so richtig verliebt war? Ich hatte doch selbst keine Antwort auf diese Fragen. Deshalb legte ich mir verschiedene Geschichten zurecht: Die Rechtfertigungen reichten von ausgedachten sexuellen Traumata bis zu selbstermächtigter Enthaltsamkeit. Alles gelogen. Und trotzdem schien mir alles leichter, als auf die Empathie meines Gegenübers zu hoffen, wenn ich schulterzuckend sagen würde: »Kein Plan, hatte halt auf niemanden Bock.«

Dabei war es nicht so, als hätten sich nicht genug Möglichkeiten ergeben, Sex zu haben – ich war eine junge Frau mit dunkelblonden langen Haaren, People-Pleaser-Tendenzen und einem leichten Alkoholproblem. Ich knutschte wild auf Partys herum, weil ich meine Hemmungen nach dem dritten Shot gemeinsam mit den leeren Gläsern an der Bar zurückließ. Dabei lief Sean Paul: »*I, I'd do anything I could for ya, Boy, you my only. I, I'm gonna flip the script on ya. You don't even know me.*« Spätestens beim Refrain sangen alle mit: »*Got to love you! Got to love you! Got to love you!*«

Doch wenn ich ganz ehrlich zu mir war, freute ich mich – wie damals bei Leon, Steven und Marco – weniger über die Küsse als über die Anekdoten. Ich wollte so sein wie alle anderen. Ich wollte dieses Girl sein, das bisschen cool, bisschen unschuldig und auf jeden Fall ganz normal ist. Ich wollte, dass über mich erzählt wird, dass ich mit einem Typen mitgehe, und die Leute sich ausmalen, was wir da alles Wildes treiben. Wenn ich einen Typen zum Rumknutschen ausgewählt hatte, verschwand ich mit ihm in seinem WG-Zimmer. Das hässliche Expeditregal, das darin stand, war nicht der Grund, dass es für mich komplett unvorstellbar war, mit ihm intim zu werden. Ich hatte nie vor, diese angeblichen »Signale«, die ich beim Rumknutschen sendete, in etwas noch Intimeres als Küssen umzusetzen.

Ich wollte keine Liebe machen. Mein Körper sträubte sich dagegen. Auch nach fünf Cubra Libre. Auch nach fünf Shots. Auch nach fünfmal »*Got to love you*«.

Salziges Popcorn war für mich immer der einzige wahre Kinobegleiter. Die perfekte Balance aus Fett und Knusprigkeit, ein verlässlicher Snack, der nie enttäuschte. Ich wusste, dass andere Leute süßes Popcorn liebten, dass sie es als das einzig Wahre betrachteten, sich Eimer davon reinzogen und mit leuchtenden Augen erzählten, dass Kino ohne süßes Popcorn einfach nicht das Gleiche sei. Sie wollten die klebrigen Finger, die Sättigung, die Sucht nach mehr mit Freunden teilen. Ich nickte dann und tat so, als verstünde ich es. Klar, Geschmäcker sind eben verschieden. Aber wenn ein Kino mal kein salziges Popcorn hatte, dann aß ich eben Nachos oder gar nichts. Nie süßes Popcorn.

Genauso fühlte es sich für mich an, wenn Leute über Sex sprachen. Ich verstand, dass es ihnen etwas bedeutete, dass es für sie ein unverzichtbarer Teil des Lebens war. Ich hörte mir ihre Erzählungen an, nickte, lachte über ihre Dating-Fails und tat so, als verstünde ich das Begehren dahinter. Aber innerlich blieb ich immer außen vor.

Ich wusste, dass Menschen süßes Popcorn mochten, ich wusste, dass sie Sex mochten. Ich wusste nur nicht, warum. Und ich wusste nicht, warum es mich nicht interessierte – also beides nicht. Ihr könnt es euch vielleicht denken: Von Asexualität hatte ich zu diesem Zeitpunkt noch nie etwas gehört.

Die leise Irritation, die mit meinem Unverständnis einherging, begleitete mich, während meine Freund*innen in die klassischen ersten Erfahrungen eintauchten. Dabei war auch ich keine klassische Spätzünderin mehr – ich hatte schon geknutscht und mich verknallt. Aber sobald es weiterging, wurde ich merkwürdig gleichgültig. Auf Partys, wenn meine Freundinnen sich in irgendwelchen WG-Zimmern wiederfanden und am nächsten Tag ins Detail gingen, nickte ich verständnisvoll, während ich mich innerlich fragte, ob ich irgendwas verpasst hatte. Mit meinen Freund*innen darüber zu sprechen war mir zu schambehaftet. Ich schien nicht richtig zu funktionieren, dachte ich. Alle hatten Hunger, aber ich hatte nicht mal Appetit.

Meine Gynäkologin fragte ich, ob es einen medizinischen Grund dafür geben könnte, dass ich noch nie Bock gehabt hatte. Sie schaute in ihre Akten und auf mein Geburtsdatum.

»Geboren 1993? Sie sind 22 und Jungfrau?«, fragte sie, zog die Augenbrauen zusammen, und ihre Stirn legte sich in Falten. »Ja, das ist ungewöhnlich.«

Zur gleichen Zeit sprachen wir über meine ausgeprägte Körperbehaarung. Für beides, die Körperbehaarung und die Bocklosigkeit, hatte sie scheinbar eine Lösung: Sie verschrieb mir die Pille. Diese Entscheidung fiel fast beiläufig, als wäre die Pille eine Art Reset-Knopf für meinen Körper. Ein Mittel, das nicht nur gegen Akne, starke Blutungen oder Schmerzen helfen sollte, sondern anscheinend auch gegen fehlende Lust. Die Logik der Ärztin war simpel: Vielleicht stimmte etwas mit meinem Hormonhaushalt nicht. Vielleicht brauchte es nur eine kleine Korrektur, um meine Libido auf Kurs zu bringen. So wie man einem trockenen Motor etwas Öl hinzufügt, damit er wieder rundläuft.

Also nahm ich sie: jeden Tag zur gleichen Zeit, wie es mir die Packungsbeilage vorschrieb. Nach ein paar Wochen stellte ich Veränderungen fest: Meine Haut wurde reiner, die lästigen Unterleibsschmerzen blieben aus, meine Periode wurde berechenbarer. Aber die große Wandlung blieb aus. Kein plötzlicher Rausch voller Verlangen, keine cineastische Erweckungsszene, in der ich aufwachte und plötzlich wusste, wovon alle sprachen. Keine Risiken, keine Nebenwirkungen, aber auch keine vertrauensvollen Ärzt*innen und kein*e Apotheker*in, bei denen ich das Gefühl hatte, verstanden zu werden.

Rückblickend ist es absurd, wie beiläufig die Pille als Lösung für ein »Problem« verschrieben wurde, das vielleicht gar keines war. Ich hatte keine Zyklusbeschwerden, keine hormonelle Dysbalance, kein Bedarf für Verhütung. Ich hatte einfach keine Lust. Die Pille war weniger ein Medikament für meinen Körper, als eine Korrektur für meine Abweichung von der Norm. Ein hormonelles Feintuning, das mich dorthin bringen sollte, wo alle anderen längst waren.

Bocklosigkeit in der Medizin

Die Vorstellung, dass das Fehlen sexueller Anziehung ein medizinisches Problem sei, hat eine lange Geschichte und vergiftet bis heute unsere Strukturen und Gedanken. Der Blick auf ein »korrektes« sexuelles Verhalten muss immer auch ein Blick auf bestehende Machtverhältnisse sein.

Schon seit dem späten 19. Jahrhundert haben Sexualwissenschaftler*innen und Psychoanalytiker*innen in westlichen Ländern begonnen, sexuelles Verlangen als etwas Natürliches und Positives zu betrachten. Besonders in heterosexuellen Ehen wurde gegenseitige sexuelle Erfüllung zunehmend als essenziell für eine funktionierende Partnerschaft angesehen. Gleichzeitig wurden Abweichungen, wie eine geringe Libido, übermäßiges sexuelles Verlangen oder als »unnormal« eingestufte Vorlieben, medizinisch problematisiert und als behandlungsbedürftig eingestuft.

Im frühen 20. Jahrhundert fanden diese Ideen ihren Weg in Ehe- und Sexualratgeber für die Mittelschicht. Dadurch wurde die Vorstellung verbreitet, dass eine Ehe nicht nur auf emotionaler Nähe beruhen sollte, sondern dass Sex ein zentraler Bestandteil der Beziehung sei. Nach dem Zweiten Weltkrieg entwickelte sich die moderne Sexualtherapie, die sich zunächst mit Problemen wie vorzeitiger Ejakulation, Impotenz oder Orgasmusstörung befasste. In den 1970er-Jahren kamen dann sogenannte Verluststörungen des sexuellen Verlangens als weiteres Problemfeld hinzu. Diese und andere sexuelle »Dysfunktionen« wurden schließlich 1980 in das offizielle Diagnosehandbuch für psychische Störungen aufgenommen und sind dort bis heute vertreten. Diese Diagnosen betrafen nicht nur heterosexuelle Menschen. Auch homosexuelle Personen wurden als »dysfunktional« eingestuft, wenn ihr sexuelles Interesse nicht den gesellschaftlichen Erwartungen entsprach. Im Verlauf des 20. Jahrhunderts wurde Homosexualität in Deutschland zunächst legalisiert, jedoch lange weiterhin als psychische Erkrankung betrachtet.

Auch die Unempfindlichkeit gegenüber sexuellen Reizen wurde pathologisiert und unter der Diagnose Frigidität vor allem Frauen zugeschrieben. Wenn man zum Beispiel sagt, dass jemand, der kein Interesse an Sex hat, »ein Problem hat« und medizinisch behandelt werden muss, obwohl es für diese Person normal ist, dann wird dieses Verhalten pathologisiert. Es wird fälschlicherweise so dargestellt, als wäre es eine Krankheit.

Der Begriff Frigidität ist abgeleitet vom lateinischen »frigidus«, was »kühl« oder »kalt« bedeutet. Sexuell uninteressiert zu sein wird also damit gleichgesetzt, gefühlskalt zu sein – alles klar. Darunter fielen alle möglichen sexuellen Funktionsstörungen genau wie die selbstbestimmte Enthaltsamkeit.

Frigidität wurde auf verschiedene Ursachen zurückgeführt: sexuelle Traumata, eine strenge Erziehung, mangelndes Selbstbewusstsein oder Homosexualität.[1] Der Psychologe und Autor Gilbert S. Macvaugh schreibt dazu 1979: »Frigidität ist die gnadenlose Triebfeder zahlreicher Scheidungen, der Spalt zwischen den Geschlechtern, der Auslöser von Suiziden und weggelaufenen Söhnen und Töchtern, die Geburtsstätte neurotischer ›Swinger‹-Gesellschaften, von Jugendkriminalität, schweren Verbrechen und Morden, von zerrütteten Familien, Sodomie und sogar Prostitution.«[2] Kein-Bock-Haben sei also der Auslöser schwerer Verbrechen. Habt ihr gerade gelacht oder geweint? Ich tue beides.

Frauen, die als »frigide« diagnostiziert wurden, mussten sich verschiedensten Heilmethoden unterziehen: von Psycho- und Hormontherapien über Hypnose bis hin zu Elektroschocks. Frigidität wurde als eine schwerwiegende Störung angesehen, die nicht nur Beziehungen belastete, sondern auch als gesellschaftliches Problem betrachtet wurde, das Ehe und Familie gefährdete.

Besonders in den 1940er- und 50er-Jahren wurde Elektrotherapie nicht nur bei schweren Depressionen, sondern auch bei sexuellen Dysfunktionen eingesetzt. Das spiegelt die tiefen Missverständnisse und die Pathologisierung von sexueller Unlust wider. Die schmerzhafte Behandlung mit Elektroschocks wurde bei »frigiden« Frauen eingesetzt, da man glaubte, dass diese Methode helfen würde, sexuelle Reaktionen zu stimulieren oder zumindest psychologische Barrieren zu überwinden. Diese galten als Ursache für die »sexuelle Kälte«.

Solche Behandlungen, wie auch Hormontherapien und Psychotherapien, standen im Zentrum der medizinischen Versuche, die sogenannte Frigidität zu heilen. Ich übersetze kurz: Das war Gewalt an weiblichen Körpern im Namen der Medizin, damit Menners noch auf ihre Kosten kommen und somit alle Ehen gerettet werden.

In den 1960er-Jahren wurde die Idee der Frigidität allmählich entmystifiziert und als »männliches Missverständnis von weiblichen Körpern und deren Lust«[3] entlarvt. Trotz dieser Fortschritte hielt sich die Pathologisierung von Lustlosigkeit hartnäckig. Ab den späten 1970er-Jahren wurde »inhibited sexual desire« (gehemmtes sexuelles Verlangen) als Diagnose in den internationalen Krankheitskatalogen aufgeführt. Diese und ähnliche Diagnosen, wie etwa die »Hypoactive Sexual Desire Disorder« (kurz: HSDD), also die Abwesenheit von sexuellen Fantasien oder Aktivitäten, spiegeln noch bis heute das Grundverständnis wider, dass sexuelle Anziehung bei allen gesunden Menschen selbstverständlich sei und Abweichungen als behandlungsbedürftig gelten.[4]

Dabei muss man auch hier genau hinschauen: HSDD ist nicht das Gleiche wie Asexualität. Asexualität ist eine sexuelle Orientierung, im besten Fall ohne Leidensdruck, und HSDD ist eine sexuelle Funktionsstörung, die von Ärzt*innen und Psychotherapeut*innen diagnostiziert wird. Problematisch ist es für Patient*innen, wenn Fachpersonal diese Unterscheidung nicht lernt oder kennt – und somit auch nicht aufklären kann.

Sexuelle Unlust wurde und wird bis heute als Problem angesehen, das behoben werden muss. Die Einführung von Viagra auf dem US-amerikanischen Markt zeigt, dass man mit sexueller Unlust nicht nur Menschen stigmatisieren, sondern auch richtig viel Geld verdienen kann. Viagra ist ein Beweis dafür, wie stark der gesellschaftliche Druck, im Bett zu performen und sogar im hohen Alter noch sexuell aktiv zu sein, gerade auf Männer ist.

Viagra wurde erstmals 1998 in den USA als Medikament zugelassen, ein halbes Jahr später war es auch verschreibungspflichtig in Deutschland erhältlich. Die kleine blaue Pille wurde für Männer entwickelt, die Erektionsstörungen beklagten. Viagra ist ein Medikament, das physikalische Auswirkungen hat. Es erweitert Gefäße und wurde entwickelt, um eine Erektion zu erleichtern und zu halten.

Im Jahr 2024 suchten Männer nach vermeintlich alternativen Möglichkeiten, um besonders potent zu sein. Ein gefährlicher Trend verbreitete sich auf TikTok: Männer konsumieren Honigpäckchen, die angeblich durch natürliche Inhaltsstoffe ihre sexuelle Leistungsfähigkeit steigern sollen. Besonders beliebt sind im Internet erhältliche Produkte mit Namen wie *Royal Honey VIP, Max Fly* oder *Maximum Power.* Nach der US-amerikanischen Lebensmittelüberwachungsbehörde FDA warnte auch ein deutsches Landesuntersuchungsamt (LUA) vor dem vermeintlich harmlosen Honig.[5] Er enthält die verschreibungspflichtigen Wirkstoffe Tadalafil und Sildenafil, die auch in Viagra enthalten sind. Auf den Verpackungen der Potenzmittel sind diese Inhaltsstoffe jedoch nicht deklariert. Das LUA warnt: Das Mittel könne insbesondere in Kombination mit bestimmten Herzmedikamenten zu einem gefährlichen Abfall des Blutdrucks führen. Männer mit Diabetes, Bluthochdruck, erhöhtem Cholesterin oder Herzkrankheiten seien besonders gefährdet.

Auch für Frauen existieren luststeigernde Mittel: Das sogenannte Viagra für die Frau, Flibanserin, wurde 2015 von den US-amerikanischen Arzneibehörden zugelassen. Flibanserin setzt Neurotransmitter frei und wirkt – anders als Viagra – im Gehirn. Es hemmt Serotonin, begünstigt das Glückshormon Dopamin und ist damit ein sogenanntes Psychopharmakon. In Europa ist Flibanserin nicht zugelassen, eine Wirkung wurde nicht ausreichend nachgewiesen, und es scheint zu viele Nebenwirkungen zu geben.[6]

Der Vergleich von Viagra und Flibanserin lohnt sich trotzdem, allerdings wegen einer anderen Erkenntnis: Die unterschiedliche medikamentöse Behandlung von Frauen und Männern legt offen, wie stark gesellschaftliche Annahmen darüber, was männliche und weibliche Sexualität ausmacht, in die Medizin hineinwirken. Während männliche Lust als mechanischer Vorgang verstanden wird, wird weibliche Lust als komplexes emotionales Defizit pathologisiert.

Sowohl legale als auch illegale Potenzmittel versprechen, »Störungen« der sexuellen Funktion zu beheben, und machen Sexualität damit zu einem Bereich, der optimiert und kontrolliert werden soll. Damit bestätigen sie nicht nur die Idee, dass Sex ein unverzichtbarer Bestandteil des Lebens ist, sondern auch, dass Menschen bereit sein sollten, ihre Körper mit allen Mitteln an diese Norm anzupassen. Die Frage, ob und wann jemand überhaupt Lust hat, bleibt dabei außen vor.

Viagra und Flibanserin haben eine Reihe ernst zu nehmender Nebenwirkungen wie Bewusstlosigkeit, Sehstörungen oder können zu Schlaganfällen führen. Das Landeszentrum Gesundheit NRW rät im Jahr 2020 deshalb dringend davon ab, diese Medikamente einzunehmen.[7] Auch feministische Wissenschaftler*innen kritisieren eine unbedachte Medikation. Ihre Position: Die Pharmaindustrie versuche, »sexuelle Dysfunktion« als eigenständige Krankheit zu vermarkten, um dann passende Medikamente dafür anzubieten.[8] Sie argumentieren, dass solche Bemühungen dazu beitragen, von gesellschaftlichen und individuellen Unterschieden abzulenken und stattdessen ein enges medizinisches Normalbild von Sexualität durchzusetzen.[9]

Auch wenn Frigidität aus den Lehrbüchern von heute verschwunden ist, wirkt die Annahme nach. In regelmäßigen Abständen gibt die Weltgesundheitsorganisation (WHO) ein Handbuch namens »International Classification of Diseases and Related Health Problems«, kurz: ICD, heraus, in dem Krankheiten nach internationalen, einheitlichen Standards gesammelt und klassifiziert werden. Das Handbuch ist im Jahr 2022 in der elften Ausgabe erschienen und trägt deshalb den Namen ICD-11.

In dieser Version benennt das ICD-11 immer noch die Diagnose HSDD, verortet sie aber nicht mehr unter psychischen Störungen, sondern in einem eigenen Kapitel namens »Conditions related to sexual health«, auf Deutsch: Zustände, die mit sexueller Gesundheit zu tun haben. Hinzu kommt die Klassifizierung, dass HSDD lebenslang und generalisiert auftreten kann. Das heißt: Eine Person hat niemals Interesse an sexueller Aktivität, weder allein noch mit einem Partner oder einer Partnerin. Diese Formulierung legt nah, dass dauerhaft fehlendes sexuelles Interesse durchaus klinisch sein kann. Für asexuelle Menschen ist das problematisch, weil sie dadurch weiterhin als behandlungsbedürftig gelten könnten, obwohl sie selbst keinen Leidensdruck empfinden. Ich habe bei diesem Part meiner Recherche die ein oder andere Träne vergossen.

Besonders Frauen standen historisch im Fokus dieser medizinischen Betrachtungen, obwohl auch Männer mittlerweile von Diagnosen wie HSDD betroffen sind. Trotzdem wurde und wird diese Diagnose weiterhin vor allem als weiblich wahrgenommen und behandelt – sei es durch Hormontherapien, Psychotherapien oder sogar medikamentöse Lösungen, die für die Pharmaindustrie nun mal lukrativ sind.

Auch Homosexualität hat eine lange Historie der Pathologisierung hinter sich. Während in den 1970er- und 1980er-Jahren ein zunehmendes gesellschaftliches Umdenken stattfand, benötigte die wissenschaftliche Entpathologisierung etwas mehr Zeit. Am 17. Mai 1990 strich die WHO Homosexualität von der Liste menschlicher Krankheiten.[10] Die Entpathologisierung von Homosexualität war vor allem wegen des Aktivismus queerer Gruppen und Forschender möglich. In Bezug auf Homosexualität sind sich also mittlerweile Medizin und Wissenschaft einig, dass sie nicht behandlungsbedürftig ist oder austherapiert werden muss, auch nicht wenn Patient*innen zum Beispiel ihr Lesbischsein mit Leidensdruck verbinden. Wir sprechen bei solchen Fällen Ärzt*innen eine ganz klare Verantwortung zu, diese Aufklärung und Unterscheidung leisten zu können. Vielleicht können wir in Bezug auf sexuelle Unlust aus diesem »happy end« etwas lernen.

Um es noch mal klarzumachen: Natürlich gibt es Menschen, die unter sexuellen Funktionsstörungen leiden und dazu auch medizinische oder therapeutische Behandlungen brauchen. Eine Veränderung in Hormonleveln oder Lebensumständen kann dazu führen, dass man keinen Bock hat und diesen Zustand belastend findet. Ich appelliere aber zu hinterfragen, warum Menschen darunter leiden und welche Signalwirkung diese Diagnosekategorien haben. Ob etwas eine Funktionsstörung oder sexuelle Orientierung ist, kann nur jede Person für sich selbst einschätzen. Die Geschichte sexueller Diagnosen zeigt aber: Was als gesund oder krank gilt, ist nie neutral. Es ist Ausdruck gesellschaftlicher Erwartungen und oft ein Spiegel dessen, wer als begehrenswert, produktiv oder »normal« gelten darf.

Auch ich begann deshalb, das Thema zu umgehen. Ich erfand Geschichten, weil mir die Wahrheit zu seltsam erschien. Wenn ich gefragt wurde, warum ich keinen Sex hatte, warum ich mit diesem oder jenem Kerl nicht »weitergegangen« war, sagte ich: »Ich will mir Zeit lassen.« Oder: »Ich bin einfach wählerisch.« Ich erfand auch mal Gründe und puzzelte passende Geschichten dazu. Für meine Geschichte fand ich keine Sprache.

Mein Ass im Ärmel

An dem Tag, als ich realisiere, dass ich in Dilay verliebt bin, weiß ich von all diesen Themen nichts. Stattdessen sitze ich ein paar Tage nach der Derniere-Party wieder in meinem WG-Zimmer auf der Fensterbank. Ich schau schon eine Weile verträumt Dilays neues WhatsApp-Profilbild an. Ich nehme meinen Laptop auf den Schoß und setze mich auf mein Fensterbrett. Ich hauche die Scheibe an und male ein Herz in die beschlagene Stelle.

Oh Gott, wie peinlich, denke ich. Als ob ich jetzt so eine bin, die ein Herz an ihre Fensterscheibe malt. Was soll als Nächstes kommen? Der »Am I gay?«-Test bei BuzzFeed?

Zwei Minuten später öffne ich BuzzFeed und mache den »Am I Gay?«-Test. Schon nach der ersten Frage »Warst du schon mal in das gleiche Geschlecht verliebt?« breche ich ab. Nein, war ich nicht. Und ich weiß ja nicht mal, ob die Crushes auf Jungs und Männer, die ich in meinen 23 Jahren auf der Welt gehabt hatte, wirkliche Verliebtheit waren.

Was ich hingegen wusste: Ich wollte Dilay bei mir haben, spüren, wie they mit der Hand über meinen Rücken streichelt, wenn ich nervös bin. Ich wollte deren Undercut nachrasieren, wenn er bemerkenswert schnell nachgewachsen war.

Ich wollte »Der Wanderer über dem Nebelmeer« mit Dilay auf Urlaubsfotos nachstellen. Ich wollte mit Dilay Text für die nächste Theatervorstellung lernen und lange wach bleiben. Wenn Dilay keinen Alkohol trank, blieb auch ich nüchtern. Wenn Dilay eine rauchen wollte, rauchte ich mit, obwohl ich es eklig fand.

Es ist mittlerweile 23:21 Uhr, und ich scrolle bei YouTube. Für das nächste Video, das mir angespült wird und auf das ich klicke, mache ich den Ton des Laptops leiser, damit meine Mitbewohnerinnen nicht zuhören können. Es ist eine dieser Nächte, in denen sich der Algorithmus für mich wie Schicksal anfühlt.

Ich hatte nicht explizit danach gesucht, sondern war durch eine Mischung aus feministischen Video-Essays und queeren Coming-out-Geschichten darauf gestoßen. Auf meinem Bildschirm sprach eine junge Frau über ihr Leben, ihre Beziehungen, darüber, wie sie sich jahrelang gefragt hatte, ob bei ihr etwas kaputt sei. Sie erzählte, wie sie durch ein Forum auf die sexuelle Orientierung »asexuell« gestoßen sei. Ich sah ihr ins Gesicht, hörte ihre Worte und spürte, wie etwas in mir nachgab.

Es war ein Erkennen, das nicht nur intellektuell war, sondern tief körperlich. Eine Welle der Erleichterung, eine stille Bestätigung, die sich anfühlte, als könnte ich zum ersten Mal seit langer Zeit wieder richtig atmen.

Einige Videos, schlecht geschriebene Artikel und salzige Tränen später habe ich keine Zweifel mehr: Ich bin asexuell.

»Ich würde Kuchen immer bevorzugen«, schreibt eine Bloggerin in dem Forum AVEN – die weltgrößte Online-Gemeinschaft von Asexuellen. AVEN entdecke ich gerade zum ersten Mal. Die Abkürzung steht für »Asexual Visibility and Education Network«. Mit dem Kuchen-Gedanken konnte ich mich identifizieren. Ich mag Kuchen nicht sonderlich, aber ich könnte easy eine Liste erstellen mit Dingen, die ich 1000-mal lieber machen würde, als Sex zu haben. Habt ihr schon mal eine Ohrenmassage bekommen? Himmel!

Plötzlich ergab alles Sinn: die verwirrten Blicke meiner ersten Liebschaften, wenn ich ihnen keinen Grund nennen konnte, außer »Ich hab einfach keinen Bock«, während ich ihre Berührungen abwies. Die unzähligen Momente, in denen ich dachte, dass das Interesse irgendwann schon kommen würde, wenn die Person nur die richtige wäre. Das Gefühl, dass alles gut werden würde, wenn ich mich nur mehr anstrenge. Wenn ich endlich erwachsen wäre. Aber das Gefühl kam nicht.

Ich sitze da, eine weitere Träne kullert mir über die Wange, aber ich weine nicht, weil ich traurig bin. Ich weine, weil ich mich endlich verstanden fühle. Weil es ein Wort gibt. Weil ich nicht länger allein bin.

Wie ich das Dilay erklären soll, weiß ich dadurch noch lange nicht, aber ich wische mir über die Augen und lache leise über mich selbst. Wer hätte gedacht, dass eine YouTube-Empfehlung das fehlende Puzzlestück liefern würde? Dass ich all die Jahre nicht kaputt war, nicht unreif, nicht zu wählerisch, sondern einfach nur asexuell. Das war mein »Oh mein Gott, it's a thing!«-Moment.

Ich weiß, dass ich nicht mehr nach einer Antwort suchen muss. Ich hatte sie endlich gefunden.

Das A in LGBTQIA+

Von dem Moment an, an dem ich die Erkenntnis hatte, konnte ich an fast nichts anderes denken. Ich hatte zuvor schon einmal von Asexualität gehört, aber eigentlich wusste ich fast nichts darüber. Ich stürzte mich in die Recherche, eine Mischung aus Mehr-wissen-Wollen und Journalistinnen-Neugier. Ich hatte jetzt zwar einen Namen, einen Begriff für meine Gefühle und mein Unwohlsein. Aber was hieß das alles genau?

Der Begriff Asexualität ist gar nicht so neu, wie viele vielleicht denken. Schon im Jahr 1907 setzte sich der deutsche Pastor Karl Schlegel in New Orleans öffentlich für rechtliche Gleichstellung aller sexuellen Orientierungen ein. Er war als Kind nach Nordamerika immigriert und setzte sich als protestantischer Pastor dann für LGBTQIA+-Rechte ein – und bezog dabei Asexualität mit ein. Er forderte: »Die gleichen Gesetze sollten für alle Zwischenformen sexuellen Lebens gelten – Homosexuelle, Heterosexuelle, Bisexuelle, Asexuelle –, so wie sie derzeit für Heterosexuelle existieren.«[11]

In den 1950er-Jahren veröffentlichte das trans*Magazin *Transvestia* eine Artikelreihe über das, was sie »A-sexual Range« nannten, möglicherweise ein früher Vorläufer des heutigen asexuellen Spektrums.[12] Autor*innen erklärten darin, dass zwar die meisten trans Personen vollständig heterosexuell seien, aber »einige auch asexuell«. Das war vermutlich eine anekdotische Evidenz aus dem Kreis der Herausgeber*innen. Heute wissen wir, dass trans Personen genauso wie cis Personen alle möglichen sexuellen Orientierungen haben. In einer späteren Ausgabe heißt es: »Es gibt Personen, die einfach eine sehr geringe Libido haben – keinen nennenswerten Sexualtrieb.« Nach heutigem Wissensstand würden wir hier zwischen geringer Libido und Asexualität unterscheiden, aber es ist trotzdem bemerkenswert, dass der Kein Bock Club schon in den 50ern adressiert wurde.

Und auch wissenschaftliche Daten darüber, dass nicht alle Menschen Bock auf andere Menschen haben, gibt es bereits seit den 1940er-Jahren, aber sie haben nie den Mainstream erreicht. Im Jahr 1948 brachte der amerikanische Forscher Alfred Kinsey mit seinem Buch »Sexual Behaviour in the Human Male« die konservative Gesellschaft Nordamerikas ins Wanken. Seine Publikation über das sexuelle Verhalten von Männern enthielt bahnbrechende Studienergebnisse. Besonders aufsehenerregend war die sogenannte Kinsey-Skala, die er entwickelt hatte, um die Vielfalt sexueller Orientierungen seiner Probanden abzubilden. Innerhalb weniger Monate entwickelte sich Kinseys Buch zu einem Bestseller und verkaufte sich über 200.000-mal – ein Beweis dafür, wie sehr es den Nerv der Zeit traf. [13]

Nachdem er mehr als 5.300 Männer und 1953 für sein nächstes Buch auch 5.940 Frauen (alle bildungsnah und weiß) interviewt hatte, entwickelte Kinsey eine sechsstufige Skala, um das allgemeine Verhältnis von Homo- und Heterosexualität einer Person zu messen. Berücksichtigt wurden dabei sowohl sexuelle Erfahrungen als auch psychosexuelle Reaktionen. Die Skala reichte von »0 – ausschließlich heterosexuelle Vorlieben« bis »6 – rein homosexuelle Anziehung«, während die Zahlen dazwischen verschiedene Formen der Bisexualität beschrieben.

Kinsey zog aus seiner Untersuchung zahlreiche faszinierende Schlüsse: 10 Prozent der befragten Männer gaben an, homosexuell zu sein, und über ein Drittel hatte mindestens einmal eine gleichgeschlechtliche Erfahrung gemacht. Fast die Hälfte der Männer berichtete von sexueller Anziehung zu beiden Geschlechtern. Diese Erkenntnisse machten Kinsey zu einem Vorreiter in der Sexualforschung, der den Weg für eine neue wissenschaftliche Auseinandersetzung mit menschlicher Sexualität ebnete.

Menschen, die kein Interesse an sexuellen Aktivitäten hatten, fielen Kinsey zwar auf, wurden aber weitgehend ignoriert. Statt auf seiner berühmten Skala aufzutauchen, die verschiedene sexuelle Orientierungen abbildete, erhielten sie eine eigene Kategorie, die Kinsey mit einem »X« kennzeichnete. Laut Kinsey gehörten etwa 1,5 Prozent seiner befragten Männer in diese »X«-Kategorie, was bedeutete, dass sie keine sexuellen Kontakte oder Reaktionen zeigten.

In seinem zweiten Buch aus dem Jahr 1953, das sich mit dem Sexualverhalten von Frauen beschäftigte, schätzte er, dass zwischen 1 und 4 Prozent der Männer und zwischen 1 und 19 Prozent der Frauen zu dieser X-Kategorie gehörten, die er als einer der ersten Sexualwissenschaftler als »no socio-sexual contacts or reactions« bezeichnete. Er erwähnte Asexualität in dem Zusammenhang nicht, aber er erkannte, dass ausbleibende sexuelle Anziehung zur Vielfalt sexueller Orientierungen dazugehörte. Doch damit endete die ernsthafte Auseinandersetzung mit Bocklosigkeit für die nächsten 50 Jahre beinahe vollständig. Während die Erforschung der Sexualität im 20. und 21. Jahrhundert boomte, blieb die Asexualität ein weitgehend ignoriertes Thema, abgesehen von der Untersuchung bei Pflanzen und Tieren sowie vereinzelten theoretischen Arbeiten.

Erst 2004 erregte der Psychologieprofessor Anthony Bogaert das Interesse der wissenschaftlichen Gemeinschaft an

Asexualität wieder. In einer Studie untersuchte er die Verbreitung von Asexualität in der Bevölkerung und legte den Grundstein für eine neue Ära der Forschung in diesem Bereich. Bogaerts Arbeit, die auch von der asexuellen Community begeistert aufgenommen wurde, bestätigte, dass etwa ein Prozent der Bevölkerung asexuell ist.

Ein Prozent der Menschheit sind so viele, wie es Rothaarige gibt, oder so viele, wie es Schwangere gibt, die Zwillinge in sich tragen.

Seit einigen Jahren gibt es zum Glück neuere Studien und Bücher zum Thema Asexualität, wenn auch meistens im englischen Sprachraum, die die Vielfalt des asexuellen Spektrums aufzeigen. In dem Buch »Ace Voices« von Eris Young beispielsweise beschreibt eine interviewte Person Asexualität so: »Sexuelle Anziehung ist wie der Wunsch, Pizza zu essen, und in einer Welt, in der fast alle Pizza wollen (jede*r eine andere Sorte, aber trotzdem Pizza), habe ich einfach kein Verlangen danach. Das heißt nicht, dass ich keine Pizza essen könnte oder dass sie mir nicht vielleicht sogar schmecken würde, wenn ich sie probiere, aber dieses Bedürfnis, Pizza essen zu wollen, habe ich nie.«[14] Über die Vielfalt erzählt eine andere asexuelle Person: »Viele Asexuelle – mich eingeschlossen – möchten daten, heiraten und auch Sex haben, obwohl der Sex für viele von uns, mich eingeschlossen, ein deutlich weniger wichtiger Teil der Gleichung ist. Ich habe eine Libido und genieße sexuelle Aktivitäten, aber ich empfinde keine sexuelle Anziehung zu irgendjemandem.«

Mit dem Songtext zum Song »sex is good (but have you tried)« von der bisexuellen Sängerin Donna Missal können sich viele identifizieren: *»Sex is good, but have you tried fucking* *with yourself?*« Das gleichnamige Meme »sex is cool, but have you tried« ist einer meiner liebsten wiederkehrenden Witze im Internet. Mit viralen Tweets wie »Sex is cool but have you ever had garlic bread« sprach ein User seine Liebe zu Knoblauchbrot aus und fand viel Zuspruch.

Asexuelle Menschen sind nicht »kaputt« oder »unvollständig«, ihre Erfahrungen zeigen vielmehr, dass Sexualität weit vielfältiger ist, als es die gesellschaftliche Norm vorgibt. Statt Sex als Grundpfeiler von Beziehungen zu sehen, setzen viele Asexuelle andere Prioritäten, wie emotionale Bindung oder gemeinsame Werte. Ihre Entscheidung, keinen Sex zu haben, ist Ausdruck ihrer Identität und nicht etwa das Resultat eines Defizits.

Fehlende Worte

Um Asexualität richtig zu verstehen, ist es wichtig, sich die Abgrenzung zu der sexuellen Funktionsstörung HSDD bewusst zu machen. Dabei geht es besonders darum, dass Psycholog*innen und Ärzt*innen besser einschätzen können, wann sexuelle Unlust behandlungsbedürftig ist und wann nicht – auch wenn diese Unterscheidung gar nicht so einfach ist. Der Meinung ist auch die promovierte Medizinsoziologin Annika Spahn, die eine der wenigen Wissenschaftler*innen ist, die in Deutschland zu Asexualität forscht. Spahn und andere Expert*innen schreiben Asexualität oft mit einem Sternchen oder einem Unterstrich hinter dem A: A*sexualität oder A_sexualität.[15] Die Auslassungs- beziehungsweise Ergänzungszeichen sollen das Spektrum symbolisieren, das der Begriff selbst abbildet. Ein Spektrum, das von allosexuell und viel sexueller Anziehung bis hin zu asexuell und gar keiner sexuellen Anziehung geht.

In einem Sammelband erklärt Spahn, dass es von einem klinisch bedeutsamen Leidensdruck abhängig ist, ob jemand therapiert werden kann oder sollte. Gleichzeitig führt sie auch aus, warum Leidensdruck als Kategorie »fragwürdig« ist: »Es kann sein, dass viele a*sexuelle Menschen nicht an ihrer A*sexualität leiden, sondern einfach nur deshalb, weil sie nicht wissen, was A*sexualität ist, oder weil ihre A*sexualität in der Gesellschaft unsichtbar bleibt, was dazu führt, dass a*sexuelle Personen unter ihrer sexuellen Orientierung leiden können. Leidensdruck kann außerdem durch normative gesellschaftliche Erwartungen und Zuschreibungen in Bezug auf Geschlechterrollen, Beziehungen und Sexualität erklärt werden.«[16]

Seit 2013 listet das »Diagnostic and Statistical Manual of Mental Disorders« (kurz: DSM) auch Asexualität. Das DSM ist das wichtigste Diagnosehandbuch für Ärzt*innen und Therapeut*innen bei der Einschätzung von psychischen Erkrankungen und Störungen. Asexualität wird dort vor allem aufgeführt, um sie von sexuellen Funktionsstörungen abzugrenzen und Fehldiagnosen zu vermeiden. Das Interessante: Laut DSM ist diese Unterscheidung nur bei Frauen möglich.[17] Männer und nicht-binäre Menschen werden dabei völlig ignoriert oder verschont – je nachdem, wie man es nimmt.

Stell dir vor, du hast dein ganzes Leben lang Kopfschmerzen, aber niemand hat dir je das Wort »Kopfschmerzen« beigebracht. Alle um dich herum reden nur über Bauchschmerzen, weil das angeblich die einzige Art von Schmerz ist, die wirklich existiert. Du fängst an zu glauben, dass mit dir etwas nicht stimmt, weil deine Erfahrung keinen Namen hat.

Durch die Arbeiten der deutschen Philosophin Ayşegül Şah Bozdoğa, die in ihrer Laufbahn viel zu Asexualität geforscht und geschrieben hat, erfahre ich, dass dieser Mechanismus eine besonders perfide Form der Diskriminierung ist.[18] Sie bezieht sich auf die deutsche Philosophin Emily Goldbeck und nennt es »strukturelle Undenkbarkeit«.[19] Eine Form der Unsichtbarmachung, die so tief in gesellschaftlichen Strukturen verankert ist, dass betroffene Menschen nicht einmal die Sprache haben, um ihre eigene Realität zu beschreiben.

Es geht nicht nur darum, dass eine Identität oder Erfahrung abgelehnt wird. Sie wird von vornherein gar nicht erst anerkannt. Für asexuelle Menschen bedeutet das, dass sie in einer Gesellschaft aufwachsen, die ihre Existenz schlicht nicht mitdenkt. Sie hören von klein auf, dass es normal ist, sich zu verlieben, dass »der Richtige schon noch kommt« oder dass Sex zu einer gesunden Beziehung dazugehört. Wenn sie diese Gefühle nicht haben, fehlt ihnen oft das Wissen, dass sie nicht allein sind. Sie haben keine Begriffe für das, was sie empfinden – oder eben nicht empfinden. Das führt dazu, dass viele erst spät in ihrem Leben auf den Begriff »Asexualität« stoßen und sich denken: »Oh, das hätte mir vorher mal jemand sagen können.«

Es ist die Unfähigkeit einer Gesellschaft, bestimmte Bedürfnisse anzuerkennen, weil sie als nicht relevant betrachtet wurden. Wenn eine Erfahrung unsichtbar bleibt, dann gibt es auch keine Anerkennung für den Schmerz oder die Herausforderungen, die damit einhergehen.

Das trifft nicht nur auf Asexualität zu. Ein ganz drastisches Beispiel aus der Medizin zeigt, wie tief diese Ignoranz verwurzelt sein kann: Studien belegen, dass Schwarze Frauen in den USA unter der Geburt systematisch weniger Schmerzmittel erhalten als weiße Frauen, weil Mediziner*innen (oft unbewusst) annehmen, dass sie weniger Schmerzempfinden hätten. Ein anderes Beispiel ist sexualisierte Gewalt in Kulturen, in denen es kein oder kaum Wissen über Vergewaltigung gibt – wo es kein Wort für »Nein« in einem sexuellen Kontext gibt, wird das Konzept der Zustimmung als solches nicht verstanden. Das bedeutet nicht, dass dort keine Gewalt stattfindet, sondern nur, dass sie nicht benannt wird. Die Folgen sind verheerend: Opfer können ihre Erfahrungen nicht in Worte fassen, Täter*innen werden nicht zur Rechenschaft gezogen, und die Gesellschaft bleibt in einem Kreislauf der Ignoranz gefangen. Das nennt man auch praeliminierende Ungerechtigkeit.

Die Ergebnisse einer Untersuchung des renommierten King's College London, veröffentlicht im Februar 2025, zeigen, wie tief das Unwissen über Asexualität gesellschaftlich verankert ist.[20] Das King's College London, kurz KCL, gehört zu den Top-Universitäten der Welt. In Zusammenarbeit mit der Aktivistin Yasmin Benoit befragten die Wissenschaftler*innen des KCL 400 Menschen in England zu ihren Einstellungen. Die Stichprobe ist nicht repräsentativ: Sie umfasst überdurchschnittlich viele jüngere, queere und akademisch gebildete Personen – also Gruppen, bei denen eher von inklusiven Haltungen auszugehen wäre. Umso bemerkenswerter ist, was dennoch sichtbar wird: 31 Prozent der Befragten glauben, Asexualität könne durch Therapie »geheilt« werden. 23 Prozent halten sie für eine psychische Störung. 42 Prozent meinen, asexuelle Menschen könnten nicht asexuell sein, wenn sie Sex haben. Und 11 Prozent bezweifeln ihre Existenz grundsätzlich.

Trotzdem spricht sich die Mehrheit der Studienteilnehmenden für rechtlichen Schutz von asexuellen Menschen aus und wäre auch fein damit, wenn das eigene Kind asexuell wäre. Doch die Ergebnisse zeigen, dass Vorurteile gegenüber Asexualität sozial weitestgehend akzeptiert sind. Die Forschenden schreiben: »Menschen betrachten anti-asexuelle Überzeugungen nicht als sozial inakzeptabel und äußern ihre Meinung dazu mit hoher Wahrscheinlichkeit, wenn sie eine haben.«

Solche Einstellungen haben drastischen Einfluss auf asexuelle Menschen. So zeigte etwa die nationale LGBT-Umfrage der britischen Regierung von 2018, dass asexuelle Menschen mit 10 Prozent höherer Wahrscheinlichkeit als andere sexuelle Orientierungen Angebote für Konversionstherapien erhalten oder solchen Maßnahmen tatsächlich unterzogen wurden.[21] Bei einer anderen Datenerhebung aus Australien im Jahr 2016 wurden 9000 asexuelle Menschen weltweit befragt. Etwa ein Drittel von ihnen berichtete von Suizidgedanken. 10,6 Prozent hatten konkrete Suizidpläne, und 2,7 Prozent hatten im vergangenen Jahr einen Suizidversuch unternommen.[22] Suizidalität trat häufiger bei asexuellen Männern und nicht-binären Personen auf als bei asexuellen Frauen. Besonders betroffen waren jüngere Menschen, trans Personen und jene, die in einkommensschwächeren Ländern lebten.

Mit dem Kein Bock Club ist es so: Wer wenig oder keine Lust auf Sex hat, wird oft nicht nur nicht ernst genommen, sondern als Problem betrachtet. Es gibt keinen Platz für die Vorstellung, dass Desinteresse an Sex einfach eine Variante menschlicher Existenz ist – stattdessen wird es pathologisiert: »Hast du ein Trauma?«, wird gefragt, oder persönliche Erfahrungen werden marginalisiert: »Jede*r hat doch Lust, das gehört zum Leben dazu.« Solche Reaktionen sind keine Zufälle, sondern das Ergebnis einer Gesellschaft, die Allonormativität als Standard setzt.

Neben Asexualität gibt es auch noch das Konzept der Aromantik. Aromantik bezeichnet eine Orientierung innerhalb des LGBTQIA+-Spektrums, bei der Individuen keine romantische Anziehung gegenüber anderen Menschen empfinden. Dies bedeutet nicht zwangsläufig das Fehlen von zwischenmenschlichen Beziehungen; vielmehr können aromantische Personen tiefe Freundschaften oder andere nicht-romantische Bindungen eingehen. Wichtig ist die Unterscheidung zur Asexualität: Während asexuelle Menschen keine sexuelle Anziehung verspüren, betrifft Aromantik spezifisch die romantische Ebene. Einige Anzeichen für Aromantik können das fehlende Verlangen nach romantischen Beziehungen oder Unbehagen bei romantischen Gesten sein.

Die Unsichtbarmachung von Asexualität und aromantischen Identitäten führt dazu, dass Menschen nicht nur Schwierigkeiten haben, sich selbst zu verstehen, sondern auch, dass ihre Erfahrungen in Politik, Medizin oder Forschung kaum berücksichtigt werden. In einer Gesellschaft, die romantische Beziehungen oft als Norm betrachtet, kann es für aromantische Personen herausfordernd sein, ihre Identität zu verstehen und zu akzeptieren. Während Sex im Mainstream als normale und universelle Funktion eines gesunden Körpers oder Geistes gilt, werden Romantik und romantisches Zusammensein als natürliche Funktionen einer gesunden Persönlichkeit dargestellt. Deren sexuelle Komponente bleibt meist unausgesprochen, aber dennoch schwingt sie mit. Und popkulturell wachsen wir so auf, dass Romantik zwingend notwendig für ein »happily ever after«

oder ein »Und wenn sie nicht gestorben sind, dann lieben sie noch heute« ist.

Es gibt nur sehr wenige Daten zu asexuellen und aromantischen Menschen, weil fast niemand sie erhebt. Es gibt auch kaum Studien zur psychischen Gesundheit asexueller Menschen, weil sie in der Forschung oft nicht mal als Kategorie existieren. Und wenn sie sich Gehör verschaffen wollen, müssen sie sich erst einmal gegen jahrhundertelange kulturelle Erzählungen behaupten, die ihnen sagen, dass ihre Erfahrungen unmöglich sind.

Aber was wäre, wenn das anders wäre? Wenn es genauso selbstverständlich wäre, kein Interesse an Sex zu haben, wie es ist, hetero oder homo zu sein? Wenn romantische Liebe nicht als ultimativer Lebenssinn dargestellt würde, sondern als eine von vielen möglichen Arten, Erfüllung zu finden?

Praeliminierende Ungerechtigkeit ist schwer greifbar, weil sie kein offenes Verbot ist. Niemand sagt explizit: »Du darfst nicht asexuell sein.« Sie ist eine subtile, aber mächtige Form der Unterdrückung, die sich in Abwesenheiten zeigt: in fehlenden Begriffen, in unbeantworteten Fragen, in der Art, wie unsere Gesellschaft strukturiert ist. Aber wenn wir anfangen, diese Unsichtbarkeit zu benennen, wenn wir anfangen, Begriffe zu schaffen und Diskussionen zu führen, dann können wir diesen Mechanismus durchbrechen. Dann können Menschen, die sich in einer Welt der Allonormativität verloren fühlen, endlich erkennen, dass sie nicht allein sind und dass sie nie das Problem waren. Und dann können Menschen, denen diese Ungleichheit nie aufgefallen ist, weil sie im System nicht auffallen und privilegiert sind, unterstützen, diese Hürden abzubauen.

Wenn das also nicht so unglaublich schambehaftet und

undenkbar wäre, wenig bis keinen Bock zu haben, was wäre dann? Der Kein Bock Club wäre zumindest schon mal eine Community, die sich als solche versteht, die unterstützt und gesehen wird. In einer Welt, in der Bocklosigkeit eher als eine Krankheit angesehen wird, statt als selbstbestimmte Haltung, nehmen wir uns gar nicht die Zeit, genau hinzusehen, warum Menschen keinen Bock haben.

6.
Feminismus hat Bock

Für einen TikTok-Trend im Jahr 2020 bewegten Menschen zu einem viralen Sound synchron die Lippen. Meistens sah man eine junge Frau in den Videos, die in ihre Selfie-Kamera schaute. Eine tiefe Stimme aus dem Off sagte: »Please rise for our national anthem«, dann sang Cardi B: *»Now get a bucket and a mop, that's some wet-ass pussy. I'm talkin' wap, wap, wap, that's some wet-ass pussy.«* Als ich die Videos zu Cardi Bs Song WAP zum ersten Mal sah, fiel mir amüsiert die Kinnlade herunter. Was für Lyrics, die Hymne einer Generation. Da saß ich also mit meiner neuen Erkenntnis, dass ich asexuell bin, und fühlte mich komisch. Wer oder was war ich jetzt eigentlich? Eine asexuelle Feministin? Eine sexpositive Person, die Sex gar nicht so positiv findet?

Es fühlte sich an, als stünde ich inmitten einer hungrigen Meute vor einer reichlich gedeckten Tafel. Der Duft von frisch gebackenem Brot und für meine Nase ungewöhnlichen Gewürzen lag in der Luft. Eine Frau neben mir hatte bereits Schweißperlen auf der Stirn, ihre Augen fixierten gierig die Speisen. Ein Mann auf der anderen Seite trommelte genervt mit den Fingern auf seinen leeren Teller, murmelnd über den viel zu langsam ablaufenden Countdown. Alle warteten gespannt darauf, dass das Signal zum Zugreifen ertönte. Und ich? Ich stand da, mit leerem Teller, ohne Hunger, ohne Verlangen, und fragte mich, ob ich undankbar war. War es nicht genau das, wofür Feminist*innen in den 1960ern, 70ern, 80ern gekämpft hatten? Die Trennung von Liebe und Sex, die Entstigmatisierung von Lust, die Befreiung von patriarchaler Prüderie. Und wenn man trotz dieser Freiheit keinen Hunger, keine Lust auf Sex hatte, musste ja was falsch sein, oder?

Mir sagte die feministische Literatur, die ich in meinen 20ern las, dass Frauen sexpositiv sein und sich alles nehmen sollten, was sie wollten: Schwänze, Sextoys und Entschädigung für unbezahlte Care-Arbeit. Aber meine eigene Existenz kam in diesen Diskursen nicht vor. Auch nicht in den queerfeministischen Räumen, die mir so viel Kraft, Solidarität und Verständnis versprachen. Manchmal fühlte ich mich, als würde ich nicht dazugehören, besonders wenn ich über meine Erfahrungen als heute 32-jährige, asexuelle, lesbische Feministin mit Migrationsbiografie sprach. Aus einem »Du *darfst* Sex haben und dir nehmen, worauf du Lust hast« machte der Diskurs in meinem Kopf ein »Ich *muss* Sex und Lust haben«. Aus Freiheit und Selbstbestimmung wurde ein sich mir aufdrängender Imperativ.

Als ich meinen ersten großen Job bei der feministischen Talkshow »Auf Klo« antrat, fühlte ich mich manchmal genau richtig und manchmal wie die größte Hochstaplerin. Ich moderierte Videos, führte Interviews mit inspirierenden Menschen und schrieb Skripte zu sexueller Aufklärung. Wir produzierten Sendungen über Masturbation und die Unterschiede zwischen gutem und schlechtem Sex. Ich sprach mit einer scheinbaren Tabulosigkeit über diese Themen, doch in mir nagte die Unsicherheit. Es fühlte sich wie eine Lüge einer Hochstaplerin an, wenn ich mich sexpositiv labelte, wenn ich privat mit dem Hype um Sex zu kämpfen hatte. Videos mit mir auf dem Cover und Titeln, die das Wort Sex beinhalteten, hatten Millionen Klicks, während ich Millionen Zweifel hatte.

Als queere Person des öffentlichen Lebens saß ich in Talkshows und erklärte, was sich hinter dem Kürzel LGBTQIA+ verbirgt. Ich betonte die Existenz von Asexualität, verschwieg jedoch, warum ich so viel darüber wusste. Ich nannte mich lieber queer als lesbisch und lieber lesbisch, als jemals asexuell als Selbstbezeichnung zu nutzen. Dieses Gefühl, nicht authentisch zu sein, überspielte ich immer wieder. Trotz meiner Unsicherheiten erkannte ich, dass meine Fähigkeit, offen und ehrlich über Sexualität zu sprechen, eine Stärke war und dass ich nicht alles von mir preisgeben musste, weil Vulnerabilität sich online gut klickte. Es gab kaum feministische asexuelle Menschen in der Öffentlichkeit, und ich wollte sicher nicht einer der Ersten sein. Bis ich immer mehr feministische Literatur las, die an meiner Türschwelle haltzumachen schien, und ich mein eigenes Unwohlsein zum aktuellen Feminismus nicht länger ignorieren konnte. Ich suchte in der Geschichte der Sexpositivität vergeblich nach Spuren des Kein Bock Clubs. Und wenn ich Kritik an Sexpositivität fand, dann klang sie konservativ, eingeschlafen und uncool. So wollte ich nicht sein.

Sexuelle Revolution

Um zu verstehen, wo das Konzept der Sexpositivität herkommt, hilft ein Blick in die Geschichte des modernen Feminismus. Denn die Debatte um den Begriff und das, was dahintersteckt, tobt schon seit der sexuellen Revolution in den

1960er-Jahren. Damals stellten Feminist*innen sich die Frage: Ist Sex ein Werkzeug der Unterdrückung oder der Befreiung?

Während es in der ersten Welle des Feminismus um ganz grundlegende Themen wie das Frauenwahlrecht ging, befassten sich Feminist*innen der zweiten Welle, also ab den 1960er-Jahren, immer häufiger mit Sex. In Deutschland ging es vor allem um den Paragraphen 218, also das Abtreibungsgesetz, die Gleichstellung zwischen Mann und Frau und die Freigabe der Antibabypille.[1] Dass Sex nicht nur Fortpflanzung, sondern auch Kommunikation, Intimität und Genuss bedeuten kann, wurde zum ersten Mal laut und kollektiv verhandelt. Auch der Satz »Das Private ist politisch« wurde in der zweiten Welle des Feminismus geprägt und ist eng mit dem Aufsatz »The Personal is Political« von Carol Hanisch aus dem Jahr 1969 verbunden.[2] Darin argumentiert sie, dass viele Probleme von Frauen, wie Gewalt in Beziehungen oder emotionale Abhängigkeit, keine individuellen Schwächen sind, sondern Ausdruck gesellschaftlicher Machtverhältnisse. Frauen wurden damals oft für ihr Leid selbst verantwortlich gemacht, statt die strukturelle Ungleichheit zu erkennen. Ein Gedanke, den wir heute mitnehmen sollten, wenn es um sexuelles Desinteresse geht: Wenn wir lieber sagen: »Ich habe Kopfschmerzen«, anstatt ehrlich: »Ich hab keinen Bock«, ist das dann privat oder politisch? Ich sage: politisch.

Feminist*innen der zweiten Welle haben nicht nur das Recht auf Gleichberechtigung in Bildung und Beruf erkämpft, sondern auch zentrale Fragen zu Körper, Sexualität und Selbstbestimmung aufgeworfen. Zentrale Figuren dieser Welle waren in Deutschland Alice Schwarzer, Verena Stefan und Katharina Ogontoye. Sie haben mit vielen weiteren Unterstützer*innen dafür gesorgt, dass Vergewaltigung in der

Ehe als Straftat anerkannt wurde. Außerdem haben wir ihnen zu verdanken, dass Schwangerschaftsabbrüche zumindest teilweise entkriminalisiert wurden und dass weibliche Lust nicht länger nur als Anhängsel männlicher Sexualität gedacht wurde. Vieles davon klingt heute selbstverständlich, und zu Recht werden zum Beispiel Alice Schwarzers Überzeugungen mittlerweile stark kritisiert – dazu später mehr. Aber selbstverständlich sind diese Errungenschaften nicht.

In dieser Zeit fanden die Bedürfnisse von Frauen besonders in zwei großen Bewegungen Gehör: Zum einen waren es die Frauen der 68er-Revolution, die die Menschen von der Macht der institutionalisierten, kirchlichen und staatlichen Moralvorstellungen befreiten. Sie gehörten zur Pro-Sex-Seite des damaligen Feminismus. Gleichzeitig gab es eine Gegenbewegung, die als »anti-sex« bezeichnet wurde. Die Anti-Sex-Feminist*innen betrachteten Sex als patriarchales Machtinstrument und lehnten ihn radikal ab. »Patriarchales Machtinstrument« meint in diesem Zusammenhang, dass Sex nicht als Ausdruck von Lust oder Intimität verstanden wurde, sondern als ein Mittel, mit dem Männer Macht über Frauen ausüben. Durch gesellschaftliche Normen, körperliche Übergriffe oder emotionale Abhängigkeiten würde weiterhin die Macht bei Männern liegen.[3] Diese Debatte zwischen Pro-Sex- und Anti-Sex-Feminist*innen wurde als »Feminist Sex Wars« bekannt.

Frauen wie Andrea Dworkin und Catharine MacKinnon standen auf der Anti-Sex-Seite und argumentierten, dass Pornografie, Prostitution und viele sexuelle Praktiken wie das Spiel mit Dominanz Ausdruck von patriarchaler Gewalt und Unterdrückung seien.[4] Die Rechtsanwältin MacKinnon kritisierte feministische Stimmen, die als pro-sex galten, dafür, dass sie die Anpassung an bestehende Verhältnisse mit Freiheit verwechselten.[5] Dworkin, eine US-amerikanische Schriftstellerin, wurde zu dieser Zeit zu einer der prominentesten Stimmen der Sex Wars. Besonders durch ihr Buch »PorNography – Men Possessing Women«, das auch in Deutschland für hitzige Debatten sorgte, machte sie sich seit Veröffentlichung 1981 einen Namen.[6]

Sexpositive Feministinnen betonten auf der Gegenseite, dass Frauen das Recht auf Promiskuität ohne Schuldgefühle hätten, auch auf heterosexuellen Sex, wenn sie ihn wollten. Der Aufsatz »Lust Horizons: Is the Women's Movement Pro-Sex?« aus dem Jahr 1981 gilt für viele als Geburtsstunde des sex-positiven Feminismus. Darin argumentierte Ellen Willis, eine linke Essayistin, warum die Kritik von MacKinnon an Sex problematisch sei: Sie würde den Frauen nicht nur das Recht auf sexuelle Lust verweigern, sondern auch das Stereotyp verstärken, dass Männer Sex wollen und Frauen ihn nur erdulden.[7] Der Anti-Porn-Feminismus, schrieb Willis, fordere von Frauen, eine vermeintlich moralische Überlegenheit als Ersatz für sexuelle Lust zu akzeptieren. Es sei dabei der falsche Ansatz, Frauen moralische Überlegenheit anstelle von Lust anzubieten und männliche Sexualität zu regulieren. Sie fordert, stattdessen weibliche sexuelle Autonomie in den Fokus zu stellen. Ein wirklich radikaler Feminismus, so Willis, müsse auch fragen, *warum* wir begehren, was wir begehren und was wir wählen würden, wenn unsere Wahl tatsächlich frei wäre.

Kurz gesagt: Anti-Sex-Feminist*innen fanden, dass Pornografie, Prostitution und viele sexuelle Praktiken Frauen unterdrücken und männliche Macht festigen. Pro-Sex-

Feminist*innen dagegen sagten, dass Sexualität auch Freude und Selbstbestimmung bedeuten kann. Dabei sei nur wichtig, dass Frauen selbst entscheiden, was sie wollen.

Ein weiterer Kritikpunkt an den Gegnerinnen der Sexpositivität, der damals weniger und heute mehr diskutiert wird, ist die Transfeindlichkeit. Anti-Sex-Feminist*innen schlossen teilweise trans Frauen aus ihrem Feminismus aus. Auch heute hängt für viele Radikalfeminist*innen die Kritik an Sexpositivität eng mit transfeindlichen Positionen zusammen.[8] Damals wie heute wird dabei eine »Rückkehr zur Wahrheit« gefordert: zur »echten Frau«, zur »echten Lust«, zur »echten Sicherheit«. Dabei wird Sexarbeit als patriarchale Gewalt abgelehnt und trans Frauen oft abgesprochen, überhaupt Frauen zu sein – beides im Namen eines vermeintlichen Schutzes von »biologischen Frauen«. Diese Argumentation stützt sich auf starre Vorstellungen von Geschlecht und Sexualität und reproduziert dabei genau die Ausschlüsse, gegen die Feminismus ursprünglich einmal angetreten ist.

Während sich Radikalfeminist*innen wie Dworkin und McKinnon unterstützend hinter die trans Community gestellt haben und Geschlecht als sozial konstruiert ansehen, tut Schwarzer, die viel Inspiration für ihre Texte bei Dworkin fand, dies nicht. Daher gilt sie im heutigen intersektionalen Feminismus als rückständig und durch ihre transfeindlichen und anti-muslimischen Aussagen als spaltend und ausgrenzend. Schwarzer ist eine wichtige Figur des Zweite-Welle-Feminismus, die aber mehr und mehr für einen weißen, biologistischen Feminismus der Vergangenheit steht, der Vielfalt oft nicht mitdenkt, sondern regulieren will.

In dem gleichen Spannungsfeld bewegt sich auch der Anti-Sex-Feminismus der zweiten Welle im Allgemeinen. Obwohl er aus berechtigter Kritik an männlicher Gewalt entstand, lehnt er sich oft an konservative Ideen an. Sexualität wird fast nur als Ort der Ausbeutung verstanden. Dabei geraten Stimmen von Sexarbeiter*innen, queeren Menschen oder trans Personen schnell aus dem Blick. Manche dieser Argumente finden sich heute nicht nur in radikalfeministischen Kreisen, sondern auch bei rechten Thinktanks und in der sogenannten Manosphere wieder.[9] Was ursprünglich als Schutz gedacht war, schränkt so vor allem jene ein, die nicht dem traditionellen Bild von Weiblichkeit, Sexualität oder Identität entsprechen.

Ich habe meine ersten sexuellen Erfahrungen gemacht, nachdem ich mich schon mit Feminismus beschäftigt habe – und empfinde diese Reihenfolge als riesiges Privileg, das mich vor vielen Horrorgeschichten bewahrt hat. Aber als moderne Feministin habe ich auch gelernt, dass alles, was nicht sexpositiv ist, prüde, sexfeindlich oder verinnerlichte Scham sein muss. Das sorgt dafür, dass ich Pornos für Frauen befürworte und selbst konsumiere, dass ich glaube, dass harter Sex auch mal wehtun darf, und ich Prostitution als »Sexarbeit« anerkenne. Aber wenn ich junge Frauen frage, die nicht in Großstädten leben oder »feministisch belesen« sind, sieht die Welt ganz anders aus. Da werden immer noch Penisse auf Schulbänke gemalt und im Biounterricht wird nicht zwischen Vagina und Vulva unterschieden. Nacktfotos gehen im WhatsApp-Chat des Jugendclubs rum, und keiner will's gewesen sein. Nicht nur für uns Mitglieder des Kein Bock Clubs ist das super verwirrend. Laut über den Bodycount reden? Kein Problem. Stolz preisgeben, dass man Jungfrau ist und nicht vorhat, das zu ändern? Irgendwie weird.

Um zu verstehen, welche Strömungen es noch in der zweiten Welle des Feminismus und der Entstehung der Sexpositivität gab, müssen wir eine weitere Bewegung verstehen. Denn gleichzeitig mit den Sex Wars wurde in den 1960er-Jahren über die sogenannte Spaßmoral gesprochen. Der Begriff stammt von der US-amerikanischen Sozialwissenschaftlerin Martha Wolfenstein.[10] Sie beschrieb damit einen gesellschaftlichen Wandel nach dem Zweiten Weltkrieg: Spaß wurde nicht nur erlaubt, sondern fast zur Pflicht. Wer keinen Spaß hatte, wurde schief angeschaut. Die alten Werte wie Disziplin und Selbstkontrolle traten in den Hintergrund. Auch Freizeit musste plötzlich produktiv und erfüllend sein. Besonders in der Kindererziehung gewann das Spielen an Bedeutung – aber nicht als freier Ausdruck, sondern als Ziel: Das Kind soll glücklich sein und sich selbst entfalten.

Später sah man darin ein Zeichen der Konsumkultur. Spaß war nichts Privates mehr, sondern zur gesellschaftlichen Erwartung geworden. Theodor W. Adorno sagte 1967 in einem Vortrag: »Man muss halt Spaß haben, sonst ist man ein Verklemmter.«[11] Er kritisierte, dass Sexualität durch diese neue Spaßpflicht nicht freier, sondern angepasster wurde.[12] Sex sei entwaffnet worden – seines Chaos, seiner Unordnung, seiner Widerspenstigkeit beraubt. Statt wild zu sein, wurde Sex planbar, effizient, marktfähig. Adorno sah darin keinen Fortschritt, sondern einen neuen Zwang: Wer keinen Spaß hat, gilt als verdächtig. Selbst Lust wurde der Logik von Leistung und Selbstoptimierung unterworfen. Eine Sexualität, die sich gut in den Kalender eintragen und monetarisieren lässt, aber nicht mehr unbedingt etwas mit Begehren zu tun hat. Er betonte, dass die moderne Gesellschaft eine »Spaßmoral« fördere, bei der Menschen dazu gedrängt würden, Vergnügen zu haben, was letztlich zu einer Pflicht werde. Dies führe dazu, dass selbst Freizeitaktivitäten dem rationalen Eigeninteresse untergeordnet würden und somit ihren Genuss verlören.

Spannend, oder? Da fühle ich mich schon ertappt, wenn ich zum Beispiel die Monate zähle, in denen ich kein Techtelmechtel habe und mich irgendwie schäme, obwohl ich mich einfach nur so verhalte, wie es mir selbst passt. Die Spaßmoral hatte sich also auch bei mir eingeschlichen und mir das Gefühl gegeben, ich müsse allzeit bespaßt werden oder mich selbst bespaßen.

Aber nicht nur »männerhassende Radikalfeministinnen« haben Sexualität und Machtkämpfe verknüpft und kritisiert. Michel Foucault, der französische Philosoph, war überzeugt: Die sexuelle Revolution hatte nicht das bewirkt, was viele dachten. In seinem Buch »Der Wille zum Wissen« stellte er 1976 die sogenannte Repressionshypothese auf.[13] Sie hinterfragt den Mythos, dass die Kirche, der Staat und die bürgerliche Moral Sex lange unterdrückt hätten. Foucault ist der Meinung: Nicht der Sex wurde unterdrückt, sondern er wurde geregelt – durch Sprache, Wissenschaft und Institutionen. Statt weniger wurde mehr über Sex gesprochen. Nur eben kontrollierter. Vom Priester zur Psychoanalyse, von der Medizin zur Sexualpädagogik: Immer neue Stimmen sagten uns, wie wir zu denken und zu fühlen haben, wenn es um Sex geht.

Dann kamen die 1980er-Jahre. Die Weather Girls sangen 1982: *»It's raining men! Hallelujah! It's raining men! Amen! I'm gonna go out to run and let myself get absolutely soaking wet.«* Ein horny Song, den vor allem schwule Männer liebten. Doch kaum hatte die sexuelle Befreiung Fahrt aufgenommen, stellte die Aids-Epidemie plötzlich Fragen nach den Risiken und Folgen dieser neu gewonnenen Freiheit. Die Immunschwächekrankheit forderte seit 1981 weit mehr als 35 Millionen Opfer.[14] Sie brachte außerdem einen neuen Fokus auf Safer-Sex-Praktiken, die Teil der sexpositiven Bewegung wurden. Es ging darum, über sichere und gesunde Sexualität zu sprechen, ohne Scham oder Stigmatisierung. Die Epidemie führte aber auch zu der Realisation, dass nicht alle sicher waren in der sexuellen Befreiung. Es hieß, schwule Männer hätten regelmäßig anonymen Sex mit einer Vielzahl anderer Männer. Das war ein Verhalten, das seit der sexuellen Revolution als neue Normalität für Schwule galt. Doch mit dem Aufkommen von Aids wurde genau diese Promiskuität plötzlich öffentlich als Hauptursache der Krankheit dargestellt. Die Forderung lautete: Schwule sollten künftig enthaltsam leben oder sich zumindest auf monogame Beziehungen beschränken. Auch Sexarbeiter*innen gerieten unter Druck, ihre Arbeit sollte ausgesetzt oder stärker reguliert werden, weil sie als weitere Gefahrenquelle galten. Während heterosexuelle Menschen der Mittelschicht eine diskriminierungsfreie medizinische Grundversorgung genossen, wurden schwule Männer als selbstverschuldet Erkrankte dargestellt.[15]

Spätestens mit Aids veränderte sich Mitte der 1980er-Jahre die Art und Weise der Sexualisierung. »Die Zeit des ›Befreiungs‹-Imperativs ging nun zu Ende, ohne dass die Sexualisierung dabei an Dynamik verlor«, schreibt der Historiker Franz X. Eder in einem Beitrag für den Sammelband »Sexuelle Revolution?«, in dem er Vor- und Nachwirkungen der Revolution in Deutschland betrachtet.[16]

Während die 80er-Jahre viel Repräsentation für queere Belange boten, war Asexualität weiterhin völlig unsichtbar.

Dritte- und Vierte-Welle-Feminismus

Ab Mitte der 1990er sprechen wir dann von der dritten Welle des Feminismus. Für die sexpositive Bewegung bedeutete das einen inklusiven und intersektionalen Blick auf Sexualität. Sexuelle Selbstobjektifizierung, also viel Bock zu haben und das auszuleben (im Privaten sowie in der Sexarbeit), kann für Frauen sehr Unterschiedliches bedeuten. Eine weiße Frau, die als normschön gilt, kann selbstbestimmte Sexualität anders erleben als eine Schwarze Frau oder eine trans Frau. Es gab und gibt noch lange keinen Konsens unter Feminist*innen, aber Themen wie BDSM, Pornografie und Sexarbeit wurden neu bewertet, oft unter dem Aspekt von Selbstermächtigung. Außerdem wurde viel über mediale Repräsentation gesprochen, weil Film und Fernsehen unsere Sehgewohnheiten beeinflussten. Filme, Bücher und Serien begannen, offenere und vielfältigere Darstellungen von Sexualität zu zeigen, *Sex and the City* oder *The Vagina Monologues* trugen zur Enttabuisierung weiblicher Lust bei. Und die Musik der 90er war versexter denn je: *»Boom, boom, boom, boom I want you in my room. Let's spend the night together, from now until forever«*, sangen die Vengaboys – und ich grölte in meiner Jugend in einem verrauchten Karnevalszelt lauthals mit. Auch weibliche Künstlerinnen waren Teil des Trends: Ich wusste in den 2000ern ganz sicher nicht, was Christina Aguilera meinte, wenn sie trällerte, sie sei ein Genie in der Flasche und sie müsse einfach nur auf die richtige Art gestreichelt werden, um frei zu sein: *»I'm a genie in a bottle, You gotta rub me the right way.«*[17]

Das Internet hat uns dann endlich wirklich befreit – zumindest fühlte es sich für einen Moment so an. Es begann eine neue Ära der sexuellen Aufklärung, in der nicht mehr Biobücher, Schulunterricht oder Bravo-Artikel unsere einzige Quelle waren, sondern Blogs, Foren, Instagram-Posts und YouTube-Videos. Die Ära des World Wide Web ermöglichte offene Gespräche über Sexualität, Aufklärung über Konsens und die Sichtbarkeit von marginalisierten sexuellen Identitäten. Wir lasen Blogbeiträge über klitorale Orgasmen, über die Geschichte der Vulva, über die politische Dimension von Körperflüssigkeiten und teilten all das mit einem Klick. Niemand wollte mehr prüde sein, niemand verkniffen – alle wollten sexpositiv sein. Wir folgten dem Hashtag #BodyPositivity, der uns versprach, dass jeder Körper schön sei, bis er irgendwann nur noch von weißen, schlanken Fitnessinfluencerinnen mit glitzernden Stretchmark-Stories bevölkert wurde. Es erschienen unzählige Artikel und Bücher zur »female pleasure«, die uns erklärten, dass Selbstbefriedigung feministisch sei und dass es unser gutes Recht sei, Orgasmen einzufordern. Vulven waren plötzlich nicht mehr peinlich, sondern Popkultur: Sie zierten Socken, Kerzen, Ketten und Kunstwerke. Ich ließ zum ersten Mal meine Achselhaare wachsen, weil ich nicht mehr wusste, ob ich sie wirklich rasieren wollte oder nur glaubte, es zu müssen. Und es war plötzlich möglich, sich offen mit Sexarbeiter*innen zu solidarisieren, die auf Panels, in Podcasts und Dokus erklärten, dass ihre Arbeit weder schmutzig noch aufgezwungen sei, sondern reguläre Lohnarbeit.

Es war eine Zeit, in der der feministische Diskurs mehr denn je in der Popkultur ankam. Wir rappten mit, wenn Shirin David gegen die Doppelmoral wetterte: *»Dangerous Woman, als wär ich Ariana Grande. Von ›Bei Gott ist sie sexy‹ hin zu ›Vallah, sie's 'ne Schlampe‹«.* *»Who runs the World?«,* fragte Beyoncé und wir schrien *»Girls!«*. All das war Ausdruck einer neuen feministischen Welle, die sich online organisierte, sich gegenseitig bestärkte und eine nie da gewesene Sichtbarkeit im Mainstream erzeugte. Es war der Moment, den viele als die vierte Welle des Feminismus bezeichnen: intersektional, medienwirksam, empowernd – aber auch zunehmend kommerziell. Es wurde *»hard out here for a bitch«.*[18]

Diese Phase brachte viel Bewegung in alte Debatten, aber sie war auch geprägt von einem Feminismus, der stark auf individuelle Wahlfreiheit setzte. Selten wurden in diesem Mainstream-Feminismus, der auch als »Choice Feminismus« bezeichnet wird, gesellschaftliche Strukturen mitgedacht. Choice Feminismus basiert auf der Idee, dass jede Entscheidung einer Frau – ob High Heels, viel Sex, OnlyFans, Brust-OP, Monogamie oder Pornodreh – automatisch feministisch ist, solange sie selbstbestimmt getroffen wurde. Was zählt, ist die Wahl. Nicht die Umstände. Und nicht die Frage, ob diese Entscheidung tatsächlich Freiheiten erweitert oder vielleicht nur bestehende Erwartungen neu verpackt.

Choice Feminismus passt hervorragend in eine neoliberale Logik, in der alles möglich ist, solange du es nur willst, und wenn du scheiterst, dann hast du wohl nicht hart genug an dir gearbeitet. Diese Form von Feminismus erzählt uns, dass die Lösung in uns selbst liegt: dass du dich selbst lieben, deinen Körper feiern, deine Lust finden und deine Grenzen kommunizieren sollst, und zwar möglichst klar und effizient. Es ist ein Empowerment, das sich leicht vermarkten lässt, weil es keine kollektive Veränderung fordert, sondern individuelles Upgrade.

Die britische Kulturwissenschaftlerin und Professorin Angela McRobbie beschreibt das als eine Art Rückwärtsbewegung in Zeitlupe: Nach außen hin wirkt es, als seien

Frauen heute freier denn je, aber in Wirklichkeit werden alte Geschlechterverhältnisse gerade neu sortiert und abgesichert – nur eben subtiler, durch Konsum, Schönheitsideale und Leistungsdruck.[19] McRobbie sieht eine Dynamik, bei der Mädchen und junge Frauen freiwillig mitspielen, weil sie glauben, sie selbst gewählt zu haben. Doch die Regeln haben sich nicht aufgelöst, sie haben sich nur besser getarnt. Die Mode- und Beautyindustrie sorgt weiterhin dafür, dass Frauen sich klein und unzulänglich fühlen, ständig an sich arbeiten und nie gut genug sind. Es ist ein System, das sich mit Instagram-Filtern und Selflove-Slogans schmückt, aber gleichzeitig dafür sorgt, dass Frauen sich bis zur Erschöpfung optimieren: äußerlich stark, innerlich verunsichert. Ariana Grande singt mit hauchender Stimme *»I see it, I like it, I want it, I got it«*[20] und feiert, dass sie nicht mehr auf einen Mann warten muss, der ihr kauft, was sie will, weil sie das selbst kann.

McRobbie nennt eine Frau, die auf Selbstoptimierung und vermeintliche Freiheit reinfällt, »phallic girl«, das »phallische Mädchen«. Sie meint damit eine junge Frau, die nach außen mutig, laut, selbstbewusst und vielleicht sogar rebellisch wirkt. Sie lehnt sich auf, spielt nicht brav die Rolle der lächelnden Femininität, will selbst bestimmen, wie sie auftritt. Aber auch sie bleibt gefangen in einem System, das auf männlicher Macht und heterosexuellen Normen basiert. Mädchen sollen gleichzeitig fürsorglich und durchsetzungsstark sein, sexy und erfolgreich, begehrenswert und trotzdem souverän. Laut McRobbie eigne sich die postfeministische Frau einen weiblichen Phallizismus an. Sie übernehme dabei sexuell-männliche Verhaltensmuster und glaube dadurch, in Geschlechtergleichheit zu leben. Das ist ein Widerspruch, der viele zermürbt, weil man die Regel eines Systems versucht nachzuahmen, das nicht für einen selbst geschaffen ist.[21]

McRobbie fragt also nicht nur, wie viel Macht junge Frauen heute haben, sondern auch: Wie frei sind sie wirklich, wenn diese Macht nur durch Leistung, Attraktivität und Anpassung funktioniert? Und was passiert, wenn sie sich entscheiden, nicht mitzuspielen? Und die für mich vielleicht wichtigste Frage: Was ist, wenn man eben kein Phallic Girl sein will? Wenn man keinen Bock auf Begehren, auf Dates, auf Performances, auf Spielzeuge oder Selbstoptimierung hat? Wenn man nicht neugierig ist, sondern einfach neutral? Dann fällt man durch das Raster. Man passt nicht mehr in die Ästhetik dieser neuen feministischen Coolness. Keinen Bock zu haben wirkt plötzlich wie ein Bruch mit dem Fortschritt, wie ein Rückschritt oder gar ein Verrat.

Sex sells

Es klingelt an meiner Haustür. Der DHL-Bote drückt mir schlecht gelaunt ein Paket in die Hand.

»Hier, Handyzubehör«, brummt er dabei und zitiert damit, was groß auf das Paket gedruckt ist. Sein Blick wird weicher, als er auf das Klingelschild neben meiner Wohnungstür guckt. »Popov? Ruski?«

Er lächelt, legt den Kopf schief und zeigt auf mich. Er hat wohl kurz die Hoffnung, einer Landsfrau begegnet zu sein. Ich muss ihn enttäuschen.

»Ne, Bulgarski«, sage ich und mache die Tür zu.

Was er vermutlich nicht weiß: »Handyzubehör« ist ein Code für Sexspielzeug. Bei der Bestellung der Online-Shops meiner Wahl kann ich auswählen, welcher Absender auf dem Paket stehen soll, zur Tarnung, damit der Postbote und die ganze Welt ja nicht wissen, von wem das Paket wirklich kommt. Heute würde ich nicht mehr heimlich im Internet bestellen, sondern spaziere zum Shoppen von Sexspielzeug ganz ungeniert in einen Laden. Immer wieder habe ich mich aber dabei gefragt: Wenn Sexpositivität kapitalisierbar geworden ist, wie in dem boomenden Markt für Sexspielzeuge, wer profitiert dann wirklich von diesem Hype? Die Industrie oder die Nutzer*innen? Viele Frauen erleben dadurch ihren ersten Orgasmus, gleichzeitig stecken hauptsächlich männliche CEOs von riesigen Konzernen dahinter.

Foucault, der Popstar unter den Wissenschaftlern, die sich mit Sex und Macht beschäftigt haben, hätte das vermutlich belustigt beobachtet. Für ihn war Sexualität nie nur Unterdrückung oder Befreiung, sondern ein Machtinstrument, das sich ständig wandelt. Die Frage ist vielleicht nicht, ob wir sexpositiv oder sexnegativ sind – Stempel drauf, fertig –, sondern unsere Aufgabe ist es, genauer hinzusehen, wer von der jeweiligen Erzählung profitiert. Versteht mich nicht falsch: Dass weibliche Lust viel besprochen wird, ist ein Riesenfortschritt. Dass diese Lust aber immer noch einer ökonomischen oder patriarchalen Logik unterworfen wird, zeigt: Befreiung ist nicht gleich Freiheit.

Wem die sexuelle Befreiung schon seit den 60ern vor allem dient, sind Männer der weißen Mittelschicht. Kapitalismus und Patriarchat haben schnell verstanden, dass Sex nicht nur als Mittel der Kontrolle funktioniert, sondern auch als Ware. *Sex sells* halt! Unternehmen haben Sexpositivität als Marketingstrategie entdeckt: Frauen in Spitzenunterwäsche verkaufen teure Parfums. Dating-Apps nutzen das Narrativ der selbstbestimmten sexuellen Freiheit, um Menschen in ein

Konsumkarussell zu ziehen, in dem man Matches sammelt wie Artikel in Warenkörben. Die Schönheitsindustrie dreht sich um den »sexuell attraktiven« Körper, der mit Produkten, OPs und Filtern optimiert werden muss. Wer sich nicht sexy fühlt, kauft sich das Gefühl. Und ein weiteres Beispiel für ein Produkt der sexuellen Befreiung, das hauptsächlich Männern und teilweise der Degradierung von Frauen diente, war das »Playboy«-Magazin. 1953 veröffentlichte die mittlerweile eingestellte Zeitschrift ihre erste Ausgabe und wurde schnell zu einem kulturellen Symbol der sexuellen Befreiung. Doch trotz einer vermeintlich liberalen Haltung war die Definition von Sexualität, die das Magazin propagierte, ausgesprochen konservativ: Frauen mussten heterosexuell, blond und üppig sein, sexuell bereit erscheinen und einen unstillbaren sexuellen Hunger verspüren. All das für den Male Gaze, den männlichen Blick.[22]

In einem Aufsatz für die Bundeszentrale für gesundheitliche Aufklärung schreibt die Psychotherapeutin Claudia Haarmann über die negativen Folgen der sexuellen Revolution und kommt zu dem Schluss: »Natürlich kennt die sexuelle Revolution auch echte Gewinner. Das sind die Medien-Unternehmen. Sex sells. Allein die Pornoindustrie setzt weltweit etwa 100 Milliarden Euro jährlich um. Dazu kommen Fernsehen, Kino, Internet, Werbung. Alle medialen Kanäle suggerieren: Der moderne Mensch ist heiß, überaus aktiv und lebt erfüllten Sex.«[23] Und auch Medienwissenschaftler*innen haben untersucht, wie werbe- und profitorientierte Medien die Darstellung von Sexualität verstärken. Die sogenannte Übersexualisierung beschreibt die zunehmende Präsenz und Bedeutung von Sex und Sexualität in öffentlichen und privaten Bereichen.[24] Diese Entwicklung zeigt sich in verschiedenen Medienformaten: Zeitungen und Magazine setzen zunehmend auf sexualisierte Inhalte, Musikvideos nutzen oft übertriebene Darstellungen von Körperlichkeit, in Fernsehserien sowie Videospielen spielt Sexualität eine immer größere Rolle, und in der Werbung wird Sex als Verkaufsstrategie eingesetzt.[25] Auch in Songtexten, im Internet und selbst in der Gestaltung von Produkten wie Kleidung spiegelt sich dieser Trend wider. Die steigende mediale Präsenz von Sexualität beeinflusst sowohl gesellschaftliche Normen als auch individuelle Wahrnehmungen von Körperlichkeit und Geschlecht.[26]

Bei der Frage, wem die sexuelle Revolution und sexpositive Bewegung dient, kann man eine Antwort nicht ignorieren: Männern – nicht nur Hugh Hefner mit seiner Playboy-Villa. Männern mit lackierten Fingernägeln, die Feminismus-T-Shirts tragen, um im Club leichter mit Frauen ins Gespräch zu kommen. Selbsternannten »männlichen Feministen«, die sich das Label umhängen, weil es ihnen sexuell nützt. Die, die in feministischen Räumen sagen: »Ich als Mann möchte euch empowern, eure Lust zu entdecken.« Aber Frauen anschließend weibliche Lust mansplainen und sich dann wundern, wenn sie keine Dankbarkeit, sondern ein genervtes Augenrollen ernten.

Als ich mit ungefähr 15 fand, dass ich alt genug war, die Mädchenzeitung gegen das Frauenmagazin einzutauschen, fiel meine Wahl auf die *Cosmopolitan*. Titel wie »30 Wege, ihn glücklich zu machen«, »12 Dinge, die du mit einem nackten Mann tun kannst« oder »8 Tipps für den perfekten Blowjob« sagen schon alles. Rezepte und Haushaltstipps wurden abgelöst durch Anleitungen für Blowjobs, Flirttipps und Aromagleitgel-Empfehlungen. Der Fokus ist gleich geblieben: Es geht darum, es vor allem Männern recht zu machen und ihre Bedürfnisse bestmöglich zu erfüllen. Nur, dass es jetzt um Lust statt um Komfort und Haushaltsführung geht. Das Arschlecken ist buchstäblich geworden, und das Phallic Girl ist mittendrin ganz nach dem Motto *»Lick my pussy and my crack«*[27]. Frauen sollen Männer immer noch glücklich machen, aber mühelos dabei wirken. Ich habe mit Frauen gesprochen, die jahrelang unter Schmerzen beim Sex litten und ihren Partnern nichts sagten. Und mit Frauen, die nach One-Night-Stands abgetrieben haben, ohne den Männern davon zu erzählen, weil man zwar den Körper teilen soll, aber die Tatsache, dass dieser Körper schwanger werden kann, zu viel Verantwortung bedeutet hätte.

Also bin ich jetzt sexpositiv oder sexnegativ? Finde ich etwa, das viele Reden über Sex habe nichts gebracht? Das wäre eine sehr traurige Erkenntnis, da ich selbst sexuelle Aufklärung im Internet als Moderatorin und Redakteurin gemacht habe und gerade ein ganzes Buch über Sex beziehungsweise Kein-Sex schreibe.

Foucault sagte damals schon, es war nicht das Schweigen, das Sexualität regierte, sondern das permanente Reden über sie. Nicht das Verbot, sondern die Regulierung. Nicht die Repression, sondern die Reproduktion. Diese These lässt sich heute, Jahrzehnte später, verblüffend gut auf den Hype um Sexpositivität übertragen. Die Versprechen sind groß. Endlich dürfen wir über Lust sprechen, über Kinks, über Polyamorie und Konsens. Es gibt OnlyFans, Vulvenohrringe, Druckwellenvibratoren. Alles wirkt offen, fluide, empowernd. Und doch spüren viele: Da klemmt was. Denn obwohl wir so viel reden, teilen, feiern, aufklären, erleben viele Menschen keine echte Freiheit in ihrer Sexualität. Stattdessen gibt es nur ein neues Set an Erwartungen. Die Neugierde wird zur Norm, und wer keinen Sex hat, wird nicht nur beschämt, sondern pathologisiert. Wer keine Lust hat, muss das begründen. Auch hier wird unter dem Deckmantel der Befreiung weibliche Lust kontrolliert. Wer sexuell befreit ist, soll bitte auch performen und verfügbar sein, sich auskennen und Grenzen setzen können (aber bitte nicht zu viele). Sexarbeiter*innen sollen bitte selbstbestimmt und feministisch sein und sich nicht beschweren, wenn ihre Grenzen überschritten werden.

Keine Frage: Sexpositivität hat viele Türen geöffnet, aber wir sollten nicht so tun, als wären wir alle schon durch sie hindurchgegangen. Solange Freiheit an Leistung, Sichtbarkeit und Marktanpassung gekoppelt bleibt, so lange brauchen wir Feminismus. Nicht als Moralinstanz, sondern als Werkzeug, um hinter das zu schauen, was uns als »natürlich« verkauft wird.

In ihrem Buch »Ace« beschreibt Angela Chen, wie dieses Spannungsfeld Asexualität unterdrückt und bis heute viele Debatten über Sexualität prägt. Sie unterscheidet zwischen zwei Formen von Freiheit: der Freiheit *für* etwas und der Freiheit *von* etwas. Sexpositive Feminist*innen kämpften zu Recht *für* die Freiheit: also für das Recht, Sex zu haben, Lust zu empfinden, das Gleiche zu dürfen wie Männer – ohne Scham, ohne Doppelmoral. Aber ebenso berechtigt sei die Kritik der Anti-Sex-Position: die Freiheit *von* sexueller Objektifizierung, von gesellschaftlichem Druck, begehrenswert sein zu *müssen*, und von der Vorstellung, dass Sex per se etwas Gutes ist. Beides sind notwendige Perspektiven, und doch wurde die zweite oft überhört. Unter anderem deshalb wird die Pro-versus-Anti-Sex-Debatte gerade wieder entfacht.

Interessanterweise ist eine Seite der Sex-Debatte heutzutage besonders laut: die der konservativen Feminist*innen. Sie argumentiert, dass der moderne, der woke Feminismus in Sachen Sex noch mehr gescheitert sei als die sexuelle Revolution an sich. Sie wollen zurück zu einem konservativeren Wertesystem, das anerkennt, dass Männer und Frauen biologisch unterschiedlich seien und Sex in eine Ehe gehörte, weil das Frauen vor ungewollter Schwangerschaft, Geschlechtskrankheiten oder sexualisierter Gewalt schützen würde.[28] Dem stimme ich absolut nicht zu, aber ich finde es wichtig, diesen Punkt näher zu betrachten. Denn ich bin ganz sicher, dass diese Position in den nächsten Jahren immer lauter werden wird.

Eine solche konservative Stimme ist die britische Journalistin Louise Perry. In ihrem Buch »The Case Against the Sexual Revolution« stellt sie eine provokante These auf: Die sexuelle Befreiung, wie sie der liberale Feminismus predigt, sei keine Errungenschaft, sondern ein Trugbild – ein Mythos, der vor allem Frauen schade. Perry sieht in der Hook-up-Kultur eine Form moderner Ausbeutung, bei der Frauen zum Konsumgut und zu emotionalem Kanonenfutter für männliche Lustbedürfnisse werden. Ihre Schlussfolgerung: zurück zur sexuellen Zurückhaltung, zur Monogamie, zur Ehe als sicheren Hafen für Frauen.[29]

Was auf den ersten Blick wie ein feministisches Anliegen klingt – Frauen vor Gewalt zu bewahren, emotionale Selbstachtung zu stärken, Grenzen zu respektieren –, schlägt bei Perry schnell in eine sexualmoralische Erzählung um. In der wird männliche Sexualität als gefährlich dargestellt und weibliche Sexualität als verletzlich. Sie plädiert dafür, dass junge Frauen keinen Sex haben sollten, solange sie sich nicht sicher sind, ob sie mit dem Mann auch Kinder wollen würden. Konsens allein reicht für sie nicht aus, um eine sexuelle Begegnung als legitim oder gesund zu begreifen, vor allem nicht in einer von Pornografie geprägten Kultur, die ihrer Meinung nach junge Menschen systematisch desensibilisiert.

Dabei knüpft Perry an reale Missstände an: an Gewalt, Ausnutzung, emotionale Leere, unreflektierte Machtdynamiken. Und sie hat recht, wenn sie sagt, dass bestimmte Aspekte der sogenannten Sexpositivität, etwa die Verharmlosung männlicher Dominanzfantasien in Hardcore Pornos, einer kritischen feministischen Analyse kaum standhalten. Doch anstatt strukturelle Machtverhältnisse zu hinterfragen oder sexuelle Bildung und solidarische Praktiken zu fördern, schlägt Perry einen Rückzug in konservative Muster vor.

Feminist*innen wie Louise Perry hadern damit, als »konservativ« betitelt zu werden. Perry bemüht sich, in Interviews klarzustellen, dass sie keine Anti-Liberale ist. Außerdem weist sie den Vorwurf zurück, sie sei schon immer konservativ gewesen. »Ich komme von feministischen Grundannahmen«, erklärt sie im Interview, etwa dem Anliegen, Frauen und Mädchen zu schützen. Aber sie lande nach ihren Erfahrungen in einer Frauenberatungsstelle für sexualisierte Gewalt und nach ihrer Recherche zu den Nachteilen unserer sexpositiven Welt bei einigen gesellschaftlich konservativen Schlussfolgerungen und nennt sich und weitere Kolleginnen »reaktionär und post-liberal«.

Egal, wie man diese neue Bewegung von Feminist*innen nennen möchte, die früher vielleicht als sexnegativ bezeichnet worden wären und sich heute für postliberal halten: Ich gehe da nicht mit. Ich kann nachvollziehen, worauf sich Kritiker*innen an einer bestimmten Form von liberaler Sexualpolitik wie Louise Perrys beziehen. Ihre Erfahrungen in einem Beratungszentrum, ihre Beobachtungen im Umgang mit Sexarbeit, sind real, ernst zu nehmen und für viele Frauen schmerzhaft nachvollziehbar. Ihre Enttäuschung über eine feministische Theorie, die sich in der Praxis manchmal seltsam abgekoppelt von tatsächlichen Lebensrealitäten anfühlt, ist nicht unberechtigt. Trotzdem führt ihr Weg zurück zu konservativen Idealen für mich in eine falsche Richtung. Perry spricht von »Freiheit als Illusion«, und das ist der Punkt, an dem ich aussteige. Nicht weil ich Freiheit für eine bereits verwirklichte Realität halte, sondern weil ich finde, dass wir Freiheit weiterhin notwendigerweise einfordern müssen. Sich jetzt auf konservative Werte wie Keuschheit, Ritterlichkeit oder Ehe zu berufen, ist keine Lösung, sondern ebenfalls nur eine Neuverpackung alter Machtverhältnisse.

Es gibt liberale und linke Feminist*innen, die diesen Widerspruch bereits gesehen, bedacht und bearbeitet haben. Sie haben deutlich gemacht, dass sexuelle Freiheit nicht heißt, alles tun zu müssen, sondern alles tun zu dürfen. Und ich würde sogar einen Schritt weitergehen und verlangen: alles tun zu dürfen, aber auch genauso ermutigt zu werden, nichts tun zu wollen. Und das geht nicht mit alt-neuen Regeln, sondern nur mit der Frage: Wem nützt was, und wer bleibt wieder außen vor? Mein Eindruck von konservativen Feminist*innen ist, dass ihre Lösungen defensive Strategien sind, die meistens nur den Schutz von weißen cis Frauen meinen. Und noch ein Aspekt ist wichtig: Kritik an Übersexualisierung von konservativer und rechter Seite – egal ob von Feminist*innen oder Nicht-Feminist*innen – wird ebenfalls problematisch, wenn sie vorgeben, Kinder und Jugendliche schützen zu wollen. Sie schieben »moralische Schutzgedanken« vor und versuchen, junge Menschen von Sexualität fernzuhalten, indem sie fordern, Sexualkunde an Schulen abzuschaffen oder nur heteronormative Sexualpraktiken zu lehren. [30]

Die Strategien konservativer Feminist*innen führen nicht zu mehr Solidarität untereinander und nicht zu mehr Freiheit, sondern zu neuen Grenzen. Anstatt die Revolution zu einem Irrweg zu erklären, braucht es einen Feminismus, der Lust, Konsens, Machtverhältnisse und emotionale Sicherheit zusammendenkt, ohne Schuldzuweisungen, ohne romantisierte Rückwärtsbewegung. Denn die Lösung liegt nicht in der Rückkehr zur Keuschheit, sondern im Aufbau einer Kultur, in der Sexualität *wirklich* freiwillig ist – und zwar für alle.

Sexpositiv oder einfach neutral?

In »Mansion Song« trägt die Musikerin Kate Nash 2010 ein Gedicht vor. Obwohl »My Best Friend is You« mein mit Abstand meistgehörtes Album in den 2010er-Jahren war, hatte ich diesen Song kein einziges Mal durchgehört. Ich skippte ihn immer auf meinem MP3-Player, der so ähnlich aussah wie ein iPod und der einen kleinen Farbbildschirm hatte, aber nicht so teuer war. In »Mansion Song« kreischte Kate Nash fast die Worte, die ich überhaupt nicht nachvollziehen konnte: *»I wanna be fucked and then rolled over, cause I'm an independent woman of the 21st century. [...] I can get fucked like the best of men, like the worst of pain.«*[31]

2010 habe ich mich unwohl mit dieser laut herausposaunten Sexoffenheit gefühlt, und zehn Jahre später war ich selbst die, die offensiv und tabulos für ein öffentlich-rechtliches Format Sextoys in die Kamera hielt. Jetzt habe ich die Geschichte von Sexpositivität recherchiert und ihre Grenzen aufgezeigt. Ich habe die Kritik von radikalen und selbsternannten postliberalen Feminist*innen nachvollzogen, aber abgelehnt. Wie geht es jetzt weiter? Ich hab's nicht so mit Labels wie sexnegativ, woke oder sonstigen Wörtern, die ausdrücken, ich hätte die Weisheit mit Löffeln gegessen.

Wenn ich ein Fazit ziehen müsste, würde es so lauten: In Sexpositivität steckt für mich persönlich zu viel Sex und zu viel aufgezwungene Positivität drin. Wenn die sexuelle Revolution eine Bewegung wäre, die weibliche Bedürfnisse – oder nennen wir es vielleicht menschliche Bedürfnisse –, zentriert hätte, wie hieß sie dann? Würden wir jetzt von einer »intimitätspositiven« oder einer »sexneutralen« Bewegung sprechen?

Ich würde mich gerne an einer Entwicklung der Body-Positivity-Bewegung orientieren. Sie entstand in den 1960er- und 1970er-Jahren parallel zur zweiten Welle des Feminismus und wollte strukturelle Diskriminierung beenden – nicht Selbstliebe als Pflicht einführen. Besonders durch Social Media wurde daraus später ein Hashtag, der sich immer mehr vom Kern entfernte. Irgendwann wurden besonders Schwarze Aktivistinnen laut wie zum Beispiel Rosen Gay[32], Sonya Renee Taylor oder Da'Shaun Harrison[33], die die Bewegung kritisierten.

Die Ernährungsberaterin und Autorin Anne Poirier schrieb 2015 das Buch namens »The Body Joyful«. Sie war eine der Ersten, die das Konzept der »Bodyneutrality«, der Neutralität gegenüber dem eigenen Körper, populär machte.[34] Bodyneutrality versteht sich als Haltung, die »weder die Ablehnung noch die übermäßige Verehrung unseres Körpers (unserer physischen Erscheinung) unterstützt«.[35]

Eine der wichtigsten deutschen Aktivistinnen ist Melodie Michelberger. In ihrem Buch »Body Politics« schreibt sie über die Positivität: »Je länger ich über Sprache nachdenke, desto problematischer kommt mir der populäre Begriff der Body Positivity vor. […] Was heißt in dem Zusammenhang ›positive‹? Muss ich meinen Körper jeden Tag megageil finden, um dabei sein zu können? Wollen wir nicht lieber daran arbeiten, dass die Körperform keinerlei Relevanz mehr hat?«[36]

Ich denke, wir können hier viel von den Aktivist*innen lernen. In einer Welt, in der Selbstliebe nicht allen Menschen gleichsam beigebracht wird, ist es schwer, diese Liebe zu sich selbst zu erleben. Das ist für den Kein Bock Club genauso.

Die Kritik an Sexpositivität soll kein Aufruf zum Verzicht sein und auch kein neuer Moralstandard. Sie soll nicht Menschen beschämen, die Lust haben, experimentieren oder sich selbst in ihrer Sexualität feiern. Was eine sexkritische Perspektive leisten will, so nennt es auch Angela Chen, ist ein Blick, der sowohl individuelle Selbstbestimmung als auch strukturelle Ungleichheiten mitdenkt. Es geht darum anzuerkennen, dass Begehren nicht neutral ist, sondern gesellschaftlich geformt wird.

Nicht jeder Mensch, der viel Sex hat, ist mutig. Und nicht jeder, der wenig oder keinen Sex hat, ist verklemmt. Ein sexkritischer Feminismus feiert nicht nur die, die wollen, sondern auch die, die nicht wollen – ohne Pathologisierung, ohne Leistungsdruck. Wenn wir Sexualität nicht länger per se positiv bewerten, rücken Intimität, Kontext und gegenseitige Verantwortung in den Vordergrund. Die Kritik an Sexpositivität will also kein Zurück zu Prüderie oder Scham. Sie will ein Weiter zu einer Kultur, in der Lust, Unlust und Neutralität gleichberechtigt nebeneinanderstehen. Damit wir endlich Räume schaffen, in denen alle Platz haben: die, die Bock haben, und die, die einfach keinen Bock haben.

7. Bock und Beziehungen

2017 werden Dilay und ich tatsächlich ein Paar. Wir führen eine richtige, queere Beziehung, wie die Menschen aus den Filmen und Serien, die ich feiere. Ein Mitglied der LGBTQIA+-Community zu sein, machte mich stolz, aber innerlich bin ich total unsicher. Ich fand Sex nicht abstoßend, aber hatte null Erfahrung und wusste nicht, was mir gefiel. Andere Lesben um mich herum taten so, als wäre Sex zwischen Frauen ja so viel einfacher. Mir ging es nicht so, ich fand Sex nicht leicht. Nicht weil ich die Klitoris meiner Beziehungsperson, sondern mich selbst suchte.

Ich werde in diesem Buch die Frequenz meiner sexuellen Aktivität und ob sie sich verändert hat, nicht offen teilen. Ich hoffe, ihr gesteht mir und den Menschen, die Teil meines Liebeslebens waren und sind, diese Privatsphäre zu. Mir gefällt es auch, dass manche Fragen entgegen einer möglichen Neugier von Lesenden offenbleiben. Ich bin der Meinung, dass niemand – auch nicht asexuelle Menschen – jemandem diese Offenheit schuldet. In meine Gedanken- und Gefühlswelt hingegen will ich euch weiterhin mitnehmen.

Während meiner Beziehung zu Dilay fragte ich mich fast jeden Tag, ob ich und meine fehlende Lust eine tickende Zeitbombe waren. Ob meine Beziehungsperson das irgendwann nicht mehr aushielt, ob sie irgendwann aufwachte und merkte, dass ihr etwas fehlte. Ich rechnete aus, wie viele Wochen wir nicht intim miteinander waren, und malte mir aus, wie Dilay mir beichtete, dass they mich betrogen habe. Ich würde dann glauben, dass es nicht böse gemeint gewesen wäre, sondern eher ein natürlicher Reflex, ein Überlebensinstinkt. Ich wusste nicht mal, ob ich wütend sein würde oder ob ich das Gefühl hätte, dass das Unvermeidliche eingetreten wäre. Als wäre es nur eine Frage der Zeit gewesen, weil Sex ein Grundpfeiler sein muss und ein Haus ohne Pfeiler irgendwann einstürzt.

Brauchen Beziehungen Bock?

Es gibt eine unausgesprochene Regel, die in fast allen Ratgebern, Gesprächen und Beziehungsdebatten mitschwingt: Eine gesunde Beziehung braucht Sex. Ohne Bock, so die Annahme, stimmt etwas nicht, und das Beziehungsaus steht in nicht allzu weiter Ferne. Mich hat diese unausgesprochene Regel zerfressen. Erst fühlte ich mich zu haarig, um von Männern begehrt zu werden, dann bemerke ich, dass ich Männer selbst nie begehrt habe. Dann checke ich endlich, dass ich queer bin, aber das große *sexual awakening* bleibt aus. Stau auf der A 4. Stop and Go. Ich verliebe mich das erste Mal heftig, will nie wieder in eine andere Achselhöhle atmen, aber Ohrmassagen finde ich viel schöner als den Oralverkehr, auf den meine hetero Freundinnen neidisch sind.

Als meine beste Freundin und ich mit 23 ein Nachbarschaftsstraßenfest in unserer Heimatstadt besuchen, sitzen wir mit unseren Eltern zusammen auf klappigen Bierbänken. Die

Eltern meiner Freundin prosten sich zu und fordern einander auf, sich bitte in die Augen zu schauen. Schlechten Sex gäbe das, wenn man es nicht täte. Meine beste Freundin kassiert einen mahnenden Blick ihrer Mutter, als ihr rausrutscht: »Mama und Papa schlafen nicht mehr in einem Bett.«

Ich bin ganz verwirrt davon, dass am Tisch der Eindruck entsteht, sie habe ein Geheimnis ausgeplaudert. Ich wusste gar nicht, ob meine Eltern immer in einem Bett schliefen – aber war das wichtig?

Ob die Eltern meiner Freundin – nennen wir sie mal Frau und Herr Zanders, auch wenn das nicht ihre echten Namen sind – guten oder schlechten Sex haben, will ich nicht wissen. Ich schaue ihnen beim Anstoßen auch nicht in die Augen und bin eh davon überzeugt, dass Frau Zanders mein Sexleben scheiße fände. Eine Lesbe? »Wie geht das dann überhaupt?«, würde sie fragen, und dabei würde ihr Ehemann dämlich grinsen und mit beiden Händen Scheren formen, diese unbeholfen ineinanderstecken und damit rumwackeln. Wenn die Zanders nicht so engstirnig wären, würde ich ihnen erklären, wie Lesben Sex haben, dass ihr Mann sich sogar davon eine Scheibe abschneiden könnte. In meiner Utopie würde ich dann sogar sagen, warum ich meistens keinen Bock habe und wie befreiend das für beide Partner*innen sein kann: eine Beziehung, in der Sex nicht aus Pflichtgefühl passiert. Kein Beweis der Liebe in Form von Begehren, das ich simulieren muss. Ich denke an die Nächte, in denen ich und meine Beziehungsperson uns einfach nur an den Händen halten, meine Lippen an deren Schläfe, der Atem ruhig. Ich denke an das Streicheln, an das Halten, an die Stunden, in denen wir uns berühren, aber nichts daran zielgerichtet ist, manchmal mit Orgasmus, manchmal ohne. Eine Nähe, die ohne Erwartungen existiert.

Ich erzähle einer Bekannten – nicht Frau Zanders – beim Kaffeetrinken, dass ich asexuell bin. Meine Bekannte zieht die Augenbraue hoch.

»Kannst du dann überhaupt eine Beziehung haben?«, fragt sie mich.

Ich lache, weil ich erleichtert bin, dass ich eine Beziehung habe, die ich als Beweis vorzeigen kann. Ich funktioniere. Seht her, ich werde geliebt. Ich bin echt. Ich bin normal. Aber dann frage ich mich, was wäre, wenn ich Single wäre. Oder eine 32-jährige sogenannte Jungfrau. Ob mein Dasein dann weniger Gültigkeit hätte? Ob meine Identität weniger glaubwürdig wäre? Ich spüre, wie ich mich gegen diese Gedanken sträube, weil ich weiß, dass sie nur die Norm wiederholen, die ich längst hinter mir lassen wollte. Ich bin mehr als das, ich weiß es. Aber manchmal ist es leichter, sich in die Sicherheit einer Legitimation zu flüchten, als gegen die Unsichtbarkeit anzukämpfen.

Beim Dating habe ich nicht immer das Bedürfnis, über Asexualität zu sprechen. Die Frage stellt sich oft: Muss ich das überhaupt erzählen? Warum sollte ich? Menschen, die sehr viel Lust auf Sex haben, erklären mir ja auch nicht gleich zu Beginn einer Beziehung: »Übrigens, ich brauche mindestens fünfmal die Woche Sex, falls du das nicht verkraftest, lass es lieber gleich.« Sie gehen davon aus, dass ihre Bedürfnisse, ihr Drang nach körperlicher Nähe, normal sind. Und in gewisser Weise ist das auch so. Warum also sollten Mitglieder des Kein Bock Clubs anders fühlen? Warum wird erwartet, dass ich meine eigene sexuelle Identität »offen deklariere«?

Es gibt aber auch diese Momente, in denen ich mich entschließe, darüber zu sprechen. Und es gibt andere Momente, in denen es fast zufällig zur Sprache kommt. Zum Beispiel, weil ich ein Buch darüber schreibe. Viele kennen den Begriff schon, andere wissen gar nichts darüber und fragen schüchtern: »Kannst du mir mehr darüber erzählen, oder soll ich einfach später selbst googeln?«

Eine Reaktion hat mich lange beschäftigt, und ich konnte gar nicht direkt greifen, warum sie mich verletzt: »Ist das nicht normal? Warum muss man allem Labels geben?«, sagte jemand zu mir, nachdem ich von meiner Asexualität erzählte. Da gibt es diese Vorstellung, dass alles irgendwie natürlich ist und wir es einfach laufen lassen sollten, dass man sich doch dann gar nicht erklären oder gar neue Labels erfinden muss.

Labels sind nicht nur ein Werkzeug, um uns zu definieren, sondern eine Möglichkeit, überhaupt verstanden zu werden. Yasmin Benoit gehört zu den bekanntesten asexuellen Aktivistinnen. Sie startete 2019 den Hashtag #ThisIsWhatAsexualityLooksLike, um für mehr Sichtbarkeit von asexuellen Menschen zu sorgen. Sie erzählt in einem Interview mit *AZ Magazine,* warum es für sie wichtig war, sich asexuell zu labeln. Sie beschrieb eine Verzögerung zwischen dem Moment, in dem sie zum ersten Mal das Wort *asexuell* hörte – eine einfache Beschreibung ihrer Erfahrungen, ein Begriff, den manche Fremde im Internet für sich verwendeten –, und dem Moment, in dem sie wirklich begriff, dass dieses Wort eine Bedeutung hat: »Ich dachte: Okay, ich habe jetzt ein Wort. Aber gleichzeitig auch: Weiß oder interessiert sich sonst niemand dafür? Also war es am Ende gar nicht so hilfreich.« Erst als Yasmin im echten Leben andere Schwarze asexuelle Menschen traf, konnte sie wirklich glauben, dass es da draußen andere gibt wie sie, mit einem erfüllten Leben, Teil einer Community, Teil einer Bewegung.[1]

Auch bisexuelle Menschen kennen das, dass ihnen ihre

Existenz – auch von queeren Menschen selbst – abgesprochen wird. »Biphobia« nennt sich das: »Hä, aber du hattest noch nie was mit einer Frau, dann kannst du nicht bi sein«, werfen Menschen ihnen vor. Oder sie sagen: »Aber jeder hat doch auch mal einen Crush auf eine Frau, das ist doch normal.« Nicht-binären trans Personen, die weder Frau noch Mann sind, wird mit dieser Dynamik nicht geglaubt: »Du findest einfach starre Geschlechterrollen doof – das macht dich nicht trans«, heißt es dann.

Sprache schafft Wirklichkeit. Wir erinnern uns an die präliminierende Ungerechtigkeit: Wer nicht von einem Problem weiß, das ihn*sie betrifft, wird keine Sprache finden, sich auszudrücken. Labels zu vergeben bedeutet, ein Problem benennen zu können, um dann darüber zu sprechen. Sonst bleibt es im Dunkeln, bleibt es unter den Teppich gekehrt. Und das hilft niemandem. Nur weil asexuelle Menschen Worte für ihre Sexualität gefunden haben, können sie sich gegen Pathologisierung wehren. Nur weil sie eine Sprache für ihre Erfahrungen haben, können sie sich in Foren wie AVEN, Facebookgruppen und auch analogen Stammtischen mit anderen Gleichgesinnten austauschen.

Aber was passiert, wenn ich selbstbewusst *nicht* erzähle, dass ich vor über zehn Jahren eine Selbstbezeichnung fand, die mir etwas Halt gab? Wenn ich einfach darauf warte, dass es sich irgendwie herausstellt? Ich habe mich dann nicht geoutet, bin durch die Beziehung gegangen, habe mich teilweise angepasst, bin den »normativen« Erwartungen teilweise gefolgt, und dann kommt der Punkt, an dem ich auf einmal merke: Ich bin nicht wie »alle«, nicht in dieser Hinsicht. Ich habe weniger Lust, weniger Bedarf an sexueller Nähe, mehr Bedarf an anderen Formen von Intimität.

Dann folgt ein Gespräch, ich erkläre Asexualität, sage so Sachen wie »Es liegt nicht an dir«, vielleicht herrscht dicke Luft, vielleicht eine ernste, aber liebevolle Umarmung. Eine sehr eindrückliche Reaktion, die nicht nur ich erlebt habe: pure Enttäuschung, Entrüstung. Aus Zweifel wird Vorwurf: Warum hast du das nicht schon viel früher gesagt? Die Erwartung, dass ich meine sexuelle Identität wie ein polizeiliches Führungszeugnis offenlegen muss, das jede*r potenzielle Partner*in einsehen darf, bevor wir eine Beziehung eingehen, ist nicht nur unfair, sondern auch eine Form von unreflektierter Selbstverständlichkeit.

Ein Outing als asexuell im Datingkontext zu erleben bedeutet für viele, sich dem Moment zu stellen, in dem plötzlich die Bedürfnisse einer anderen Person über die eigenen gestellt werden. Und das hat viele Parallelen zu der Erfahrung von zum Beispiel trans Personen beim Dating, die sich entscheiden, ihre Transgeschlechtlichkeit nicht sofort preiszugeben. Es wird erwartet, dass sie sich erklären, dass sie sich selbst outen, als ob jemand anderes ein Recht darauf hat, diese Information zu besitzen, um sich »bereit« zu fühlen. Doch die Entscheidung, ob Outing oder nicht, liegt allein bei den trans Menschen selbst. Es ist ihr Körper, ihre Identität, und es ist nicht die Aufgabe der cis Personen, diese Entscheidung als eine Art von »Pflicht« zu betrachten.

Asexuelle erleben nicht das Gleiche wie trans Menschen, das möchte ich betonen. Es ist in der Regel keine böswillige Diskriminierung des Gegenübers, die dahintersteckt, sondern vielmehr die Verunsicherung, die Unwissenheit und die Unfähigkeit, sich selbst mit solchen Themen auseinanderzusetzen. Wenn ich mich beim ersten Date als ace oute, muss ich nicht befürchten, beschämt, geschlagen oder sogar getötet zu werden – trans Menschen aber leben mit dieser Angst. Die Unsicherheit in Bezug auf Asexualität passiert nicht aus einem tiefen Hass heraus, sondern aus einer gewissen Ignoranz, die darauf beruht, dass sie nicht wissen, wie sie auf diese »andere« Realität reagieren sollen, und weil die Allonorm anzuerkennen, an unserem Weltbild rüttelt.

Ist es denn so logisch, dass Sex zu Beziehungen und zur Natur des Menschen dazugehört? »*I wanna be your vacuum cleaner, wanna be yours*«, heißt es in einem Arctic-Monkeys-Song.[2] Es ist diese Selbstverständlichkeit, dass eine anhaltende Leidenschaft das Herzstück jeder Partnerschaft sei, und wenn sie fehlt, dann ist das ein Problem, das es zu lösen gilt. Dabei ist es ein Mythos, dass sexuelle Lust einfach kommt und plötzlich auf wundersame Weise verschwindet – sie verändert sich. Besonders bei Frauen in hetero Langzeitbeziehungen lässt sich beobachten, dass sie häufiger den Wunsch nach Sex verlieren als ihre männlichen Partner. Das liegt nicht daran, dass Frauen »von Natur aus« weniger begehren. Es liegt an den Strukturen, in denen dieses Begehren stattfindet.

Laut einer britischen Studie gaben 34 Prozent der befragten Frauen an, über einen Zeitraum von mindestens drei Monaten keine Lust auf Sex verspürt zu haben.[3] Besonders häufig trat das bei Frauen auf, die mit ihrem Partner zusammenlebten, also in genau den Konstellationen, in denen Nähe, Vertrauen und Vertrautheit eigentlich ideale Bedingungen für Intimität bilden könnten. Und doch zeigt sich genau dort eine paradoxe Wirkung: Der Alltag, die ständige Verfügbarkeit, Care-Arbeit, mentale Überlastung, Schlafmangel, Missverständnisse und emotionale Distanz lassen sexuelle Lust langsam verdampfen.

Frauen sind in Beziehungen oft diejenigen, die nicht nur

Care-Arbeit leisten, sondern auch emotionale Fürsorge für die Beziehung. Das heißt, sie planen Dates, managen Konflikte, organisieren in Krisenzeiten eine Paartherapie. Wenn dann noch Kinder im Spiel sind, wird der eigene Körper schnell zur Ressource für andere: versorgend, nährend, funktional. Dass dieser Körper gleichzeitig als erotisch, begehrenswert, autonom empfunden werden soll, ist verständlicherweise für viele schwer. Ich spreche im Verlauf meiner Recherche mit vielen Menschen, und gerade Mütter hadern mit der Allonorm und den Erwartungen an sie. Gib Kinder! Gib Nachwuchs! Renten müssen gesichert werden! Pass aber schnell wieder in die Jeans! Sei sexy! Gib Muttermilch, aber auch Blowjob! »*Gib ihm, baby, gib ihm!*«[4]

Wenn Frauen in Langzeitbeziehungen weniger Bock haben, spielt die Art der Kommunikation eine zentrale Rolle: Frauen, die sich gehört, respektiert und emotional verbunden fühlen, berichten seltener von sexueller Unlust. Umgekehrt führen fehlende emotionale Nähe und das Gefühl, nicht verstanden zu werden oder ständig Kompromisse zu machen, dazu, dass Lust versiegt. Es ist also kein Zufall, dass in vielen heterosexuellen Beziehungen Sex zu einer Art Checkliste wird, als wäre es ein weiterer Punkt auf der To-do-Liste zwischen Wäschefalten, Kita-Abholung und Paartherapie – wie soll man darauf Bock haben?

Dazu kommt: Sex ist in unserer Gesellschaft noch immer stark auf Penetration und männliches Begehren zentriert. Wenn Frauen sich darin nicht wiederfinden, wenn sie ihre eigenen Bedürfnisse nicht benennen können oder gelernt haben, dass sie nicht zählen, ist es kein Wunder, dass sie weniger den Wunsch nach Intimität verspüren. Er hat sich noch nie Mühe gegeben, die Klitoris zu finden? Wie soll man darauf Bock haben?

Langzeitbeziehungen brauchen keine wilde Performance im Bett, sie brauchen Räume für Unsicherheiten, Schweigen, Körperveränderungen, neue Fantasien und die Erlaubnis, dass Lust kommen und gehen darf. Frauen verlieren nicht einfach den Bock, sie verlieren oft die Verbindung zu sich selbst in einem System, das ihnen ständig sagt, sie sollen verfügbar, begehrenswert und entspannt zugleich sein.

Dass eine Person weniger Bock hat als die andere, ist ganz normal. Dabei wird kaum hinterfragt, ob ein mögliches Ungleichgewicht überhaupt ein Problem ist oder ob es einfach eine normale menschliche Variation sein kann. Es gibt unendlich viele Faktoren, die beeinflussen, wie oft und wie gerne jemand Sex haben möchte, die hatten wir ja schon: Stress, Zyklus, Medikamente, Selbstbild, Orientierung oder Erschöpfung. Die gesellschaftliche Erwartung liegt bei der Person mit der geringeren Libido, sich an die Bedürfnisse der anderen anzupassen. Sie soll sich öffnen, lockermachen, daran arbeiten, ihre Lust entdecken, mal neue Toys ausprobieren, polyamor sein, besser kommunizieren, Therapie machen, wenigstens blasen, sich nicht so anstellen. In dieser Logik ist wenig Lust per se ein Defizit, etwas, das einer Erklärung und möglichst einer Lösung bedarf. Kaum jemand fragt: Muss daran überhaupt etwas geändert werden? Gibt es hier wirklich ein Problem oder nur eine Erwartung, die wir alle so tief verinnerlicht haben, dass sie uns als selbstverständlich erscheint?

Sex für Kommunikation und Egoboost

Sex in Beziehungen ist weit mehr als ein Ausdruck von Lust oder Anziehung. Durch die Forschung von Cindy Meston und David Buss wurde klar, dass es 237 vielfältige Gründe für Sex sind, und es gibt sicherlich genauso viele Gründe dagegen.

In Partnerschaften dient Sex nicht nur der körperlichen Befriedigung, sondern auch als Mittel zur Versöhnung, zur Bestätigung, zum Ausdruck von Liebe. Sex kann pragmatische Gründe haben oder sogar als Rache eingesetzt werden. Eine besonders interessante Funktion von Sex ist jedoch seine Rolle als nonverbale Kommunikation.

In vielen Beziehungen kann Sex Dinge ausdrücken, die Worte vermeintlich nicht vermitteln können. Nähe, Verlangen, Dankbarkeit oder das Bedürfnis nach Trost können durch Berührung und Intimität transportiert werden, ohne dass darüber gesprochen werden muss. Gerade in langen Beziehungen, in denen Alltagsstress und Routine Gespräche oft erschweren, kann Sex für einige Menschen eine Möglichkeit sein, sich wieder aufeinander einzulassen und ein Gefühl von Verbundenheit herzustellen. Er kann Spannungen lösen und als Brücke dienen, wenn Worte fehlen. Wer viel Bock hat und viel Sex, so könnte man meinen, hat viele Möglichkeiten, nonverbal zu kommunizieren. Doch all das geht auch ohne Bock auf Sex – zum Beispiel durch den Wunsch, neben jemandem einzuschlafen, beim Fernsehen besonders eng zu kuscheln oder eine Knutschsession einzulegen, während die Pizza im Ofen brutzelt.

Wenn Intimität allerdings primär als Kommunikationsmittel genutzt wird und zu wenig verbale Kommunikation stattfindet, liegt darin auch eine Gefahr, und Missverständnisse können entstehen. Während eine Person Intimität als Liebesbeweis sieht, könnte die andere ihn als reine körperliche Entladung betrachten. Ein weiteres Risiko besteht darin, dass Konflikte durch Sex überdeckt werden, anstatt sie wirklich zu lösen. Wenn eine unausgesprochene Erwartung besteht, dass Sex Wogen in der Beziehung glätten soll, kann das langfristig zu Frustration und Entfremdung führen, weil die eigentlichen Ursachen ungelöst bleiben.

Ein ähnliches Problem sehe ich, wenn Sex hauptsächlich zur Selbstbestätigung oder als Ego-Boost dient. Sich begehrt zu fühlen kann ein starkes Bedürfnis sein, und Sex bietet eine unmittelbare Form der Bestätigung. In Maßen kann das gesund sein, wenn es den involvierten Partner*innen Spaß macht und keine starren Erwartungen damit verbunden sind. Doch wenn Sex mit Partner*innen zur einzigen Quelle von Selbstwertgefühl wird oder man ihn einsetzt, um Unsicherheiten zu überdecken, kann das problematisch werden.

In einer patriarchalen Welt wird es besonders Frauen schwer gemacht, den Selbstwert von sich aus zu stärken und nicht von einem Mann abhängig zu machen. bell hooks schreibt dazu in ihrem Buch »Lieben Lernen – Alles über Verbundenheit«: »Eine Frau, die nicht lernt, zuerst ihr psychologisches Bedürfnis nach Akzeptanz zu stillen, wird immer aus einem Mangel heraus agieren. Dieser Zustand macht sie verletzlich und hat oft ungesunde Beziehungen zur Folge. Wenn wir das Risiko eingehen, uns selbst zu lieben, geben uns unsere zunehmende Zufriedenheit und unsere persönliche Macht die Kraft, wenn wir zurückgewiesen oder bestraft werden, weil wir uns gegen konventionelle, sexistische Regeln auflehnen.«[5] Und auch Umut Özdemir – der Psychotherapeut meines wissenschaftlichen Vertrauens – bestätigt durch seine Erfahrung mit Paaren: »Klar, Sexualität ist eine Art von Nähe, die die meisten mit niemandem anderen als ihrem Partner teilen, es geht um Nähe, Akzeptanz und Selbstwert. Und warum ist das so was Besonderes? Meine Geschwister oder besten Freunde kennen mein Gesicht beim Orgasmus nicht. *[Er lacht.]* Es gab eben nur – denken wir uns mal eine Zahl aus – fünf Personen, die mich so schmecken und riechen durften. Das finden viele intim und schön. Trotzdem entsteht dadurch Druck, nicht nur auf den Partner oder die Partnerin, sondern auch auf den Sex an sich. Solang in der Beziehung alles läuft, ist auch Sex als nonverbale Kommunikation super, aber sobald es Unsicherheiten oder Probleme gibt, wird es schwierig.«

Der Druck, sich durch Sex oder die Bestätigung innerhalb einer monogamen Beziehung validiert zu fühlen, kann die Freude daran mindern und zu einer Abhängigkeit führen, die sich negativ auf das Selbstbild auswirkt. Ein klassischer Glaubenssatz ist: Wenn der Partner zwei Wochen keinen Bock auf mich hatte, muss mit mir etwas nicht stimmen, oder er steht heimlich auf seine Arbeitskollegin. Die Politologin Emilia Roig sieht vor allem die Monogamie als Übeltäter und schreibt in dem Buch »Lieben« dazu: »In einer Kultur der Exklusivität wird besitzergreifendes Verhalten als Beweis für die Intensität der Liebe betrachtet. [...] Eifersucht ist Produkt des Knappheitsmythos, denn wer nicht fürchten muss, etwas zu verlieren, wenn die Liebe des Gegenübers sich auch auf andere erstreckt, der wird die Beteuerung, einzig und allein geliebt zu werden, nicht brauchen.«[6]

Allonormative Annahmen sind so tief in unserem gesellschaftlichen Denken verankert, dass Paare, die weniger oder gar keinen Sex haben, sich oft selbst fragen, ob etwas mit ihrer Beziehung nicht stimmt, sogar wenn ihnen eigentlich nichts fehlt. Das Credo lautet: Quantität = Qualität. Und wenn der Sex seltener wird, dann wird die Alarmglocke der Beziehungsprobleme geläutet.

Auch queere Paare sind davor nicht bewahrt. Eine bekannte »Beziehungsdiagnose« in der queeren Community auf Grundlage dieser Annahme ist das »Lesbian Bed

Death«-Phänomen, auf Deutsch: das lesbische Bettsterben. Der Begriff stammt aus der »American Couples Study« von Philip Blumstein und Pepper Schwartz aus dem Jahr 1983.[7] Die Studie zeigte, dass lesbische Paare im Durchschnitt weniger häufig Sex haben als heterosexuelle oder schwule Paare. Während 15 Prozent der verheirateten heterosexuellen Paare seltener als einmal pro Monat sexuell aktiv waren, waren es bei den lesbischen Ehepartnerinnen 47 Prozent. Schwule Paare hatten die höchste sexuelle Frequenz, wobei viele angaben, dass sie mehrmals pro Woche Sex hatten. Daraus wurde die Theorie abgeleitet, dass lesbische Beziehungen mit der Zeit sexuell »verhungern«, dass die Leidenschaft verschwindet und der Mangel an Sex auf tiefere Probleme hinweist. Blumstein und Schwartz stellten außerdem fest, dass lesbische Paare angeblich eine geringere Vielfalt an sexuellen Praktiken aufwiesen als andere Paarformen. Auch das Stereotyp, dass lesbische Frauen schnell zusammenziehen, wurde in der Berichterstattung als Grund herangezogen, um die Sexflaute zu begründen.

Aber wie fundiert sind diese Annahmen wirklich? Die Studie selbst wurde später vielfach kritisiert, unter anderem weil sie auf einer sehr engen Definition von Sex beruhte, nämlich auf der Häufigkeit penetrativer Akte. Spätere Forschungen haben gezeigt, dass lesbische Paare zwar weniger oft Sex haben, ihre einzelnen sexuellen Begegnungen jedoch länger dauern als die von heterosexuellen oder schwulen Paaren. Während heterosexuelle und schwule Paare oft zwischen 15 und 30 Minuten pro Begegnung verbringen, gaben lesbische Paare eine durchschnittliche Dauer von 30 bis 60 Minuten an.[8] Und jetzt das Heftigste: Die Qualität und Intensität der sexuellen Erfahrung wurden in der ursprünglichen Studie von Blumstein und Schwartz gar nicht erst berücksichtigt. Lesbische Frauen gaben nämlich an, dass sie in einer Langzeitbeziehung glücklicher mit ihrem Sexleben sind als heterosexuelle Frauen.

Hier zeigt sich ein klassisches Beispiel dafür, wie nicht nur heteronormative, sondern auch allonormative Vorstellungen unser Verständnis von Sex und Beziehungen verzerren. Während die Heteronormativität lesbische Beziehungen als fehlerhaft ansieht, trägt Allonormativität dazu bei, dass Beziehungen mit wenig Sex automatisch als defizitär betrachtet werden. Und das Beispiel zeigt zudem, dass es nicht nur lesbische Frauen oder asexuelle Menschen sind, die von einem Abbau normativer Vorstellungen profitieren würden. Auch allonormen heterosexuellen Paaren, die unter dem Druck stehen, einer bestimmten sexuellen Frequenz gerecht zu werden, würde der Druck genommen werden, wenn der Fokus mehr auf der individuellen Zufriedenheit als auf der bloßen Quantität liegen würde.

Pflichtprogramm

Immer wenn ich Single bin, finde ich das Konstrukt Ehe abstoßend. »Jaa, genau!«, schreie ich dann, wenn ich Emilia Roigs Worte dazu lese: »Die Ehe normiert Beziehungen und Familie, kontrolliert Sexualität, den Besitz und die Arbeitskraft. Sie ist eine wichtige Stütze des Kapitalismus und lässt uns in binären Geschlechterrollen verharren.«[9]

Sobald ich allerdings zwei Jahre in einer Beziehung bin, ist das anders. Dann sage ich zu einer Person ohne Penis und Samenerguss Sachen wie: »Ich will ein Baby von dir«, während wir Sex mit einem Strap-on-Dildo haben. Halb im Scherz und halb ernst.

Beim Kuscheln danach sprechen wir darüber, was wir bei unserer Hochzeit anziehen würden. Anzug oder Kleid? Das klassische queere Dilemma von femininen lesbischen Frauen wie mir. Ich romantisiere die Vorstellung, »in Weiß« zu heiraten, alle Freund*innen beisammenzuhaben, den heteronormativen Traum zu leben. Wäre schon süß, einen kleinen Walzer mit meinem Papa aufs Parkett zu legen, denke ich mir. Sobald ich wieder Single bin, finde ich die Vorstellung abstoßend und glaube nicht an die Ehe als ultimativen Liebesbeweis – mehr noch: Die Vorstellung engt mich ein, vor allem dass mit einer Ehe Erwartungen einhergehen, denen ich als asexuelle Frau nicht gerecht werde.

Die Ehe hat in Deutschland schon einige Reformen mitgemacht. Die Ehe für alle wurde 2017 eingeführt, und auch wenn Mutti Merkel damals noch dagegen stimmte, sind mittlerweile sogar die meisten Christdemokraten dafür. Der Kreis derer, die von den Privilegien einer Ehe profitieren, hat sich erweitert. Doch mit der Gleichstellung in rechtlicher Hinsicht bleiben auch alte Strukturen erhalten. Denn eine Ehe regelt nicht nur Steuervorteile, Abstammungsrecht oder medizinische Notfallentscheidungen, sondern »Ehegatten sind einander zur ehelichen Lebensgemeinschaft verpflichtet«.[10]

Die Annahme, dass sexuelle Befriedigung eine Norm und eine Verantwortung in der Ehe sei, hat ihre Wurzeln tief im strukturellen Ursprung dieses Konzepts. Bis 1997 war Vergewaltigung in der Ehe in Deutschland nur als minderschwere Nötigung strafbar – ein Verbrechen, das vor Gericht oft nicht ernst genommen wurde, weil Sex als Teil der ehelichen Pflicht galt.[11]

Das Gesetz mag sich geändert haben, doch die Vorstellung von sexueller Verfügbarkeit innerhalb einer Ehe ist keineswegs Geschichte. Jede Person, die in Deutschland heiratet, unterschreibt faktisch einen Ehevertrag. Auch wenn in den offiziellen Dokumenten keine explizite »Sexpflicht« mehr zu finden ist, bleibt die Idee der »ehelichen Lebensgemeinschaft« bestehen. Laut juristischer Auslegung umfasst das nicht nur gemeinsame Haushaltsführung oder Unterstützung in Krisen, sondern auch Intimität. Bis 1977 galt bei Scheidungen in Deutschland das Schuldprinzip, das bedeutete: Wer die »ehelichen Pflichten« nicht erfüllte – und dazu gehörte auch das Sexualleben –, konnte als schuldiger Part gelten und wurde finanziell benachteiligt.

Man könnte denken, dass wir uns heutzutage von diesen veralteten Vorstellungen verabschiedet haben. Doch ein erschütternder Fall aus dem Jahr 2025 aus Frankreich verdeutlicht, wie verbreitet die Vorstellung einer sexuellen Bringschuld immer noch ist. Im Januar 2025 sorgte ein Fall, der vor einem französischen Gericht verhandelt wurde, für Schlagzeilen.[12]

Eine Frau hatte sich von ihrem Mann scheiden lassen, nachdem sie über Jahre hinweg den Geschlechtsverkehr verweigert hatte. Das französische Gericht sprach ihr die alleinige Schuld an der Scheidung zu. Der Grund: Ihre sexuelle Zurückhaltung wurde als »schwerwiegender und wiederholter Verstoß gegen die ehelichen Pflichten« gewertet. Das bedeutete konkret: Nicht nur wurde ihre Entscheidung, keinen Sex zu haben, kriminalisiert, sondern sie wurde auch finanziell benachteiligt. Ihr Ex-Partner konnte sich als »Opfer« ihrer Lustlosigkeit inszenieren, und das Gericht sah ihn in der Rolle des Benachteiligten, während die Frau für ihre sexuelle Selbstbestimmung abgestraft wurde.[13]

Erst der Europäische Gerichtshof für Menschenrechte (kurz: EGMR) kassierte das Urteil und stellte klar, dass eine

Ehe niemals als Zustimmung für zukünftigen Sex verstanden werden könne. Das Recht auf körperliche Selbstbestimmung, so das Gericht, sei höher zu bewerten als veraltete Vorstellungen von ehelicher Verfügbarkeit. Frankreich wurde wegen der Verletzung von Menschenrechten verurteilt. Doch allein die Tatsache, dass es dieser Fall vor ein europäisches Gericht schaffte, zeigt, dass die Sexpflicht als Idee noch lange nicht aus der Welt geschafft ist.

Die Scham, dem oder der Partner*in im Bett nicht zu genügen, ist kein individuelles Problem, die Scham ist strukturell. Die Annahme, dass Sex in der Ehe eine unausweichliche Norm sei, macht es für viele schwer, die eigenen Grenzen zu setzen. Jede zweite Vergewaltigung findet in der eigenen Partnerschaft oder Ehe statt.[14] Wer keinen Sex möchte oder nicht dieselbe Libido wie die Partner*innen hat, wird als Problemfall gesehen.

Diese Denkweise beruht auf der Annahme, dass es, wenn die Person mit weniger Lust nicht an sich arbeitet oder das Ungleichgewicht bestehen bleibt, eine Konsequenz geben muss. Zum Beispiel ein Beziehungsaus oder: Fremdgehen.

Die Erzählung ist einfach. Wer zu wenig Lust hat, muss sich nicht wundern, wenn sich der Partner oder die Partnerin woanders sucht, was fehlt. So funktioniere der Mensch nun mal, wird dann gesagt. So funktionieren der Körper, die Evolution, die Biologie, der Trieb. Die Gesellschaft erzählt uns, dass sexuelle Bedürfnisse nicht nur wichtig, sondern essenziell für eine glückliche Beziehung sind. So essenziell, dass ihr Fehlen einen Seitensprung nicht nur erwartbar macht, sondern fast schon rechtfertigt. Aber warum ist das eine Einbahnstraße? Warum wird von der Person mit weniger Lust erwartet, sich dem Bedürfnis nach mehr Sex anzupassen, aber nicht andersherum? Warum ist die Lösung nie, dass die andere Person lernt, mit weniger Sex zufrieden zu sein? Warum ist Kein-Bock-Haben kein akzeptabler Zustand, sondern immer ein Defizit, das behoben werden muss? Wenn Sex zur Beziehungswährung wird, dann gibt es immer eine Person, die zu wenig einzahlt. Und solange wir Lust als festen Bestandteil einer gesunden Beziehung betrachten, werden wir immer diejenigen, die weniger wollen, in die Position bringen, sich zu erklären oder zu verändern. Aber vielleicht wäre der gesündere Ansatz, erst einmal zu fragen: Ist das wirklich ein Problem oder nur eine Norm, die wir nie hinterfragt haben?

Die Entscheidung des EGMR mag ein Fortschritt sein, aber sie zeigt auch, dass es noch ein langer Weg ist, bis sexuelle Selbstbestimmung wirklich als Grundrecht verstanden wird. Denn solange Gerichte, Gesetze und soziale Normen weiter suggerieren, dass eine Ehe eine »Leistungsgemeinschaft« ist, in der Sex als Beweis für Bindung und Liebe gilt, bleibt die Sexpflicht eine unausgesprochene Realität. Dass ein Gericht im Jahr 2025 noch darüber entscheiden muss, ob Frauen ihren Ehemännern Sex schulden, ist der beste Beweis dafür, dass das Private politisch ist. Die Ehe ist ein staatliches Konstrukt, das über Jahrhunderte hinweg zur Regulierung von Sexualität diente. Auch wenn sich Gesetze geändert haben, bleibt das kulturelle Skript bestehen: Sex gehört zur Ehe, und wer sich dem entzieht, bricht einen unausgesprochenen Vertrag. Wenn Menschen weniger Sex haben oder sich gegen Intimität entscheiden, wird das immer noch als gesellschaftliches Problem betrachtet. Der Kein Bock Club wird als Gefahr für Beziehungen inszeniert, als Zeichen von Beziehungsunfähigkeit oder sogar als Grund für das Ende von Partnerschaften. Dass sexuelle Lust jedoch keine Verpflichtung oder Ausrede sein darf, ist immer noch ein radikaler Gedanke – also ein notwendiger.

Eigenartig, oder? Wir alle hatten schon mal keinen Bock, aber Schlagzeilen, Richter*innen oder Politiker*innen sind bestürzt über sexuelle Unlust. Wenn der Kein Bock Club wächst, wird das als Bedrohung für soziale Bindungen gesehen, aber auch für den Erhalt einer Gesellschaft und der zukünftigen Arbeitskraft.

In der Vergangenheit wurden sinkende Geburtenraten mit gesellschaftlichen Veränderungen wie der Emanzipation und dem Zugang zu Verhütungsmitteln in Verbindung gebracht. Diese Entwicklungen führten zu Ängsten vor einem Schrumpfen der Bevölkerung und den damit verbundenen wirtschaftlichen und sozialen Konsequenzen.[15]

Focus Online beispielsweise titelte im November 2024: »Was wir ändern müssen, damit Deutschland wieder mehr Kinder bekommt«. In dem Artikel heißt es: »Niedrige Geburtenraten in Gesellschaften, die gleichzeitig eine immer höhere Lebenserwartung haben, sind eine ernst zu nehmende Herausforderung. Um den Sozialstaat zu finanzieren, braucht es immer wieder neue, engagierte Kräfte, die ein Wirtschaftswachstum sichern. Zuwanderung kann nur ein Teil der Lösung sein.« Doch statt ein Rentensystem aus den 50er-Jahren zu reformieren oder Deutschland attraktiver für Einwander*innen zu machen, setzt man eher aufs Bumsen.

In einer modernen Gesellschaft, in der Intimität und Verbindung nicht notwendigerweise auf sexueller Aktivität beruhen, gewinnen platonische Beziehungen, gemeinschaftliche Lebensformen und alternative Bindungsmodelle an Bedeutung. Sie bieten neue Wege, Nähe und Anerkennung zu erfahren. Durch die Gegenbewegung, die Frauen wieder dazu bringen will, mehr Kinder zu gebären, offenbart sich eine gesellschaftliche Besorgnis über abnehmende sexuelle Aktivität. Indem wir jedoch ein breiteres Verständnis von menschlicher Verbindung und Intimität fördern, können wir diese Ängste adressieren und Raum für vielfältige Ausdrucksformen von Nähe und Anerkennung schaffen.

Die enge Verknüpfung von Sex und Monogamie beeinflusst massiv, als wie beziehungsfähig Menschen wahrgenommen werden, die weniger Lust auf Sex haben – also auch die Mitglieder des Kein Bock Clubs. In einer Gesellschaft, in der körperliche Intimität als Grundpfeiler romantischer Beziehungen gilt, wird schnell die Annahme getroffen: Wer keinen oder wenig Sex will, kann keine funktionierende Partnerschaft führen. Denn wenn Liebe ohne Sex angeblich nur Freundschaft ist, was bleibt dann für Menschen übrig, die einfach weniger Lust empfinden?

Aber heißt das automatisch, dass ich Monogamie ablehne? Teilweise. Monogamie, also die exklusive romantische und sexuelle Verpflichtung zwischen zwei Personen, ist für viele der Standard und funktioniert für viele Beziehungen, aber sie kann auch eine enorme Belastung sein. Vor allem dann, wenn in einer Beziehung eine Person mehr Lust hat als die andere. In dieser Konstellation liegt der Druck oft bei der Person mit weniger Bock, sich anzupassen oder sich verantwortlich zu fühlen. Hier kann es hilfreich sein, Monogamie zumindest zu hinterfragen. Denn wenn Exklusivität zur Erwartung wird, dann richtet sich Monogamie in der Praxis oft nach der Person mit mehr Bedürfnis nach Sex – also nach dem Menschen mit mehr Bock. Für Menschen mit weniger Lust kann das auf Dauer belastend sein: Sie stehen unter Druck, Erwartungen zu erfüllen, die nicht ihren eigenen Bedürfnissen entsprechen.

Eine mögliche Alternative könnte Polyamorie sein – also die Praxis, mehrere romantische oder sexuelle Beziehungen gleichzeitig zu führen, mit der Zustimmung aller Beteiligten. Gerade für Mitglieder des Kein Bock Clubs klingt das zunächst verlockend: Wenn die eigenen Partner*innen weitere Beziehungen haben dürfen, fällt möglicherweise der Druck weg, allein für alle Bedürfnisse verantwortlich zu sein. Für viele Paare, die offen über ihre Bedürfnisse und Unterschiede sprechen, kann das die Lösung sein. Im Idealfall muss niemand mehr gegen den eigenen Körper oder das eigene Bedürfnis handeln, nur um den*die Partner*in »glücklich« zu machen. Das kann enorm entlastend sein und ermöglicht im besten Fall, dass Beziehungen nicht an unterschiedlichen Bedürfnissen scheitern müssen.

Aber: Polyamorie ist auch kein Selbstläufer und kein »Quickfix«. Eine Beziehung mit einer Person gut zu pflegen erfordert bereits Zeit, Energie und emotionale Arbeit. Mehrere Beziehungen parallel zu führen multipliziert diese Anforderungen. Eine Beziehung allein zu öffnen wird nicht allonormative Erwartungen beseitigen. Es braucht viel Reflexion, Gespräche und Arbeit.

Zudem bleibt auch in polyamoren Konstellationen oft ein unsichtbarer Erwartungsdruck bestehen: Zwar darf jede*r mehrere Beziehungen führen, doch häufig dominieren auch hier Menschen mit höherem sexuellem Bedürfnis die Dynamiken. Wenn Polyamorie nicht bewusst gestaltet wird, besteht die Gefahr, dass diejenigen mit weniger Lust auf Sex auch weniger Raum bekommen, über Bedürfnisse zu sprechen.

Was für mich so gar keinen Sinn ergibt, sind offene Beziehungen, bei denen eine Paarbeziehung bestehen bleibt, aber sexueller Kontakt mit anderen erlaubt ist. Beim Daten machen dann viele die Grenze bei romantischen Gefühlen. Die Vorstellung, dass das die perfekte Lösung ist, um Sex und Liebe zu entkoppeln, überzeugt mich nicht. Wenn ich kritisiere, dass Sex und Liebe gesellschaftlich zu eng miteinander verknüpft sind, dann ist für mich die Lösung nicht, einfach nur den Sex auszulagern. Denn wie realistisch ist das eigentlich? Nur Sex mit anderen zu haben, aber dabei strikt jede Intimität, Liebe, Erwartungen, Eifersucht und emotionale Verbundenheit auszuschließen? Die Person, die viel Bock hat, darf frei drehen, und die, die wenig Bock hat, soll sich nicht ausprobieren, weil sie hat ja keinen Bock? Die Trennung von Sex und Liebe in diesem Sinne ist nicht nur unrealistisch, sondern auch eine seltsame Gewichtung. Warum sollte gerade Sex das Einzige sein, das man auslagert? Wie kann ein einzelner Aspekt einer Beziehung so zentral sein, dass alles andere dagegen verblasst?

Emilia Roig schreibt zu der Verbindung von Liebe und Sex, dass sie tief in patriarchalen Strukturen verwurzelt ist. Sex wird oft nicht als etwas Eigenständiges betrachtet, sondern automatisch mit romantischer Liebe verknüpft. Diese Verschmelzung ist jedoch kein Zufall, sondern dient der Kontrolle weiblicher Sexualität und der Aufrechterhaltung patriarchaler Machtverhältnisse.[16]

Deshalb fordert sie dazu auf, die Selbstverständlichkeit dieser Verbindung zu hinterfragen: Liebe und Sex können zwar gemeinsam auftreten, aber dass sie voneinander abhängig sind, ist ein sexuelles Skript, dass nicht naturgegeben ist. Ihre Entkopplung hat weitreichende gesellschaftliche Konsequenzen.

Zum einen wird damit die Vorstellung infrage gestellt, dass romantische Beziehungen die Hauptquelle sexueller Erfüllung sein müssen. Zum anderen ermöglicht es, menschliche Beziehungen in all ihrer Vielschichtigkeit und individuellen Ausprägung zu betrachten, anstatt sie in starre, vordefinierte Muster zu pressen.

Ob Monogamie oder Polyamorie der Weg für ein Paar ist, ist super individuell, egal, ob die Personen in ihrem Bock auf einer Wellenlänge sind oder nicht, ob beide viel Bock haben oder beide wenig. Deswegen gehe ich nicht intensiver darauf ein, weil es dazu schon tolle Literatur gibt. Mir geht es außerdem auch nicht darum, eine bestimmte Beziehungsform als überlegen zu erklären. Vielmehr frage ich mich: Warum ist die Alternative zu Monogamie oft nur eine Variante, in der Sex immer noch eine zentrale Rolle spielt, aber anders organisiert wird?

Wir könnten Beziehungsmodelle neu denken, in denen Intimität, Verbindlichkeit und Nähe auch ohne oder mit wenig Sex eine selbstverständliche Option sind. In denen auch nicht-sexuelle Beziehungen und Freundschaften gleichwertig sind. Vielleicht wäre das die eigentliche Revolution: eine Beziehung zu führen, ohne dass Sex die Währung ist, an der ihre Bedeutung und Ernsthaftigkeit gemessen werden. Dann könnte ihr Wert auch an anderen Dingen gemessen werden, zum Beispiel daran, wie oft man eine Ohrenmassage bekommt.

8. Friendzone / Lovezone

Ich sollte eigentlich Bewerbungen schreiben oder mich näher mit Wegen in den Journalismus beschäftigen, aber stattdessen sitze ich im Park. Es ist einer der letzten Sommertage meiner Studienzeit, bevor ich mit Dilay in unsere erste gemeinsame Wohnung nach Berlin ziehe. Mit dem Rücken lehne ich an der Slackline, die meine Freunde gespannt haben.

»Viermal richtiges Bier für die Jungs und ein Radler für die Popov, wie immer?«, hatten meine beiden Freunde gefragt und waren nach einem zustimmenden Nicken aufgebrochen, um Bier holen zu gehen. Mit meinem besten Freund Vinh bin ich zurückgeblieben. Nach und nach reißt er abwechselnd die langen Grashalme um uns ab und streicht sich dann wieder nervös durch seine dicken schwarzen Haare, die er so lang hat wachsen lassen wie Ruffy aus OnePiece.

»Das mit dir und Yasemin ist schon lange keine normale Freundschaft mehr«, sagt Vinh zögerlich, während er Rasenmäher spielt.

Er hatte mich gefragt, ob ich wieder mit zu Rock am Ring kommen wollte, aber ich hatte ihm abgesagt, weil es meiner besten Freundin Yasemin psychisch nicht gut ging und ich für sie da sein wollte. In Vinhs Tonfall liegt mehr Schwere, als eine einfache Enttäuschung über die spontane Absage begründen könnte.

»Ich verstehe es halt nicht«, schiebt er schulterzuckend nach.

Ein Knoten formt sich in meinem Bauch, und ich pikse mir mit dem Fingernagel des Daumens in den Mittelfinger, um mit den Abdrücken Halbmonde in meine Haut zu malen. Was soll dieser Vorwurf überhaupt heißen? Yasemin ist halt meine beste Freundin, und Vinh ist mein bester Freund. Soll ich mich dafür entschuldigen, dass ich sie durch die Uni jeden Tag sehe und Vinh nur zum Saufen treffe? Soll ich mich dafür entschuldigen, dass sie depressiv ist und mich braucht?

Das Echo meines Schweigens übertönt jedes Kinderkreischen im Park. Das Rascheln der Blätter erinnert uns daran, dass ein kalter Wind auf uns wartet. Meine Gedanken beginnen, wie offene Tabs in meinem Kopf miteinander zu konkurrieren. Ich hatte immer gedacht, Vinh und Yasemin verstehen sich gut. Wir hörten in Vinhs Auto gemeinsam die neue CD von Bloc Party, hatten eine WhatsApp-Gruppe und Insiderwitze über Herr der Ringe, die nur wir drei verstanden.

Vinhs Eifersucht, die in seinen Worten lag, sickert ihm als schwarze klebrige Masse aus dem Mund, läuft an seinen Klamotten herunter auf die Picknickdecke und umschlingt meine Füße. Er nuschelt vor sich hin und beschreibt, wie enttäuscht er sei, dass wir nicht zusammen bei unserer gemeinsamen Lieblingsmusik tanzen werden.

Wie undeutlich kann man bitte sprechen?, denke ich. Und: Warum redet er nicht Klartext?

Als hätte er meine fiesen Gedanken gehört, schaut er mich plötzlich mit starrer Miene an, die Ader auf seiner Stirn tritt hervor:

»Ich will, dass du mir erklärst, wer Yasemin für dich ist und wer ich im Vergleich für dich bin.«

Aus mir platzte es heraus.

»Sei ehrlich, willst du einfach wissen, ob ich etwas für dich empfinde, Vinh?« Er schweigt. »Oder willst du wissen, ob ich in sie verliebt bin?« Immer noch sagt er nichts. »Oder willst du drüber reden, ob ich 'ne Lesbe bin? Frag doch einfach!«

Neben Mary und »Die Popov« war »Rapid Fire Questions« einer meiner Spitznamen. Statt zu sagen, was ich fühle, stelle ich ganz viele Fragen und übernehme das Steuer. Statt Richtung Lösung fahre ich das Gespräch gegen die Wand. Mein Fragenhagel legte sich wie eine Schlinge um Vinhs Hals, aus dem kein Wort mehr herauskommt. Ich schlage vor, ein andermal darüber zu reden, aber dieses andere Mal wird es nicht geben. Ich hatte aus dem Gespräch mit unausgeglichenem Wortanteil bereits mitgenommen, was Vinh zwar nie ausgesprochen hatte, aber zu einer Geschichte wurde, die eine Freundschaft unmöglich machte.

Vinh reihte sich in eine Riege von besten Freunden ein, die ich verlor, weil sie sich in mich verliebt hatten, aber ich mich nicht in sie. Es war ein Muster, das mich im Alter zwischen 16 und 23 Jahren immer wieder in Erklärungsnot brachte. Ich entwickelte einfach keinen Crush auf die Menschen, die mir nahestanden. Wenn sie als beste Freunde taugen, warum dann nicht als Freund – also als Freund-Freund?

Wenn mir ein Kumpel besoffen in den Armen lag und etwas von »Du bist besonders« faselte, war ich ratlos und fühlte mich schuldig. Meine Freundinnen sagten: »Ja, was hast du denn erwartet?«

Ja, was hatte ich erwartet, wenn ich bei Vinh übernachtete und ich am Morgen das vegane Frühstück seiner Mama genoss? Was hatte ich erwartet, als ich ihm besoffen schrieb: »Iiiich hasse karneval, junge. Komm mal her ja?!« Warum war ich von der plötzlichen Realisation, dass mein bester Freund mich liebt, überrascht, wenn er doch seit Monaten sauer war, dass ich die Serie *Dexxter* ohne ihn weiterguckte? Meine Freundinnen fanden, das seien alles eindeutige Signale. Ich fand das eindeutig scheiße.

Meine Zugehörigkeit zum Kein Bock Club hat mir viele Dinge geschenkt, aber eines besonders: Freundschaften. Auch wenn die mit Vinh unser Gespräch im Park nicht überlebt hatte, blieben doch viele übrig. Ich behandle meine engen Freundschaften wie Beziehungen.

Das Tolle an meinen Freund*innen war, dass ich mich ihnen gegenüber nicht schämen musste, weil ich keinen Bock auf Sex hatte. Was nicht automatisch heißt, dass ich mich in meinem Leben nicht schon sehr oft erklären musste. In den vielen Freundschaften zu Männern zum Beispiel war ich oft in der Situation, mein Gegenüber abzuweisen, weil ich die Gefühle nicht erwiderte, weil ich keine schnelle Nummer auf dem Klo schieben wollte oder weil ich ihm nicht zusagen wollte, ihn mit 30 zu heiraten, falls sich sonst niemand bereit erklärt – wie damals in der Serie *How I Met Your Mother*, die häufig das Vorbild für das Beziehungsverhalten meiner Kumpels war. *How I Met Your Mother* erzählt zwar in Ansätzen von der platonischen Freundschaft zwischen Männern und Frauen, bleibt aber meistens doch in romantisch-sexuellen Deutungsmustern verhaftet. Wahre, tiefe Freundschaften ohne romantische Spannung werden selten konsequent gezeigt, und wenn doch, dann meist mit einem Augenzwinkern oder als Ausnahmesituation.

Ich bin die Meisterin der Friendzone geworden, aber habe mich dabei falsch gefühlt. Damit habe ich, bis ich 20 war, so viel Schuld und Scham verbunden. So viele awkward Gespräche und so viel Erklärungsnot, bevor ich selbst die richtigen Worte für mein Datingverhalten hatte.

Die Friendzone ist vermutlich die am stärksten popkulturell aufgeladene Form einer Zurückweisung der 2000er. Sie steht sinnbildlich für die vermeintlich größte »Niederlage« in der zwischenmenschlichen Beziehungsgestaltung: die Sexabsage. Dabei ist das Konzept der Friendzone nicht nur unsinnig, sondern auch problematisch.

Was stellt ihr euch vor, wenn es um das Friendzoning geht? Die Mehrheit wird sich einen Mann vorstellen, der mehr Gefühle für seine Freundin hat als umgekehrt. Im Urban Dictionary, einer Online-Plattform, auf der Nutzer*innen humorvoll und sehr subjektiv umgangssprachliche Ausdrücke und popkulturelle Begriffe definieren, erklärt jemand die Friendzone so: »Das, was du bekommst, wenn du es nicht schaffst, eine Frau, zu der du dich hingezogen fühlst, zu beeindrucken. Meistens beginnt es mit dem Satz der Frau: ›Du bist so ein guter Freund.‹ Oft verbunden mit langen Tagen des Leidens und des dabei Zuschauens, wie dein Schwarm von einer schlechten Beziehung zur nächsten springt.« Ein anderer Kommentator schreibt: »Die Ausrede, die ein Mann benutzt, wenn eine Frau ihn sexuell oder romantisch zurückweist, obwohl er eine ›Belohnung‹ für seine Freundlichkeit erwartet hat.«[1]

Das klingt zwar alles fast ein bisschen lustig, was die Friendzone aber vor allem macht: Sie reduziert Freundschaft auf einen minderwertigen Trostpreis, eine Art zweite Wahl, wenn es mit der romantischen oder sexuellen Verbindung nicht klappt. Warum eigentlich?

Unsere Gesellschaft, durchdrungen von heteronormativen Erzählungen, hat uns beigebracht, Freundschaften zwischen Männern und Frauen stets durch die Linse des »Was wäre, wenn ...?« zu betrachten. Filme wie *Harry und Sally*, *Friends with Benefits* oder *One Day* erzählen uns, dass platonische Verbindungen nie wirklich rein platonisch sind. Entweder sie entwickeln sich zu einer romantischen Beziehung oder sie scheitern daran. Eine platonische Beziehung definiert sich für die meisten nur durch die Abwesenheit von etwas. Abwesenheit von sexueller Anziehung und romantischen Erwartungen zum Beispiel. Wenige Menschen in meinem Umfeld können mir sagen, was eine platonische Beziehung ausmacht, ohne dabei nur das Fehlen von Gefühlen oder Sex zu nennen. Dass ich meine Freundschaften »Beziehungen« nenne, ist schon allein bahnbrechend für viele Menschen. Diese fehlende Sprache für platonische Liebe ist so omnipräsent, dass sie unser Verständnis von Freundschaft und Intimität grundlegend verzerrt hat. Dating Coaches verdienen Geld mit Programmen wie »The Art of getting out of the friendzone«, geben Tipps wie »Antworte nicht direkt auf Nachrichten« oder rufen zu Lügen und Übergriffigkeit auf. Ich würde gerne »The Art of seeing women as human beings« irgendwo lesen, vielleicht würde das helfen.

Angela Chen stellt in ihrem Buch »Ace« die Frage, was romantische von platonischer Liebe unterscheidet, wenn Sex nicht als einziges Kriterium gesehen wird. Auch Wissenschaftler*innen versuchen seit Langem, die emotionalen Komponenten zu identifizieren, die verschiedene Beziehungsformen voneinander abgrenzen. Ein häufig genutztes Modell stammt von der Anthropologin Helen Fisher, die drei Grundbausteine von romantischer Liebe benennt: Verliebtheit, sexuelles Verlangen und emotionale Intimität, die auch als »Bindung« beschrieben wird. Chen argumentiert, dass dieses Modell nicht nur für romantische Liebe, sondern für alle Beziehungsformen aufschlussreich sein kann. Sie betont, dass diese Komponenten in jeder Beziehung in unterschiedlichem Maß vorhanden sein können: viel oder wenig Verliebtheit, starkes sexuelles Verlangen oder gar keins und intensive oder schwache emotionale Bindung. Die Art und Weise, wie diese Emotionen zusammenspielen, prägt das spezifische Gefühl zwischen zwei Menschen. Sie hebt hervor, dass die Kategorien »platonisch« und »romantisch« nicht immer klar voneinander abzugrenzen sind und dass platonische Liebe oft nur durch das definiert wird, was sie nicht ist – weder sexuell noch romantisch. Dasselbe emotionale Erleben kann je nach Kontext als romantische oder platonische Liebe betrachtet werden, aber gesellschaftlich geben wir diesem »Dazwischen« kaum eine Bedeutung.[2]

Die Friendzone ist in diesem Narrativ kein neutraler Raum, sondern eine Bestrafung. Sie vermittelt die Idee, dass ein Mensch nur dann »wertvoll« ist, wenn romantisches oder sexuelles Interesse besteht. Dass Freundschaft allein nicht genug sein kann. Doch genau das ist falsch, und es entwertet eine der schönsten und tiefsten Formen menschlicher Verbundenheit. Eine Freundschaft, die nicht mit romantischen Erwartungen aufgeladen ist, kann Raum schaffen für gegenseitige Wertschätzung und ehrliche Nähe. Das Problem der Friendzone liegt weniger in der Absage selbst, als in den Erwartungen, die oft unausgesprochen mit solchen Beziehungen verknüpft sind. Es wird davon ausgegangen, dass, wenn jemand nett ist oder sich Mühe gibt, diese Bemühungen mit romantischer Zuneigung oder sexueller Anziehung »belohnt« werden müssten. Als sei Freundlichkeit eine Währung, die eine Beziehung erkaufen kann. Doch diese Vorstellung ist nicht nur ungesund, sie ist auch zutiefst manipulativ. Sie stellt Freundschaft nicht als etwas Wertvolles dar, sondern als etwas, das nur dann akzeptabel ist, wenn es »mehr« in Aussicht stellt, oder die der romantischen Liebe immer untergeordnet sein muss. Dabei könnte die Friendzone ein ganz anderer Ort sein: einer, an dem Menschen auf eine Weise zueinanderfinden, die frei von Druck oder Erwartungen ist. Ein Ort, an dem Freundschaft gefeiert wird, nicht als Trostpreis, sondern als gleichwertige – manchmal sogar überlegene Form der Beziehung. Es gibt keine Verpflichtung, jemanden zurückzulieben, der einen liebt. Aber es gibt die Möglichkeit, jemanden als Freund*in zu schätzen – nicht trotz, sondern gerade wegen der Grenzen, die man setzt. Und schon die Spice Girls wussten: *»If you wanna be my lover, you gotta get with my friends. Make it last forever, friendship never ends.«*[3]

Für mich ist die Friendzone nicht das Ende von etwas, sondern der Anfang einer Beziehung, die auf echter Nähe und gegenseitigem Respekt basiert.

Beziehungsformen ohne Bock

Einige Mitglieder des Kein Bock Clubs (Was meint ihr, brauchen wir einen Spitznamen? Bockis?) werden es kennen: Wenn man offen über romantische Beziehungen spricht, die nicht mehr oder nie sexuell waren, werden diese häufig auf die Ebene der Freundschaft herabgesetzt. Menschen, die für eine Phase ihres Lebens keine romantischen Beziehungen führen oder sogar generell keine eingehen wollen, wird pauschal eine »Beziehungsunfähigkeit« diagnostiziert, ohne dass dabei hinterfragt wird, ob sie vielleicht viel wichtigere, platonische Beziehungen zu Freund*innen oder Familienmitgliedern haben. Ich selbst war oft enttäuscht, wenn ich merkte, ich kann die Verliebtheit meines Kumpels nicht zurückgeben. Als hätte mir das Leben die Chance auf das Privileg einer Hetero-Beziehung gegeben, und ich lehnte ab.

Da ich ein Buch schreibe, um zu zeigen, wie Konzepte der asexuellen Community und Wissenschaft hilfreich für alle Menschen sind, möchte ich auch die Lehren der aromantischen Community weitergeben, von der ich viel gelernt habe, ohne dass ich selbst dazugehöre. Zum Beispiel gibt es die Beziehungsform »QPR«: QPR steht für queer-platonische Beziehungen. Gemeint sind enge, verbindliche Beziehungen, die über eine klassische Freundschaft hinausgehen, aber nicht notwendigerweise romantisch sind. Sie können von intensiver emotionaler Nähe, gemeinsamer Zukunftsplanung oder auch körperlicher Intimität geprägt sein – jedoch ohne die romantische Dimension, die in der traditionellen Partnerschaft erwartet wird. Schon in der Literatur des 18. Jahrhunderts spielt diese Art von intensiven Freundschaften zwischen Frauen, die heteronormative Beziehungen infrage stellen oder auch ersetzen, eine große Rolle.[4] Angela Chen beschreibt in »Ace«, dass der queere Aspekt in queer-platonischen Beziehungen sich weniger auf die Dimension des Geschlechts bezieht, als darauf abzielt, soziale Kategorien und Grenzziehungen infrage zu stellen.[5] Der Begriff »queer-platonisch« ist der Versuch, präzisere Worte für die Vielfalt an Beziehungen zu schaffen, die über die gängigen Begriffe hinausgehen. Soziale Labels dienen dabei nicht nur der Beschreibung, sondern haben eine signalhafte Funktion. Sie geben Hinweise auf Erwartungen und Grenzen einer Beziehung.

Angela Chen verdeutlicht das Konzept queer-platonischer Beziehungen anhand eines Beispiels aus der Serie *Grey's Anatomy*, die ich schon fast wieder vergessen hatte, mir aber für die Recherche noch mal angesehen habe: Die Figuren Meredith Grey und Christina Yang hatten weder eine sexuelle noch eine romantische Verbindung, doch ihre Beziehung war von einem außergewöhnlichen Maß an Vertrauen und Verpflichtung geprägt, weit über das hinaus, was üblicherweise zwischen Kolleg*innen oder Freund*innen zu beobachten ist. Das wird in einer zentralen Szene erzählt, in der Christina Meredith als Notfallkontakt für einen medizinischen Eingriff angibt, was ein hohes Maß an Verbindlichkeit und gegenseitiger Fürsorge ausdrückt.[6]

Queer-platonische Beziehungen sind Widerstand gegen Ideologien, die romantische Beziehungen als sozial und politisch vorrangig ansehen. Die Unterscheidung zwischen romantischer und aromantischer Anziehung zeigt, dass Liebe nicht zwangsläufig mit Begierde einhergehen muss. Alloromantische Menschen erleben Anziehung, die sich auf emotionale Nähe und Zweisamkeit konzentriert, oft mit dem Wunsch nach gemeinsamen Zukunftsplänen. Aromantische Menschen hingegen fühlen diese Form der Anziehung selten oder gar nicht, können aber trotzdem tiefe Bindungen eingehen. Diese Differenzierung zeigt, dass unser Verständnis von Beziehungen oft zu eng gefasst ist und an überholte Normen geknüpft bleibt.

Ein anderer Begriff, den ich von der aromantischen Community gelernt habe, ist »Squish«. Damit wird eine platonische Schwärmerei, ein platonischer Crush beschrieben: eine intensive, aber nicht-romantische Faszination für eine andere Person. Ein Squish kann das starke Bedürfnis wecken, mit jemandem Zeit zu verbringen, eine besondere Verbindung aufzubauen oder Nähe zu teilen. Diese Form der Anziehung existiert jenseits der klassischen Unterscheidung zwischen Freundschaft und Romantik und zeigt, dass tiefe Beziehungen nicht zwangsläufig romantisch kodiert sein müssen, um einen intensiven Start zu haben. Auch queer-platonische Beziehungen sind ein Konzept, das in dieser Hinsicht viel zu bieten hat. Sie können Elemente traditioneller romantischer Beziehungen enthalten – wie gemeinsames Wohnen, Fürsorge oder langfristige Verbindlichkeit –, jedoch ohne den Druck, romantische oder sexuelle Erwartungen erfüllen zu müssen. Und egal, ob man es so nennt oder nicht, es macht all unsere Beziehungen besser, wenn wir diese Fürsorge und Erwartung, alle Bedürfnisse zu erfüllen, nicht an die eine romantische Beziehung knüpfen.

Die aromantische Community hat viele Konzepte entwickelt, die nicht nur für sie selbst, sondern für alle Menschen bereichernd sein können. Eine – leider mittlerweile veraltete – Studie zeigte: Mehr als die Hälfte der Frauen (61 Prozent) und über ein Drittel der Männer (35 Prozent) stimmten der Aussage zu, dass sie bereits verliebt waren, ohne dabei ein Bedürfnis nach Sex zu verspüren.[7] Der Bedarf nach Beziehungskonzepten, die sich nicht allein an sexueller Anziehung orientieren, scheint also da zu sein. In einer Gesellschaft, die romantische Liebe als höchste und erstrebenswerteste Form der Bindung betrachtet, wird oft übersehen, dass Freundschaften ebenso intensiv, lebensprägend und erfüllend sein können. Wer seine platonischen Beziehungen mit derselben Aufmerksamkeit behandelt wie romantische Partnerschaften, kann wertvolle, stabile und langfristige Verbindungen aufbauen.

Nicht geschlechtsneutral

Die Friendzone ist nicht geschlechtsneutral – zumindest nicht in der Art, wie wir sie kulturell definieren und weitergeben. Was wir als »romantisch« empfinden, also liebevolle Worte, kleine Gesten, emotionale Fürsorge, körperliche Nähe ohne sexuelle Erwartung, wird in der Regel eher Frauen oder weiblich sozialisierten Menschen zugeschrieben. Schon in Kindheit und Jugend lernen Mädchen, wie man emotionale Intimität pflegt: durch Briefe, Freundschaftsbücher, Umarmungen, Gespräche über Gefühle, Händchenhalten und Aufeinander-Acht-Geben. Sie üben sich in einer Sprache der Zuwendung, die unabhängig von Sexualität funktioniert. Jungs hingegen werden selten dazu ermutigt, auf dieselbe Weise Nähe zu geben oder zu suchen, und sind eher in Gefahr, unter Einsamkeit zu leiden.[8] Einsamkeit hat dabei eine direkte Verbindung zu mentaler und physischer Gesundheit. Studien zeigen, dass einsame alte Männer eher unter einer Suchterkrankung, Herzproblemen oder Depressionen leiden.[9]

Die klassische Rom-Com liefert ein gutes Beispiel: Blumen, Liebesbriefe, Verzicht zugunsten des Gegenübers: alles Ausdrucksformen von Liebe, die als besonders rührend gelten, wenn sie von Männern kommen, aber als selbstverständlich wahrgenommen werden, wenn sie von Frauen gezeigt werden. Die Idee, dass Liebe Fürsorge bedeutet, Präsenz, Zuhören, kleine Aufmerksamkeiten – das sind Kompetenzen, die im sozialen Verständnis tendenziell dem weiblichen Geschlecht zugeschrieben werden.

In heteronormativen Beziehungen spiegelt sich das deutlich wider. Die Frage »Warum meldet er sich nicht?« wird zum Dauerthema. Dabei steckt oft keine persönliche Ablehnung dahinter, sondern ein strukturelles Missverhältnis: Viele Männer lernen nicht, emotionale Verfügbarkeit zu zeigen, weil sie darin nicht gefördert wurden. Ihre Vorstellung von Nähe ist häufig an sexuelle Aktivität gekoppelt – nicht weil sie es nicht anders wollen, sondern weil sie es nicht anders gelernt haben.

Das zeigt sich auch in Freundschaften. Während viele Frauen es gewohnt sind, sich bei Freundinnen auszuweinen, »Ich hab dich lieb« zu sagen oder sich ohne sexuelle Spannung zu umarmen, fehlt Männern oft dieser Raum. Männliche Freundschaften sind stärker durch gemeinsame Aktivitäten als durch emotionale Gespräche definiert. Intimität wird dann oft über körperliche Nähe in sexuellen Kontexten hergestellt – in Beziehungen, aber auch in der Vorstellung, dass nur dort emotionale Verbindung legitim sei.

Diese Differenz hat Auswirkungen. Männer berichten häufiger von Einsamkeit, insbesondere nach Trennungen, weil emotionale Intimität oft exklusiv in romantische Beziehungen ausgelagert wird. Frauen dagegen haben tendenziell ein dichteres Netz an emotionalen Bezugspersonen. Auch hier also: Romantik nicht als Geschmacksfrage, sondern als Ergebnis geschlechtsspezifischer Sozialisation.

Wenn Romantik ein Sammelbegriff für Fürsorge, Aufmerksamkeit und emotionale Ausdruckskraft ist, dann müssen wir uns fragen: Wer wird dafür trainiert? Und wer bleibt außen vor?

In anderen Kulturen gibt es Traditionen, die platonische Nähe betonen. In Japan spricht man von »Kizuna«, einem Begriff, der tiefe zwischenmenschliche Verbundenheit beschreibt, unabhängig von der Beziehungsform.[10] In der indischen Kultur werden am »Friendship Day« Freundschaftsbänder ausgetauscht, um die Bedeutung enger Freundschaften zu zelebrieren. In Neuseeland drücken die Māori durch das traditionelle »Hongi«, eine Begrüßung durch Berühren der Nasen und Stirnen, Respekt und tiefe Verbindung aus. Diese Praktiken zeigen, dass Zuneigung und Intimität nicht ausschließlich romantisch definiert werden müssen. Gesellschaften in Guatemala, Samoa und Melanesien kultivieren Traditionen, die die Wichtigkeit von engen, nicht-sexuellen Beziehungen betonen, zum Beispiel durch Zeremonien und das Austauschen von Ringen. Anders als bei uns werden in anderen Teilen der Welt Freundschaften nicht als Gefahr für die romantische Beziehung angesehen.[11]

Die Fixierung auf romantische und erotische Liebe als ultimatives Beziehungsideal führt oft dazu, dass alternative Formen der Bindung unsichtbar gemacht oder abgewertet werden. Dabei ist die Vorstellung, dass eine einzige Person alle emotionalen, intellektuellen und sozialen Bedürfnisse eines anderen Menschen abdecken soll, nicht nur unrealistisch, sondern auch ein Rezept für Enttäuschung und Frustration.

Ein weiteres Problem ist die Art und Weise, wie emotionale Nähe und körperliche Intimität oft an romantische oder sexuelle Beziehungen geknüpft werden. Wer beispielsweise als Single lebt, muss oft feststellen, dass gewisse Formen von Nähe – Händchenhalten, Kuscheln, sich umeinander kümmern – gesellschaftlich fast ausschließlich in romantischen Kontexten erlaubt sind. In Wahrheit gibt es aber keinen

Grund, weshalb platonische Beziehungen nicht genauso innig und körperlich sein könnten, wenn beide Beteiligten das möchten. Aromantische Menschen haben dies längst erkannt und schaffen Räume, in denen Nähe nicht an romantische Erwartungen geknüpft ist.

Der Kein Bock Club ist kein homogener Raum. Er vereint Menschen mit unterschiedlichen Wünschen, Orientierungen und Beziehungsmodellen. Manche wollen romantische Beziehungen, aber ohne Sex. Andere empfinden keinen Drang nach einer Partnerschaft, genießen aber enge Freundschaften. Wieder andere finden sich irgendwo dazwischen. All diese Lebensweisen sind valide und wertvoll. Die starre Hierarchie, die romantische Liebe über alles andere stellt, schadet letztlich allen – auch denen, die Romantik tatsächlich suchen. Denn wenn eine Beziehungsform zur einzigen gesellschaftlich akzeptierten Glücksquelle stilisiert wird, entsteht ein enormer Druck, der nicht selten dazu führt, dass Beziehungen eingegangen oder aufrechterhalten werden, die eigentlich nicht guttun.

Der Kein Bock Club zeigt, dass es unzählige Wege gibt, zu lieben, zu verbinden und füreinander da zu sein – fernab von starren Erwartungen und gesellschaftlichem Druck.

Sprache formt Beziehungen

Unsere Sprache verrät mehr über uns, als wir manchmal wahrhaben wollen. Gerade wenn es um Dating geht, zeigt sich, wie sich gesellschaftliche Werte verschieben. Als ich Jugendliche war, hieß es »rumvögeln«, danach sprach man von einem Hook-up. Aber das war wohl noch zu direkt. Also kamen Begriffe wie »Freundschaft Plus« – eine scheinbar harmonische

Mischung aus Vertrautheit und körperlicher Nähe, bei der man sich immerhin noch zum Geburtstag gratuliert. Doch selbst das war anscheinend schon zu viel Verantwortung. Jetzt sind wir bei »Situationships« gelandet. Das beschreibt genau das, wonach es klingt: eine undefinierte Lage, irgendwas zwischen »Wir haben was« und »Bitte erwarte nichts von mir«.

Diese Begriffe sind nicht zufällig entstanden. Sie sind das sprachliche Echo einer Gesellschaft, die sich immer schwerer damit tut, Verpflichtungen einzugehen. Während frühere Generationen noch in Kategorien wie »fest zusammen« oder »Single« dachten, existiert heute eine endlose Grauzone dazwischen. Und je weniger wir definieren, desto weniger müssen wir festlegen. Situationship ist das perfekte Beispiel: Es ist mehr als ein One-Night-Stand, aber weniger als eine Beziehung.

Man könnte das als Fortschritt sehen: eine Befreiung von starren Beziehungsmodellen, eine größere Flexibilität in der Art, wie wir Intimität leben. Aber es gibt auch eine Kehrseite. Je mehr wir Begriffe nutzen, die Verantwortung ausklammern, desto mehr schaffen wir einen emotionalen Graubereich. Situationship klingt unverbindlich, beinahe neutral – dabei kann es oft genau das Gegenteil sein. Menschen erleben emotionale Nähe, Sehnsucht, vielleicht sogar Liebe, aber ohne die Möglichkeit, Erwartungen auszusprechen. Schließlich »war ja nie was definiert«. Ole Liebl, der Autor von »Freunde lieben«, schreibt in seinem Buch: »Die Situationship erinnert an den Kauf von Produkten: Man kann sie – vermeintlich ohne Konsequenzen – wie ein Abo kündigen, wie ein kaputtes Spielzeug einfach in die Mülltonne hauen. Ich glaube deshalb, dass die Freiheit der Situationship eigentlich eine Freiheit des Konsums und vor allem auch des Wegwerfens ist.«[12]

Was sagt das über unsere Gesellschaft? Vor allem, dass wir Meister*innen darin geworden sind, Bindung zu umschreiben, ohne sie wirklich einzugehen. Dass sogar Sprache selbst eine Art Distanzierungstool geworden ist. Früher nannte man es »Affäre«, dann »Freundschaft Plus«, jetzt »Situationship«. Der nächste logische Schritt? Vielleicht *Beziehungsprojektion* – man stellt sich vor, man hätte was, aber es ist eigentlich gar nicht da, und demnach muss man sich auch nicht um sie kümmern.

Sind romantische Liebe und Freundschaft also ein Gegensatz? »Wenn wir von Freundschaft sprechen, ist Romantik normalerweise kein Thema. Genau deswegen wird eine Freundschaft oft als ›unbedeutender‹ als eine Liebesbeziehung angesehen – und daher fühlen wir uns oft gar nicht dazu ermutigt, Freundschaften zu knüpfen, die die eigenen Bedürfnisse nach Nähe und Intimität stillen«, schreibt die Autorin Tšhegofatšo Ndabane 2021 in der Kolumne »The Single Files«.[13]

Dabei ist das Konzept der romantischen Freundschaften nicht neu. Der Begriff tauchte bereits im Laufe des 19. Jahrhunderts auf. Romantische Freundschaften sind eine Form tiefer, leidenschaftlicher Bindung zwischen Menschen, die sich durch eine starke emotionale Nähe auszeichnen, jedoch keine sexuelle Komponente haben.

Sie stehen im Gegensatz zur sogenannten Freundschaft Plus, also einer Freundschaft mit sexuellen Aspekten. Dass unsere Gesellschaft Freundschaft Plus auf den Sex reduziert, ist allerdings ein Missverständnis. Eine Studie aus den USA hat untersucht, wie sich Männer und Frauen in ihrer Herangehensweise an »Friends with Benefits«-Beziehungen unterscheiden. Die Studie fragte ab, welche Gründe sie für den

Beginn solcher Beziehungen angeben, wie sie ihr Engagement für die Freundschaft im Vergleich zum sexuellen Aspekt sehen und welche Hoffnungen sie für die Zukunft haben. Männer, die gerade in einer Freundschaft-Plus-Beziehung steckten, gaben an, dass Sex für sie ein häufiger Beweggrund sei, eine solche Beziehung zu beginnen. Für Frauen hingegen stand eher eine emotionale Verbindung im Vordergrund. Überrascht hat mich der Fakt, dass alle Geschlechter stärker an der Freundschaft als am sexuellen Aspekt der Beziehung interessiert waren.[14]

bell hooks beschreibt in »Lieben lernen«, dass romantische Freundschaften im viktorianischen Zeitalter sowohl zwischen gleichgeschlechtlichen als auch zwischen heterosexuellen Personen weit verbreitet waren.[15] Diese Verbindungen waren geprägt von intensiver, oft erotisch aufgeladener Nähe, aber nicht notwendigerweise von sexuellen Handlungen. Heute hingegen sei es kaum vorstellbar, dass eine Beziehung eine solche erotische Intensität besitzen kann, ohne dass daraus eine sexuelle Dimension entsteht. Wer eine tiefe Verbindung zu jemandem verspürt, aber auf Sex verzichtet, wird oft als unnormal wahrgenommen.

Einige Frauen entscheiden sich, im Geiste der romantischen Freundschaft lebenslange Partnerschaften einzugehen – sei es mit anderen Frauen oder mit Männern, mit denen sie nicht sexuell verbunden sind. Manche teilen einen Haushalt, andere leben getrennt, bleiben sich aber dennoch auf intensive Weise verbunden. Diese Art von Beziehung kann sich im Lauf der Zeit wandeln, etwa wenn eine Person eine romantische Beziehung mit jemand anderem eingeht. Doch im Gegensatz zur Vorstellung, dass eine Freundschaft zwangsläufig endet, sobald eine romantische Partnerschaft ins Spiel kommt, zeigt hooks auf, dass solche Freundschaften oft weiterbestehen können.[16]

Ein besonderes Beispiel für romantische Freundschaften sind enge, liebevolle Beziehungen zwischen heterosexuellen Frauen und schwulen Männern. Diese Bindungen, so hooks, können ebenso bereichernd sein wie traditionelle Partnerschaften, werden jedoch gesellschaftlich oft nicht als gleichwertig angesehen. Die heteronormative Ordnung setzt voraus, dass die einzig wirklich anerkannte Beziehung die zwischen einem heterosexuellen Mann und einer heterosexuellen Frau in einer auf Ehe ausgerichteten Partnerschaft ist. Zwar haben feministische und queere Bewegungen daran bereits gerüttelt, doch nicht-sexuelle Partnerschaften kämpfen weiterhin um die Anerkennung, die heterosexuellen Liebesbeziehungen automatisch zukommt.

Romantische Freundschaften stellen die Vorstellung infrage, dass echte Nähe und Beständigkeit zwangsläufig an Sexualität geknüpft sein müssen. Tatsächlich leben viele Paare – auch in traditionellen Ehen – ohne sexuelle Beziehung miteinander, und ihre Verbindung ähnelt in mancher Hinsicht eher einer romantischen Freundschaft. Gerade Frauen erkennen mit zunehmendem Alter oft, dass sie lieber allein wären, als in unbefriedigenden, emotional distanzierten Beziehungen zu verharren. Die romantische Freundschaft bietet hierfür einen alternativen Raum, der sowohl Intimität als auch Beständigkeit ermöglicht – ohne dass Sex eine notwendige Bedingung ist.[17]

Als ich eine Lesung mit dem Autor Ole Liebl moderiere und er aus seinem Buch »Freunde lieben« liest, kullern ihm drei Tränen über die Wangen. »Freundschaften«, liest er vor,

»sind Orte der Freiheit, weil sie Orte des Mutes sind. Ich hoffe also darauf, dass wir in Zukunft nicht mehr fragen: Darf das die Freundschaft? Sondern eher der Frage nachgehen: Was darf die Freundschaft eigentlich nicht?« Und weiter: »Grenzenlose Freundschaften zeichnen sich durch bedingungslose Zugewandtheit aus, die auch Konflikte und Reibungen auffängt. Meine Freundschaften sollen – ebenso wie meine Partnerschaft – deshalb grenzenlos sein, weil sie in jeder meiner möglichen Welten mit dabei sind.«[18]

Für unsere Gesellschaft sind diese Gedanken progressiv, radikal und neu. Aber in meinem Leben sind sie schon Normalität geworden.

Meine Eltern treffen das erste Mal zwei meiner Freundinnen. Seit acht Jahren erwähne ich Kate und Carmel regelmäßig. Meine Eltern fragen oft nach ihnen und wissen, wenn eine Liebeskummer hat oder eine neue Frisur trägt. Mama steht im Wohnzimmer meiner Wohnung, drei Geschenke in den Händen, als wären sie ein Preis, den sie überreichen darf. Die drei identischen Handtuchsets haben ein buntes Schachbrettmuster, das fast wie die Neuinterpretation eines Regenbogens aussieht.

Ich habe eine Käseplatte gemacht, der Crémant steht kalt. Ein bisschen nervös war ich im Vorfeld gewesen, weil es sich anfühlt, als würden sich Schwiegereltern und Geliebte treffen. Der Unterschied: Ich habe nichts mit meinen Freundinnen. Keine Freundschaft Plus in dem Sinne, wie wir »plus« verstehen, keine Ringe, keine Verträge, kein gemeinsames Bankkonto, kein Sex.

Mama wünscht sich ein Foto.

»Nur ein schnelles«, sagt sie.

Aber bevor sie abdrückt, ordnet sie noch die Gläser auf dem Tisch. Ein kleines Stillleben, kunstvoll und unauffällig inszeniert, damit es aussieht, als hätten wir nicht extra aufgeräumt.

Zum Geburtstag bekomme ich dann die Fotos per Post. Drei Drucke dieses Moments: eins für mich und jeweils eins für meine beiden Freundinnen. Als die Drucke per Post kommen, bin ich ganz stolz auf Mama, weil sie den Stellenwert meiner Freundschaften versteht.

Es gibt viele Arten, ein Dreiergespann zu sein. Unseres unterscheidet sich von den meisten, weil wir Dinge tun, die andere als exklusiv für romantische Beziehungen abgespeichert haben. Für mich ist das Freundschaft Plus. Wir machen Urlaub zusammen, teilen uns die Sonnencreme und die letzten Pommes, massieren uns ausgiebig, helfen uns, schwer erreichbare Körperstellen zu rasieren, kuscheln beim Fernsehengucken, planen eine gemeinsame Zukunft und haben das nächste Treffen immer schon ausgemacht, wenn wir uns zum Abschied innig umarmen. Wenn ich mit meiner Omi telefoniere, fragt sie ganz aufmerksam nach meinen Freundinnen, und Papa hat sich gemerkt, dass eine Freundin einen neuen Job begonnen hat. Andere Freund*innen sind manchmal neidisch auf das, was wir haben.

»Warum habt ihr mich nicht gefragt?«, fragen sie dann. Oder wir hören Dinge: »LOL ihr seid wie ein Throuple«, »Also ich könnt das ja nicht«, »Ich hätte das auch gerne«, »Ist ja schon viel Zeit, die man für so enge Freundschaften braucht, oder?«.

Was wir haben, hat gesellschaftlich und rechtlich keinen Wert. Keine Steuerklasse, keine staatliche Absicherung, kein großes Fest mit Urkunde und Buffet. Freundschaft hat keinen Vertrag, keine Pflichten, nur ein stilles Versprechen, das sich in diesen kleinen großen Gesten zeigt und an einer Mama, die an meinen Freundinnen genauso interessiert ist wie an meiner Partnerin. Wenn das die verhasste Friendzone ist, dann ist sie mir das Allerliebste.

9. Männer

»Dann blas mir wenigstens einen. Ich bin doch auch nur ein Mann«, sagt Theo und deutet auf seine Hose.

Ich bin 21 Jahre alt und habe ihn bei der Aftershowparty eines Freundes kennengelernt, wo er mir erzählt, dass er die Jeans, die er gerade trägt, vor Kurzem in seinem Lieblings-Secondhandladen gefunden hat. Er sei nicht wie andere Männer, erklärt er, er gehe gerne shoppen und lackiere sich auch manchmal die Fingernägel. Es wirkt so, als erwarte er eine begeisterte Reaktion von mir.

Jetzt liegen wir auf der Schlafcouch im Gästezimmer seines Kumpels, und er schaut mich vielsagend und mit hochgezogenen Augenbrauen an. Als wäre es total logisch, dass seine Erektion Zuwendung bräuchte. So wie es klar ist, dass man die Mikrowelle öffnet, wenn sie piept. So wie klar ist, dass man die Windel eines Babys wechselt, wenn sie stinkt. So wie es klar ist, dass man bei Grün fährt. Rihanna hatte mir früh beigebracht, dass sie nichts dagegen hat, wenn jemand ihren Motor startet: *»So if you feel me, let me know. Come on now, what you waiting for? My engine's ready to explode. So start me up and watch me go, go, go.«*[1]

Meine Hände sind kalt und leicht schwitzig. Mein Mund brennt etwas vom Knutschen und von Theos piksiger Oberlippe. Ich fühle mich, als würde ich auf eine Ampel zufahren. Die Ampel ist gelb, und ich muss mich schnell entscheiden, ob ich bremse oder fahre. Fahren würde bedeuten, zu beschleunigen, sich ein bisschen bossig zu fühlen, vor allem, wenn gleichzeitig der Bass des Songs einsetzt, der im Autoradio läuft. Ich käme auch schneller an meinem Ziel an, wenn ich bei Orange noch über die Kreuzung bretterte. Vielleicht würde ich mit Wucht über einen kleinen Hügel fahren und über die Zentrifugalkraft kichern, die meinen Körper durchschüttelt. Bremsen hingegen würde bedeuten, den Fahrer hinter mir abzufucken, denn der wäre ganz sicher gefahren.

An diesem Abend hatte ich bereits mehrere solcher Ampeln überfahren: Ich hatte mit Theo auf der Party geredet, vielleicht sogar geflirtet. Ich hatte bei seinen Witzen laut gelacht und über seinen Arm gestreichelt. Ich war mit ihm ins Gästezimmer gegangen. Ich hatte mit ihm geknutscht. Die Ampeln waren alle gelb gewesen, aber ich hatte das Gefühl, weiterfahren zu müssen. Warum? Weil ich gelernt hatte, dass der Konflikt, das Neinsagen, das Stehenbleiben, oft mehr kostet als die Anpassung. Bei der gelben Blowjob-Ampel bin ich dann stehen geblieben, aber nicht ausgestiegen. Dass ich müde bin, habe ich gesagt. Hab gelächelt. Ihm meine Handynummer gegeben und meinen Ekel runtergeschluckt.

Im Nachhinein habe ich versucht, mir das Ganze schönzureden. Es war leichter, mir einzureden, ich hätte es irgendwie doch gewollt, als mich der Tatsache zu stellen, dass ich in dieser Nacht übergangen wurde. Ich habe mich schuldig gefühlt. Weil ich nicht sofort gegangen bin. Weil ich nicht laut geworden bin. Weil ich nicht die Version von mir war, die ich rückblickend gern gewesen wäre. Und: Ich habe danach sogar noch Kontakt gehalten. Nicht, weil ich Theo wirklich nah sein wollte, sondern weil ich in seinem »Hey, wie geht's?« bei WhatsApp ein schwaches Echo von Kontrolle hörte. Diese Kontrolle wollte ich zurückhaben. Ich wollte seine Anerkennung, damit das Gefühl, benutzt worden zu sein, irgendwie erträglicher wurde. Male Validation, also die Anerkennung von Männern, funktioniert perfide: Sie ersetzt keine Würde, aber sie tarnt ihren Verlust. Ich habe gelernt, dass Ekel nicht übertrieben ist. Kein Drama, keine Hysterie, sondern ein körperliches Warnsystem. Eine intuitive Reaktion auf eine Grenze, die nicht respektiert wurde. Nicht der Ekel war zu viel. Sondern der Mann, mit dem ich im Gästezimmer lag, und seine Erektion waren zu viel.

Wenn ich heute sage, das, was Theo gesagt hat und von mir wollte, war übergriffig, würde er das wahrscheinlich abstreiten. Er würde sagen: »Du hättest doch Stopp sagen können.« Oder: »Aber du hast mir doch danach noch zum Geburtstag gratuliert.« Vielleicht sogar: »Du mochtest das doch.« Und in einem Punkt hat er sogar recht: Ich habe ihm weiterhin geschrieben, und ich finde es auch nicht leicht, über Grenzüberschreitungen zu schreiben und dabei keine Täter-Opfer-Narrative zu bedienen und trotzdem Macht und Verantwortung zu benennen. Aber ich glaube, menschliche Existenz ist voller Ambivalenzen, und Intimität ist nie binär, nie schwarz oder weiß, selten einzuteilen in Bock oder Kein-Bock.

Was ich mir von dem Abend gewünscht hätte, und von eigentlich allen Abenden, bei denen ich mit jemandem auf dem Sofa liege: Ich hätte gerne eine rote Ampel. Eine, bei der Stehenbleiben und Durchatmen nicht nur von mir und meiner Reaktion abhängig sind, sondern bei der Stehenbleiben erst mal safe ist und niemand von hinten drängelt. Die rote Ampel wäre ein sicheres Zeichen für mich und für andere. Wenn ich bei Rot stehen bleiben darf, ist mehr Zeit, meinem oder meiner Beifahrer*in beim Quatschen in die Augen zu schauen, vielleicht auch zu knutschen und den Radiosender in Ruhe zu wechseln.

Was Theo da tat, war nur eine Erfahrung von vielen. Die Erregung einer Person kann so einnehmend sein und wird behandelt, als sei sie wichtiger als die Frage, was ich selbst gerade möchte. Da ist dieser Schmollmund, den jemand wie Theo macht, der nicht bekommt, was er eigentlich möchte. Der Schmollmund soll meine Inselrinde im Gehirn aktivieren, den Part, der für Mitgefühl zuständig ist. Wenn er dann noch erzählt, dass er so horny ist, dass es schon weh tut, ist das Bullshit-Bingo voll.

»Blue Balls« und Testo

Dass Männer leiden, wenn auf ihre Erregung kein Orgasmus, keine Ejakulation folgen, ist ein Mythos, den es schon lange gibt. Ein Mythos, der sogar Fehldiagnosen in der Medizin begünstigt hat. Sogenannte Kavaliersschmerzen, auf Englisch auch bekannt als »Blue Balls«, beziehen sich auf unangenehme, aber in der Regel milde Beschwerden und Druckgefühle im Genitalbereich, die durch eine länger andauernde sexuelle Erregung ohne darauf folgenden Orgasmus entstehen.[2] Das ist aber eher ein unangenehmes Gefühl als ein starker Schmerz oder gar blaue Hoden. Der Begriff Kavaliersschmerz wird häufig in einem humorvollen oder umgangssprachlichen Kontext verwendet und ist keine medizinische Diagnose.

Das Druckgefühl, das Menschen mit Penis beschreiben, entsteht durch eine verlängerte sexuelle Erregung, bei der Blut in die Genitalien strömt, um eine Erektion zu verursachen. Wenn die Erregung nicht zum Orgasmus führt, bleibt das Blut in den Schwellkörpern. Dies wird als »Überfüllung« beschrieben, die mit einem Druckgefühl in den Hoden oder der Leistengegend einhergehen kann. Der Schmerz ist meist vorübergehend und geht in der Regel von selbst wieder weg, wenn sich die sexuelle Erregung legt.

Eine statistische Auswertung im *Journal of Sexual Medicine* zeigte, dass signifikant mehr Menschen mit Penis als mit Vagina glauben, dass das Phänomen der »Blue Balls« real sei. Umgekehrt berichteten mehr Personen mit Vagina, dass sie von ihrem Gegenüber mit einem Hinweis auf »Blue Balls« unter Druck gesetzt worden seien. Teilnehmende der Studie hatten den Eindruck, dass insbesondere Menschen mit Vulva gesellschaftlich dazu gebracht werden, sexuelle Handlungen zuzulassen, um das angebliche Leiden ihres Partners zu lindern. Und das, obwohl sie selbst der Meinung sind, dass körperliches Unwohlsein niemals als legitime Begründung für sexuellen Druck dienen sollte.[3]

Trotz der weit verbreiteten Vorstellung, »Blue Balls« seien extrem unangenehm, zeigt die Studie vor allem zwei Dinge: Starke Schmerzen durch eine nicht abgebaute Erektion sind selten. Und: Schmerzen – egal ob real oder nicht – rechtfertigen niemals, dass eine andere Person zu sexuellen Handlungen gedrängt wird.

Mal wieder ist es das kulturelle Skript, das in der Erektion einen Handlungsbedarf verortet, nicht die Biologie. Dabei würde ich ja auch nicht, wenn mir mein Schulterblatt juckt, vielsagend auf meinen Rücken deuten, weil klar sein muss, dass mein Gegenüber mich dort kratzen soll. Die Blue Balls, die klingen wie ein humorvoller Kosename, haben gewaltvolle Auswirkung. Aber statt über kulturelle Skripte und gesellschaftliche Erwartungen zu sprechen, vermitteln wir Mädchen und Frauen vor allem, dass männliche Gewalt und sexueller Druck auf biologische Mechanismen zurückzuführen seien. Das passiert auch, wenn wir Testosteron als Verursacher allen Übels benennen.

Testosteron ist ein vom Körper eigens produziertes Hormon und gilt als »Männerhormon«. Manchmal wird es abgekürzt und »Testo« oder »T« genannt. Angeblich erklärt Testosteron alles, was mit Aggression, Dominanz und übermäßigem Bock zu tun hat. Doch auch hierbei handelt es sich um einen Mythos, der zwar tief in unseren kulturellen Vorstellungen verankert ist, aber einem genauen Blick nicht standhält – weder wissenschaftlich noch gesellschaftlich.

Testosteron ist zweifellos ein wichtiges Hormon. Es beeinflusst unter anderem das Muskelwachstum, das Energielevel – und ja, auch das sexuelle Verlangen. Doch die Vorstellung, dass Testosteron überhaupt ein Männerhormon ist und Männer zu unkontrollierbaren Triebwesen macht, ist schlicht falsch.

In ihrem Buch »Testosteron – Warum ein Hormon nicht als Ausrede taugt« schreibt die Medizinsoziologin und Professorin Rebecca Jordan-Young, dass der Begriff des Männerhormons zwar oft genutzt wird, aber eigentlich alle Geschlechter Testosteron produzieren, nur in unterschiedlichen Mengen. Außerdem schreibt sie: »Mit dem Konzept des Sexualhormons werden T und sein ›Partner‹, das Östrogen, zu einem heteronormativen Paar erklärt: binär, dichotom und exklusiv, jedes entweder dem einen Geschlecht oder dem anderen zugehörig und gefangen in einem unvermeidlichen und natürlichen ›Krieg der Geschlechter‹.«[4]

»Testosteron gibt dir Kraft und lässt deine Muskeln wachsen«, schreibt die Zeitschrift *Men's Health*. »Testosteron: Benzin für den Mann«, schreiben Hobby-Urologen im Netz. »Pures Testosteron! Filme für Männer!« nennt eine Filmwebsite eine Liste mit Filmen wie *Fight Club* und *Top Gun*. Testo soll vieles. Testo macht Bock und ... bockig. Es sei auch der Grund für eine unaufhaltsame Aggression. Die pauschale Aussage »Testosteron macht aggressiv« kann dabei nicht ohne Weiteres bestätigt werden. Viele veraltete Studien zur Verbindung zwischen Testo und Agressivität basieren auf spezifischen Stichproben bei Gefängnisinsassen – Menschen, die ohnehin statistisch gewalttätiger sind.

Eine Studie der Uni Hamburg aus dem Jahr 2017 zeigt hingegen, dass Testosteron kein reines »Aggressionshormon« ist, sondern vor allem statusrelevantes Verhalten fördert. Je nach Kontext kann dieses Verhalten aggressiv, sozial oder sogar altruistisch sein. Testosteron beeinflusst Verhalten also komplexer, als der Mythos vom aggressiven Männerhormon vermuten lässt, und spielt auch bei Frauen eine Rolle, etwa für Libido und Muskelaufbau.[5]

Manche Männer mit hohen Testosteronwerten haben wenig sexuelles Interesse, während andere mit niedrigem Spiegel eine starke Libido haben. Meine trans maskulinen Freunde, die Testo als Teil ihrer Transition zu einem männlichen Geschlechtsausdruck nehmen, berichten fast alle von einer zweiten Pubertät und einem Anstieg des Lustempfindens. Wenig überraschend beklagen meine Freunde aber nicht, dass sie durch das Testo plötzlich Grenzen austesten wollen, Signale nicht mehr lesen können oder ihr eigenes Lustempfinden an die erste Stelle stellen. Das widerlegt auch die Behauptung, Männer und Menschen, die Testo nehmen, könnten aufgrund ihres Testosteronspiegels »gar nicht anders«, als sexuell aufdringlich zu sein.

Allein Hormone erklären also gar nichts – vor allem nicht Gewalt. Das Problem ist vielmehr, dass wir sexuelle Gewalt oft als biologisches Phänomen darstellen, obwohl es eigentlich um Macht und Kontrolle geht. Gewalt entsteht nicht aus sexuellem Verlangen, sondern aus dem Bedürfnis, Dominanz auszuüben. Das zeigen auch Untersuchungen zu Tätern: Sexualisierte Gewalt hat viel mehr mit toxischen Vorstellungen von Männlichkeit, sozialen Machtstrukturen und der Art, wie Jungen aufwachsen, zu tun als mit irgendeinem Hormon. Trotzdem wird Testosteron gerne als einfache Erklärung herangezogen, weil es bequemer ist, als über die wirklichen Ursachen nachzudenken. 2016 beispielsweise verbreitet der niederländische Rechtspopulist Geert Wilders, im Zuge der steigenden Zahl geflüchteter Menschen in Europa, Angst vor »islamischen Testosteron-Bomben«, vor denen insbesondere Frauen geschützt werden müssten. Zwei Jahre später, 2018, äußert sich auch Baden-Württembergs Ministerpräsident Winfried Kretschmann nach einer Vergewaltigung in Freiburg ähnlich – er warnt vor »testosterongesteuerten Gruppen«, die grundsätzlich zu »bösen Taten« neigten.[6]

Auf den offensichtlichen Rassismus, den diese Politiker verbreiten, komme ich später noch zu sprechen. Deutlich wird jedoch: Testosteron wird als Argument genutzt und Männer als Opfer ihrer eigenen Biologie dargestellt. Das entmenschlicht sie und reduziert sie auf einen angeblich »natürlichen« Zustand. »Der Mythos, dass Männer einen höheren Sex-Drive hätten, wird oft als Ausrede für ihr Verhalten benutzt, während Frauen, die untreu sind, oftmals als gebrandmarkt, befleckt gelten, ohne Aussicht auf Vergebung«, schreibt der Autor JJ Bola in seinem Buch »Sei kein Mann – Warum Männlichkeit ein Albtraum für Jungs ist«.[7]

Gibt man Testosteron die Schuld an sexualisierter Gewalt, schützt man Täter, und es ist kaum möglich, echte Konsequenzen zu fordern. Gleichzeitig schadet es Frauen, weil es die Idee stützt, dass sie mit dieser angeblichen Natur der Männer leben müssen. Es ist eine perfekte Ablenkung von der Tatsache, dass sexualisierte Gewalt keine biologische Notwendigkeit ist, sondern ein gesellschaftliches Problem.

Autorin und Rechtsanwältin Christina Clemm befasst sich in ihrem Buch »Gegen Frauenhass« mit dem Mythos eines naturgegebenen Gewaltpotenzials. »Es wird bedauernd hingenommen, dass diese Taten geschehen. ›Tragisch‹, aber eben nicht abwendbar. Männer seien eben so, es sei in ihrer Natur – ›solange es Männer gibt, gibt es Vergewaltigungen‹«, schreibt Clemm. Und: »Stimmt das? Muss es so sein?«[8]

Männliche Gewalt wird dadurch entpolitisiert und entindividualisiert – als wäre sie keine Frage von Machtverhältnissen, Sozialisation oder Verantwortung, sondern schlicht Biologie und Schicksal. Clemm, die in vielen Fällen Betroffene von sexualisierter Gewalt vor Gericht vertrat, widerspricht dieser Normalisierung und fragt: »Ist eine Gesellschaft, in der sexualisierte Gewalt inexistent ist, nicht vorstellbar? Und warum haben Männer so wenig Interesse daran, dieses schlechte Bild von Männlichkeit zu revidieren?«[9] Sie kritisiert, dass Männer kaum zur Rechenschaft gezogen werden, wenn sie sich auffällig im öffentlichen Raum verhalten. Ein öffentlicher Raum, der für alle sicher sein soll, erfordert Aufmerksamkeit, Empathie und Fürsorge, nicht Wegsehen oder Schweigen. Denn erst wenn wir aufhören, Gewalt als Naturphänomen zu betrachten, können wir beginnen, sie zu bekämpfen.

Wenn wir ehrlich sind, sind es nicht das Testosteron und auch nicht die Kavaliersschmerzen, die Männer dazu bringen, gewalttätig oder übergriffig zu sein. Es ist die Art, wie sie sozialisiert werden. Jungen lernen oft schon früh, dass Aggression, Dominanz und Kontrolle »typisch männlich« sind. Gleichzeitig wird kaum vermittelt, wie wichtig Empathie, Konsens und Respekt in zwischenmenschlichen Beziehungen sind. Diese toxischen Ideen über Männlichkeit werden dann zu einer Grundhaltung, die Gewalt ermöglicht. Eminem war nicht mal zurückhaltend, als er die Textzeile schrieb: *»She wanted an intimate date, I want to intimidate!«*[10] *Oder »Just bend over and take it like a slut.«*[11]

Sexualisierte Gewalt hat ihre Wurzeln in Machtverhältnissen, toxischen Normen und mangelnder Bildung über Konsens. Wenn wir das verstehen, können wir endlich anfangen, echte Lösungen zu finden, anstatt uns hinter einfachen Ausreden zu verstecken.

Der Angeblich-immer-Bock-Club

Viele, die vielleicht durch dieses Buch zum ersten Mal erkennen, dass sie in irgendeiner Form zum Kein Bock Club gehören, werden vermutlich heterosexuell oder hauptsächlich in Beziehungen mit Männern gewesen sein. Eventuell kennt ihr also das Gefühl, weniger Bock als euer Partner oder euer Ex zu haben. Wenn Frauen keinen Bock haben und Männer schon, dann passiert meistens erst mal ... nichts. Außer, dass alle kollektiv die Luft anhalten, weil wir gelernt haben, dass in dieser Konstellation *irgendwas* ganz schlimm schiefläuft, statt anzuerkennen, dass das ganz normal ist. Dass Männer sexuelle Signale überinterpretieren, also mehr Lust oder Interesse in das Verhalten von Frauen hineinlesen als tatsächlich da ist, ist ein alter Hut – auch in der Forschung. In unzähligen

Studien wurde genau dieses Muster belegt: Männer sehen in einem Lächeln oder einem beiläufigen Satz mehr Erotik, als Frauen je gemeint haben.

Aber spannend wird es, wenn man nicht mehr auf flüchtige Begegnungen schaut, sondern auf feste Beziehungen. Denn da dreht sich das Ganze plötzlich um. In drei Studien mit Paaren wurde untersucht, wie gut Menschen eigentlich einschätzen können, wann ihre Partnerin oder ihr Partner Lust haben. Und siehe da: Männer in längeren Beziehungen unterschätzen das sexuelle Verlangen ihrer Partnerin – regelmäßig.[12] Dieses Unterschätzen scheint für Männer sogar eine Funktion zu haben. Denn wenn sie davon ausgehen, dass ihre Partnerin weniger Bock hat, sind sie engagierter und sensibler für die Bedürfnisse ihrer Partnerinnen. Das führt dann zu mehr Zufriedenheit, und Partnerinnen fühlen sich dadurch mehr gesehen, mehr respektiert. Interessant ist auch: Männer unterschätzen das Verlangen ihrer Partnerin besonders, wenn sie Angst davor haben, abgewiesen zu werden. Teilweise hängt die falsche Einschätzung auch damit zusammen, dass Männer automatisch davon ausgehen, dass sie mehr Lust auf Sex haben und die andere Person deshalb *nicht* auf dem gleichen Level ist.

Dafür, dass Frauen grundsätzlich weniger Lust haben als Männer, gibt es kaum valide Belege. Männer berichten zwar in einigen Studien von einem stärkeren sexuellen Verlangen als Frauen, was sich in häufigeren Gedanken an Sex, einer größeren Vielfalt an sexuellen Fantasien und einem höheren Wunsch nach Geschlechtsverkehr zeigt.[13] Sie werden allerdings auch so sozialisiert, dass es ihnen zu einem Statusupgrade verhilft, wenn sie Bock haben und ihre Performances sogar etwas größer darstellen, als sie wirklich sind. »Sex gilt als Gipfel der Interaktion mit einer Frau, womit der Mann wiederum seine Männlichkeit unterstreicht«, schreibt Bola dazu.[14]

Männer haben also nicht unbedingt immer mehr Bock als ihre Partner*innen, sondern unterliegen dem Druck, Bock haben zu müssen. In einer Pew-Research-Umfrage aus dem Jahr 2017 gaben fast 60 Prozent der männlichen Millennials an, dass sie das Gefühl haben, sich an Gesprächen über Frauen beteiligen zu *müssen,* in denen es um Sex geht. Angela Chen schlussfolgert aus diesem Ergebnis, dass das Sprechen über sexuelle Erfahrungen für Männer eher eine soziale als eine persönliche Angelegenheit ist. Es geht oft weniger um tatsächlichen Bock als um den Wunsch nach sozialer Anerkennung und Freundschaften.[15]

Der soziale Druck, zum Immer-Bock-Club gehören zu müssen, betrifft nicht nur heterosexuelle Männer, sondern auch schwule Männer. »Ich denke, wir gehen davon aus, dass ein schwuler Mann, der Single ist, Sex hat«, sagte ein Mann namens Craig in dem Artikel »Not Every Gay Man Is DTF«, auf Deutsch »Nicht jeder schwule Mann will ficken« in dem Magazin *GQ*.[16] Craig beschreibt, dass es unter schwulen Männern einen Fokus auf Aussehen und Jugendlichkeit gäbe, der das Dating- und Sexleben prägt. Er erzählt, dass er Druck und Scham fühlt, mit 22 Jahren schwul zu sein und nicht viel Sex zu haben. Angela Chen hat für ihr Buch mit Männern gesprochen, die sowohl asexuell als auch homoromantisch sind, also keinen Sex wollen, sich aber durchaus in Männer verlieben. Sie berichteten, dass sie sich durch den Druck in der schwulen Community, sexuell aktiv sein zu müssen, doppelt ausgegrenzt fühlen.[17]

Statistiken belegen, dass Männer manche sexuellen Handlungen nur vornehmen, um der Erwartung an Männlichkeit gerecht zu werden. Auf Drängen ihrer Partner*innen haben auch sie Sex, obwohl sie keinen Bock haben, oder täuschen sexuelles Verlangen vor – meist um männlicher zu wirken, manchmal um ihre*n Partner*in nicht zu verletzen.[18] Doch das Bild vom Lustgefälle, also vom weiblichen »Nichtwollen« und männlichen »Immerkönnen«, ist so tief in unsere kulturellen Erzählungen eingebrannt, dass es längst als biologische Wahrheit angenommen wird. Männer sind diesem sozialen Druck ausgesetzt, sexuelles Verlangen auf eine stereotyp-männliche Weise zu zeigen. Und das hat Konsequenzen. Nicht nur für heterosexuelle Beziehungen, sondern auch für die Art, wie wir über Verantwortung sprechen. Wenn Männer ihre Bedürfnisse nicht erfüllt sehen, dann folgt oft: Rückzug. Frust. Schweigen. Fremdgehen. Und im schlimmsten Fall Gewalt. »Was soll er machen, wenn sie nie will?«, wird dann gesagt. Das Narrativ steht bereit, wie ein bequemes altes Sofa, auf das man sich einfach fallen lassen kann.

Bock haben als rechtes Narrativ

Die Verknüpfung von Männlichkeit und vermeintlich triebgesteuertem Verhalten wird nicht nur von den bereits zitierten Politikern, Geert Wilders und Winfried Kretschmann, als argumentative Basis für Rassismus und menschenfeindliche Ansichten missbraucht.

In der Silvesternacht vom 31. Dezember 2015 auf den 1. Januar 2016 kam es in Köln zu zahlreichen Übergriffen auf Frauen. Im Bereich des Hauptbahnhofs und des Kölner Doms wurden Frauen von Gruppen von Männern umringt, sexuell belästigt, beleidigt und bestohlen. Insgesamt wurden etwa 1.200 Strafanzeigen erstattet, davon rund die Hälfte wegen Sexualdelikten. Diese Ereignisse führten zu einer intensiven öffentlichen Debatte über den Umgang mit sexualisierter Gewalt, allerdings nicht über patriarchale Männlichkeit, sondern immer mit dem Zusatz des ethnischen Backgrounds der Täter. Der kulturelle Hintergrund der Täter wurde zum Hauptthema, anstatt über die tieferen Ursachen von Gewalt zu sprechen. Durch den Fokus auf »andere Kulturen« wurden rassistische Stereotype verstärkt und gleichzeitig patriarchale Strukturen in westlichen Gesellschaften nicht thematisiert.

Nach den Übergriffen wurde schnell behauptet, dass die Täter aufgrund ihrer Herkunft – meist Nordafrika oder aus dem arabischen Raum – eine besondere Neigung zu sexualisierter Gewalt hätten. Der Journalist Till-Reimer Stoldt schreibt in der *Welt*, dass junge migrantische Männer an Silvester in Köln nichts zu suchen hätten. In seinem Artikel ein Jahr nach der »Silvesternacht« beteuert er, Köln sei ein »Wallfahrtsort des orientalisch getönten Sexismus« geworden. Über das Münchener Oktoberfest kann ich keine Artikel von ihm finden.[19]

Solche rassistischen Schuldzuschreibungen haben eine lange Geschichte. Schon im Kolonialismus wurden Schwarze und nicht-westliche Männer oft als »triebgesteuert« dargestellt, während weiße Männer und Gesellschaften als moralisch überlegen galten. Dieses Narrativ hat bis heute Bestand. Statt zu erkennen, dass Gewalt gegen Frauen ein universelles Problem patriarchaler Systeme ist, wird es als spezifisches Problem »der anderen« dargestellt.

Die Autorin J. Maryam Mathieu beschreibt diesen Mechanismus als »Ethnosexismus«. Ethnosexismus ist eine Form der Diskriminierung, bei der sich Rassismus und Sexismus nicht einfach addieren, sondern gegenseitig verstärken.[20]

Menschen werden dabei nicht nur wegen ihrer Herkunft, sondern auch aufgrund von Geschlechterrollenbildern oder ihrer Sexualität abgewertet – oder im Gegenteil: übersexualisiert, exotisiert und vereindeutigt. Typisch dafür sind stereotype Zuschreibungen wie die der unterwürfigen Asiatin oder des aggressiv-sexuellen arabischen Mannes. Dabei ist noch festzuhalten, dass von Mathieus »Sexismus gegenüber Männern« nur dann gesprochen werden kann, wenn er sich gegen marginalisierte Männer richtet, wie im hier gezeigten Zusammenhang gegen muslimische Migranten und Geflüchtete.

Auch aus der vermeintlich feministischen Ecke werden immer wieder Stimmen laut, die mit solchen rassistischen Argumentationen arbeiten. Unter dem Deckmantel, sich für Frauenrechte einsetzen zu wollen, wird die Rückständigkeit »der anderen« betont. Patriarchale Strukturen in migrantischen Communitys werden massiv kritisiert, während die meist weißen Feminist*innen sich auf die eigene »zivilisierte« Schulter klopfen und die eigene sexistische Realität elegant unter den Teppich kehren. Ethnosexismus tarnt sich also gern als fortschrittlich, ist im Kern aber eine Form von Abwertung, die nicht emanzipatorisch, sondern abgrenzend funktioniert.

Nach der Kölner Silvesternacht drehten sich die gesellschaftlichen Diskussionen kaum um toxische Männlichkeit oder die Frage, warum sexualisierte Gewalt so tief in vielen Gesellschaften verankert ist. Stattdessen wurden der kulturelle Hintergrund und triebgesteuerter Habitus der Täter in den Vordergrund gestellt. Diese Erzählung diente nicht nur dazu, rassistische Stereotype zu stärken, sondern lenkte auch davon ab, dass Gewalt gegen Frauen in westlichen Gesellschaften genauso ein Problem ist. Wie Mathieu betont, begrenzt dieser Fokus auf »die anderen« auch die feministischen Forderungen und verschleiert die unvollendete Emanzipation der Frauen im Westen. Die gefährliche Folge solcher Narrative ist, dass patriarchale Strukturen gleichzeitig mit Rassismus verstärkt werden. Anstatt gemeinsam gegen die Ursachen von sexualisierter Gewalt vorzugehen, wird ein Keil zwischen sowohl Frauen als auch Männer getrieben.

Wenn ich darüber schreibe, dass Bockhaben bei Männern ein Zustand scheint, den es unbedingt zu befriedigen gilt, scheinen wir es als Gesellschaft vor allem weißen Männern recht machen zu wollen. Wenn weiße Männer Machtmissbrauch betreiben, um an Sex zu kommen, heißt es schnell: »Männer halt.« Wenn rassifizierte Männer sexualisierte Gewalt ausüben, wird bei Markus Lanz keine Sendung über Männlichkeit, sondern über Sicherheit und Migration folgen.

Rechte und nationalistische Ideologien sind keine Fans von Ambivalenz. Sie mögen es klar, eindeutig, binär. Mann ist Mann, Frau ist Frau, und das Ideal ist eine heterosexuelle Kleinfamilie mit Kindern, die »dem Volk« erhalten bleiben. Sex? Nur zum Nutzen der Fortpflanzung oder zur Befriedung des weißen heterosexuellen Mannes. Alles, was dieses Bild stört – sei es eine trans Frau, ein schwules Paar mit Kind oder eine nicht-binäre asexuelle Person, die einfach *lebt* –, wird schnell als Gefahr für die Ordnung inszeniert. In dieser Denkweise wird Sexualität nicht als Privatsache verstanden, sondern als politischer Marker: Wer anders liebt oder lebt, ist nicht nur »unnormal«, sondern auch »undeutsch«, »unmoralisch« oder »gegen unsere Werte«.

Sexualität wird damit zur ethnosexuellen Grenze: eine unsichtbare Linie, entlang derer Zugehörigkeit oder Ausschluss verhandelt wird. Wer die »richtige« Sexualität lebt – also heterosexuell, monogam, am besten innerhalb derselben Ethnie –, gehört dazu. Wer davon abweicht, wird markiert, marginalisiert oder gleich ganz ausgeschlossen. Besonders betroffen sind queere Menschen innerhalb ethnischer oder religiöser Minderheiten. Sie bewegen sich oft in einem doppelten Spannungsfeld: Sie passen nicht in die heteronormative Mehrheitsgesellschaft und nicht in konservative Strukturen der eigenen Community. Diese symbolischen Interaktionen zwischen Sexualität, Ethnizität und Nation prägen nicht nur politische Diskurse, sondern auch individuelle Biografien. Wer bin ich? Wo gehöre ich hin? Und wer entscheidet das eigentlich?

In einer Welt, in der Grenzen nicht nur geografisch, sondern auch ideologisch gezogen werden, wird sexuelle Selbstbestimmung schnell zum politischen Akt. Sich selbst zu definieren, gegen das Bild einer »natürlichen Ordnung«, bedeutet, gegen ein ganzes System von Ausschlüssen anzugehen.

Sexuelle Selbstbestimmung für den Kein Bock Club bringt also dominante Machtverhältnisse ins Wanken – und das macht Angst. Vor allem jenen, die ihre Identität über klare Geschlechterrollen, nationale Reinheit und ethnische Zugehörigkeit definieren. In völkischem Denken gilt: Wer nicht ins Bild passt, wird rausgeschnitten. Dabei zeigt genau das, wie wichtig queere Sichtbarkeit und sexuelle Vielfalt sind – nicht nur für die individuelle Freiheit, sondern auch für eine Gesellschaft, die sich als demokratisch, offen und pluralistisch versteht.

Ich möchte nicht so klingen, als würde ich denken, es sei leicht, ein Mann zu sein. Das ist es nicht, besonders dann nicht, wenn man als Mann selbst nicht ganz genau weiß, was das eigentlich bedeutet. Früher war das vielleicht anders. Früher, da war Männlichkeit ein Konstrukt, das schien klaren Regeln zu folgen: stark sein, nicht weinen, Leistung bringen, Spermien produzieren, durchhalten, ernähren, beherrschen – sich selbst, andere, das Leben. Das war hart, ja, aber auch eindeutig. Ein Handbuch fürs Dasein, das schon immer toxische Tipps bereitgehalten hat, aber immerhin Orientierung versprach.

Heute bröckelt dieses Handbuch. Nicht weil Männer nichts mehr gelten, sondern weil das Modell, nach dem sie jahrhundertelang funktionieren sollten, immer offensichtlicher seine Schattenseiten zeigt. Schaut man sich die Statistiken an, sieht man keine Sieger, sondern verletzte Seelen: Männer sterben häufiger durch Suizid, sie leiden öfter an Suchterkrankungen, erleben tiefere soziale Isolation und sprechen seltener über ihre psychische Gesundheit. Auch deshalb, weil sie es oft nie gelernt haben.

Und doch bleibt etwas zurück, wenn die alten Regeln verschwinden: Leere. Eine kollektive Unsicherheit. Eine Frage scheint unausgesprochen im Raum zu hängen: Wer bin ich, wenn ich nicht der starke Mann bin? Viele Männer erleben den Feminismus dabei als widersprüchlich. Einerseits fordert er sie heraus: Er konfrontiert sie mit ihren Privilegien, mit Strukturen, von denen sie (meist unbewusst) profitieren. Das fühlt sich nicht unbedingt gut an. Andererseits birgt genau das eine riesige Chance: Wenn die alte Rolle nicht mehr passt, dann kann man eine neue erfinden. Nicht allein. Nicht über Nacht. Aber in Bewegung.

In den letzten Jahrzehnten hat sich deshalb ein neuer, differenzierter Männerdiskurs entwickelt. Weg vom Anti-Feminismus, hin zu einer postfeministischen Sensibilität. Eine, die anerkennt, dass Geschlechtergerechtigkeit kein Nullsummenspiel ist. Die nicht fragt: Was bleibt für uns Männer übrig?, sondern: Was können wir gemeinsam gewinnen? Die Antwort ist: eine Menge. Zum Beispiel Raum für Ambivalenz. Für leise Töne. Für Unsicherheiten. Für den Kein Bock Club.

Stell dir eine Welt vor, in der es auch für Männer okay ist, keinen Sex zu wollen. In der Männer nicht immer performen müssen – nicht im Bett, nicht im Beruf, nicht in der Männlichkeitsrolle. In der ein Mann sagen darf: Ich weiß nicht, ob ich das will. Ich weiß nicht, wer ich bin. Und ich weiß nicht, ob ich heute überhaupt Lust habe, jemand zu sein. Diese Art von Männlichkeit – eine weiche, suchende, offene – ist kein Rückschritt, sondern ein Fortschritt. Sie ist nicht schwach, sondern menschlich. Sie schafft Platz für Erfahrungen, die in alten Männlichkeitsbildern keinen Platz hatten: für Überforderung. Für emotionale Nähe. Für Freundschaften, in denen man sich nicht beweisen muss. Für Beziehungen, die auf Augenhöhe funktionieren, statt auf Rollenverteilung. Und genau da liegt die Chance: Männliche Identität muss nicht verschwinden, sie darf sich verändern. Sie darf widersprüchlich sein, zärtlich, orientierungslos, im Wandel. Das ist kein Verlust – das ist ein Raum, der endlich Platz macht für all die Versionen von Männlichkeit, die es schon immer gab, aber nie geben durfte. Denn solange Sex als etwas gilt, das Männern zusteht, ganz biologisch, kulturell, emotional, dann wird Widerstand zur Störung. Und Zustimmung zur Pflicht. Ein gesunder Umgang mit Sexualität beginnt mit der Anerkennung, dass niemand Sex haben muss. Dass Lust keine Einbahnstraße ist. Und dass kein Bock kein persönliches oder gesellschaftliches Problem oder Scheitern ist, sondern ein völlig legitimer Zustand.

Kein Bock auf Männer

Dieser Fokus auf männliches Verlangen und den Leistungsdruck hat nicht nur Auswirkungen auf Männer, sondern auch auf die, die mit ihnen schlafen (sollen). Wenn Begehren männlich konnotiert wird, als wild, triebhaft und unkontrollierbar, und gleichzeitig immer wieder mit Macht, Gewalt oder Übergriffigkeit in Verbindung steht, dann überrascht es kaum, dass viele weiblich gelesene Menschen irgendwann sagen: Nein, danke, keinen Bock mehr. Nicht weil sie »frigide« wären oder »keinen abkriegen«, sondern weil sie sich nicht mehr in Dynamiken begeben wollen, die sich eher nach Druck und Gefahr als nach Lust und Liebe anfühlen. Weil sie es leid sind, ständig den Erwartungen zu entsprechen, emotional wie sexuell verfügbar zu sein, Verständnis für Blue Balls und männliche Erregung zu haben.

Frauen bleiben immer häufiger freiwillig Single, und unter dem Slogan »Decentering Men« schwören sie beispielsweise Männern aktiv ab. Decentering Men ist ein Konzept, das im Jahr 2024 verstärkt auf TikTok auftauchte. Gemeint ist damit eine Haltung, in der Frauen nicht mehr länger – bewusst oder unbewusst – ihr Handeln an der Wahrnehmung von Männern ausrichten. Die New-York-Times-Kolumnistin Jasmine Browley schreibt: »Es geht nicht darum, Männlichkeit zu hassen oder sich gegen Nähe zu verschließen. Männer nehmen einfach zu viel Energie in Anspruch, um sich weiter um sie zu kümmern.«[21]

Schon Simone de Beauvoir und Judith Butler schrieben darüber, dass wir den Fokus weg von dem weißen heterosexuellen Mann lenken sollen. Männer wurden traditionell als das Maß aller Dinge in einer Vielzahl von gesellschaftlichen Bereichen betrachtet, wie Macht, Wirtschaft und Sexualität. Indem man Männer »dezentriert«, wird der Platz für alternative, vielfältigere Ausdrucksformen von Männlichkeit und für andere Perspektiven geschaffen. Einer der frühesten Texte zum

Decentering-Men-Trend stammt von Charlie Taylor, der Autorin des Blogs *Charlies Toolbox*, die bereits 2019 ein Buch und einen Artikel mit dem Titel *Decentering Men* veröffentlichte.

Darin beschreibt sie, wie sehr sie es satthatte, ihr Leben – Entscheidungen, Ziele, Alltagsroutinen – immer mit einem hypothetischen Mann im Hinterkopf zu organisieren. Die Idee, auf jemanden zu warten, der das eigene Leben »komplett macht«, führe dazu, dass man sich selbst dauerhaft zurückhalte, Kompromisse mache, Projekte aufschiebe – oft unbewusst. *Decentering Men* versteht sie als persönliche, kontinuierliche Praxis. Sie schlägt drei konkrete Schritte[22] vor:

1. Bleib realistisch

Für Taylor sind Männer nicht per se böse – aber strukturell oft nicht hilfreich. Studien zeigen, dass sich Lebensqualität und berufliche Entwicklung von Frauen verschlechtern können, wenn sie mit Männern zusammenleben. Deswegen plädiert die Autorin dafür, Männer nicht zu idealisieren, sondern als das zu sehen, was sie sind: Menschen mit Licht- und Schattenseiten – keine Projektionsflächen.

2. Stell dir vor, dass du jetzt gerade glücklich bist

Auf Glück muss man nicht warten. Es tritt nicht nur ein, wenn man eine romantische Beziehung führt. Wer dauerhaft auf eine Partnerschaft hinlebt, verpasst das eigene Leben im Jetzt. Die Autorin schreibt: *»Niemand hat gesagt, dass du warten musst, bis dich ein Mann sieht, um dich bemerkenswert zu fühlen.«*

3. Erweitere die eigene Vorstellungskraft

Es gibt nicht nur ein Modell für ein gutes Leben. Queere Communitys zeigen, wie viele Formen von Nähe, Freude und

Sinn möglich sind – jenseits von Zweierbeziehungen. Vielleicht ist der eigene aktuelle Lebensentwurf nicht »noch nicht vollständig«, sondern bereits gültig. Und lebendig.

Es gibt wissenschaftliche Studien, die bestätigen den Eindruck, dass alleinstehende Frauen eine glückliche soziale Gruppe sind: Single-Frauen geben an, weniger Stress zu haben, insgesamt zufriedener zu sein und weniger emotionale Arbeit leisten zu müssen.[23] Sie steigen aus, weil das, was als romantisches Ideal verkauft wird, sich in der Realität oft anfühlt wie der schlechtere Deal. Nicht nur Chandler aus der Serie *Friends* bekommt von Frauen deshalb schon in den 1990ern gesagt: »Sometimes I wish I was a lesbian.« Heutzutage ist das ein Insiderwitz, den queere Frauen von frustrierten Frauen hören, kurz bevor sich diese nicht mehr als hetero empfinden und den Männern den Rücken kehren.

Als ich ganz frisch in meiner ersten Beziehung mit Dilay war – noch ungeoutet und selbst gerade mal wenige Wochen mit der Realisation lebend, queer zu sein –, bemerkte meine Mutter bei einem Besuch ein merkwürdiges Verhalten an mir. Ohne Scheiß, Mütter haben wirklich übernatürliche Kräfte. Als sie vorsichtig nachfragte, platzte es aus mir heraus:

»Ich bin mit Dilay zusammen.«

Im Anschluss folgten ein paar nervöse Tränchen, eine warme, feste Umarmung und eine unangenehme und damals nicht unbedeutende Frage, die mir bis heute nicht aus dem Kopf geht:

»Aber sind Männer denn noch eine Option?«

Ich war 23, zum ersten Mal so richtig verliebt, und zum ersten Mal wurde ich zurückgeliebt. So richtig. Nicht in einem komischen »Er findet mich nett, wenn ich mich nicht zu viel melde«-Modus, sondern mit echter, ehrlicher Zuneigung.

Ich war mittendrin in diesem zarten Rausch aus Nähe, Neugier und Nervosität. Und dann diese Frage. Sie fühlte sich an wie ein prüfender Blick zurück – nicht auf meine Vergangenheit, sondern auf eine Zukunft, an die ich gerade gar nicht denken wollte. Ich wollte mir beim besten Willen nicht ausmalen, wieder Männer zu daten, weil das ja bedeutet hätte, dass es mit Dilay zu Ende wäre und dass ich wieder Single wäre. Und das war in dieser Verliebtheit ein so absurder Gedanke, wie sich die Zähne zu putzen, bevor man Döner mit Knoblauch und scharf isst. Aber selbst wenn ich jemals wieder Single sein sollte, war ich mir gar nicht sicher, ob ich jemals wieder Männer daten wollen würde.

Was einfach eine lieb gemeinte Neugierde meiner Mutter war, stempelte ich als Beweis ab, wie heteronormativ unsere Gesellschaft ist. Ich war mir sicher, sie wollte sich rückversichern, dass noch nicht alles verloren war. Dass ich nicht vollständig in eine Welt abdriften würde, die ihr fremd war. Später sagte sie mir, sie wusste ja nicht, dass ich ab diesem Zeitpunkt tatsächlich nie wieder cis Männer daten würde, weil ich ihr nicht ausdrücklich sagte, dass ich lesbisch war. Weil ich nicht die Worte dafür hatte.

So kompliziert es sein kann, sich erst mit Anfang 20 zu outen, hatte ich auch viel Glück. Ich hatte das nötige Selbstbewusstsein, um Queerness überhaupt als Möglichkeit in Betracht zu ziehen, und das ist nicht selbstverständlich in einer Welt, in der Heterosexualität der Standard ist. Ich musste keine Angst haben, von meiner Familie verstoßen zu werden, oder davor, Freund*innen oder meinen Job zu verlieren. Das ermöglichte es mir, überhaupt ein Outing in Betracht zu ziehen. Die Autorin Louise Morel beschreibt in »Lesbisch werden in 10 Schritten«, dass es für sie ein feministisches Privileg war, erst Ende 20 lesbisch zu werden, weil sie dann finanziell unabhängig war.[24] Bei einer Lesung erzählt sie, dass ihr eigenes spätes Zünden mit Privilegien einherging, weil sie sich damals zum Beispiel trennen konnte, ohne ihre Existenz zu gefährden. Weil sie nicht in einem Machtgefälle gefangen war, wie es so viele Frauen sind, die emotional oder ökonomisch an einen Mann gebunden sind.

Hätte Tiktok damals schon existiert, hätte ich meiner Mama vielleicht ein Video geschickt, in dem eine junge Frau erzählt, dass sie »Bi by birth and gay by choice« ist, also »bi geboren, aber freiwillig lesbisch«. Ich hätte ihr gesagt: Mama, du hast eine Frau auf die Welt gebracht, die sich theoretisch in alle Geschlechter verliebt, aber auf Männer am wenigsten Bock hat. Ich wusste es damals noch nicht, aber die 23-jährige Maria war »boysober«.

»Das sind die Boysober-Regeln für 2024: keine Dating Apps, keine Dates, keine Exes, keine Situationships. Ich habe mein ganzes Leben gesagt, ich sei Single, aber nein: Du bist nicht Single, wenn jemand deine gesamte Hirnkapazität einnimmt! No hugs, no kisses, extended«, erklärt Hope Woodard im Oktober 2023 in einem TikTok-Video. Woodard ist eine US-amerikanische Comedienne und Content Creatorin, die im ländlichen Tennessee als Teil einer christlichen Kirchengemeinde aufwuchs.[25] Sie und ihre Freundinnen wollen Männer und Sex fasten und suchen dafür einen neuen Begriff. »Celibacy«, der englische Begriff für Enthaltsamkeit oder Keuschheit, klinge uncool, sagt sie, sie wolle ja keine Nonne werden. Sie kommt auf den Begriff »boysober«, auf Deutsch: männerabstinent.

Woodard kritisiert: Du bist nicht single, wenn du die ganze Zeit datest. Deswegen kündigt sie an, boysober sein zu wollen. Sie möchte Männern, Intimität und Sex nicht für immer abschwören, sondern nur für ein Jahr.[26] Hinter Woodards Video steckt kein politisches Anliegen, sondern der Wunsch nach individueller Entwicklung. Ich lese Hunderte Kommentare und schaue mir weitere Erfahrungsberichte unter dem Hashtag Boysober an. Frauen schreiben, dass sie zehn Jahre lang von Männern hintergangen und belogen wurden. Familienmitglieder machen Druck und laden den zukünftigen Freund schon ein, bevor dieser überhaupt existiert.

Während das Thema Enthaltsamkeit bei Frauen neu und trendy ist, besteht das Interesse an der unfreiwilligen Abstinenzpraktik von Männern schon lange. Incels nennen sie sich – eine Abkürzung für »involuntary celibate«, unfreiwillig enthaltsam. Sie sind eine Online-Community, die aus Männern besteht, die sich selbst als unfähig betrachten, sexuelle oder romantische Beziehungen zu Frauen aufzubauen. Die Bewegung entstand in den frühen 2000er-Jahren aus harmlosen Selbsthilfe-Foren für Menschen, die Schwierigkeiten mit Dating hatten.[27] Doch mit der Zeit radikalisierten sich viele Mitglieder und entwickelten eine frauenfeindliche, misogyne Ideologie, in der Frauen für ihr Unglück verantwortlich gemacht werden. Der bekannteste Mordfall in Verbindung mit der Incel-Bewegung ist das Massaker von Isla Vista im Jahr 2014.[28] Der Täter, Elliot Rodger, tötete sechs Menschen und verletzte 14 weitere, bevor er sich selbst das Leben nahm. In einem Manifest und mehreren Videos erklärte er seinen Hass auf Frauen, die ihn zurückgewiesen hatten, und auf Männer, die erfolgreicher im Dating waren. Sein Angriff wurde zur Inspirationsquelle für weitere Anschläge durch Männer, die sich als Incels identifizierten. Besondere mediale Aufmerksamkeit bekommt die radikalisierte Subkultur wegen der Verbindungen von Massenmördern zu dieser Community. Incels geht es um eine empfundene Ungerechtigkeit, dass Frauen sich weigern, sexuelle Beziehungen mit bestimmten Männern einzugehen.[29] Akademische Studien über Incels haben in den letzten Jahren zugenommen, insbesondere in Fachzeitschriften über Gewalt und Terrorismus. Es gibt Überschneidungen mit anderen männerdominierten Online-Subkulturen wie der sogenannten Manosphere und rechten Gruppierungen.[30]

Weniger Aufmerksamkeit wurde auf abstinente und zölibatäre Frauen gerichtet, was vermutlich an der fehlenden Gewalt von Frauen und einem geringeren soziologischen Interesse liegt. Der Nachrichtenwert bleibt aus. Nach dem Motto: Wenn Frauen unfreiwillig sexfrei sind, kaufen sie sich einfach einen neuen Druckwellenvibrator. Wenn sich Männer zur Enthaltsamkeit gezwungen fühlen, töten sie.

Es ist wichtig, die sexuelle Abstinenz von Frauen im Zusammenhang mit der patriarchalen Kontrolle über ihre Körper und Sexualität zu sehen. Im geschichtlichen Kontext war Abstinenz von Frauen keineswegs ein cooler Trend von ein paar It-Girls. Die sexuelle »Reinheit« von Frauen wurde oft als eine Art Ware betrachtet, die in der Gesellschaft und in der Ehe gehandelt wird, um die männliche Macht fortzusetzen. Historisch gesehen wurde viel Aufwand betrieben, um sicherzustellen, dass Frauen keinen Sex haben, bevor sie durch die Ehe in die patriarchale Ordnung aufgenommen werden. Deshalb wurde von Frauen und Mädchen oft sexuelle Abstinenz verlangt – meistens in Form von Jungfräulichkeit. Manchmal wurde dies durch strenge Praktiken wie Keuschheitsvorrichtungen durchgesetzt, häufiger jedoch durch gesellschaftliche Normen.[31] Geschlechtsspezifische sexuelle Normen haben sich für Frauen in den letzten Jahrzehnten deutlich gelockert, und Frauen, die gerne und häufig Sex haben, gelten nicht mehr als Schlampen. Oder nur manchmal. Wiederkehrende Konzepte wie Keuschheit bestehen weiterhin. Doch in der Wissenschaft wird die sexuelle Abstinenz von Frauen als weniger relevant oder ›unsexy‹ wahrgenommen.[32]

Ich war noch eine junge Erwachsene, als es angesagt war, dass Promis durch »Purity Rings« zeigen, dass sie mit dem Sex bis zur Ehe warten. Heutzutage sind *Trad Wives* im Trend, die das traditionelle Hausfrau-Dasein glorifizieren und sich gegen die promiskuitiven Singles abgrenzen. Aber spannenderweise sind es nicht nur Konservative, die sich auf Konzepte der Enthaltsamkeit besinnen. Auch Feminist*innen reagieren mit Protest auf Weltgeschehen und wollen Männern und Sex abschwören, wie zum Beispiel im Jahr 2024 nach der Wiederwahl von Donald Trump zum US-Präsidenten.[33]

Das bereits erwähnte 4B-Movement ist ebenfalls eine Reaktion auf gesellschaftspolitische Stimmungen auf der Welt. Die feministische Bewegung aus Südkorea richtet sich gegen patriarchale Strukturen und traditionelle Geschlechterrollen. Der Name leitet sich von den vier Prinzipien der Bewegung ab, die Frauen dazu ermutigen, bestimmte gesellschaftliche Erwartungen bewusst abzulehnen. Diese Prinzipien beinhalten den Verzicht auf romantische Beziehungen mit Männern, die Ablehnung heterosexueller Beziehungen, die bewusste Entscheidung gegen die Ehe und gegen Kinder.[34] Ziel des 4B-Movements ist es, Frauen zu ermächtigen, ihr Leben außerhalb patriarchaler Normen zu gestalten und den gesellschaftlichen Druck, sich den traditionellen Rollenbildern anzupassen, zu hinterfragen.[35]

Im Gegensatz dazu ist der Boysober-Trend ein westlich geprägtes Phänomen, das weniger radikal ist und sich eher auf einen individuellen temporären Verzicht auf Männer im Kontext von Dating und Beziehungen konzentriert.[36] Boysober wird oft als Akt der Selbstfürsorge und der Neuausrichtung auf persönliche Ziele und Bedürfnisse verstanden. Während das 4B-Movement einen umfassenden ideologischen Bruch mit patriarchalen Strukturen fordert, ist der Boysober-Trend eher eine individuelle Auszeit von emotionalen oder romantischen Verpflichtungen, ohne dabei zwingend eine grundsätzliche Ablehnung heterosexueller Beziehungen oder der Ehe zu vertreten.

Die beiden Bewegungen teilen den Wunsch nach mehr Autonomie für Frauen, unterscheiden sich jedoch in ihrer Radikalität und Zielsetzung. Beide Bewegungen haben keinen Bock mehr auf bestehende Verhältnisse, aber ziehen unterschiedliche Schlüsse daraus. Während das 4B-Movement als gesellschaftspolitische Kritik agiert und tiefere systemische Veränderungen anstrebt, ist der Boysober-Trend eher eine pragmatische und kurzfristige Entscheidung. Beide Ansätze spiegeln die Suche nach neuen Wegen wider, sich von Zwängen zu lösen, zeigen aber, dass dies je nach kulturellem und persönlichem Kontext unterschiedliche Formen annehmen kann.

Ich denke, wir erleben da gerade einen Wandel, in dem Frauen bereit sind, Männern und Sex abzuschwören, und merken, dass ihnen das guttut. Für viele Frauen ist dieses Verhalten eine Antwort auf eine Gesellschaft, in der sie sich durch traditionelle Rollenbilder eingeschränkt fühlen. Indem sie sich von diesen Erwartungen lossagen, schaffen sie sich Freiräume, um ihre Zeit und Energie anders einzusetzen. Kritiker*innen sehen in diesen Bewegungen eine Überreaktion, doch viele der Frauen, die sich für diesen Weg entscheiden, empfinden ihn als befreiend. Sie berichten auf TikTok, dass sie sich stärker auf sich selbst, auf Freundschaften und auf andere Formen von Nähe und Intimität konzentrieren können. Sie wollen nicht länger das Gefühl haben, in einer Beziehung ihre eigenen Bedürfnisse hinter denen ihres Partners zurückstellen zu müssen.

Obwohl die Entscheidungen, boysober zu sein, oft kontrovers diskutiert werden, regen sie zum Nachdenken an. Sie stellen infrage, wie Beziehungen funktionieren und welche Erwartungen an Frauen in romantischen Partnerschaften gestellt werden. Und damit landen wir bei einem Begriff, der diese kollektive Ernüchterung ziemlich gut beschreibt: Heterofatalismus. Heterofatalismus bezeichnet eine resignierte Haltung gegenüber heterosexuellen Beziehungen, die oft als unvermeidlich problematisch, aber zugleich als gesellschaftliche Norm angesehen werden. Sprüche wie »Männer LOL«, »It's not you, it's men« oder »How to date men when you hate men« sind ganz typische heterofatalistische Slogans, die im Internet kursieren. Heterofatalismus ist keine bewusste Ablehnung von Heterosexualität, sondern vielmehr eine stille Akzeptanz der damit verbundenen Frustration oder sogar der Versuch, aus dieser Frustration einen Sinn zu generieren. Heterofatalismus ist die resignierte Haltung, dass Heterosexualität eine Art Schicksalsschlag ist – peinlich, ermüdend, unentrinnbar. Frauen, die sich als hetero oder bisexuell identifizieren, äußern oft zynische Distanzierungen von ihrer eigenen Heterosexualität, begleitet von Bedauern oder Resignation. Sie fragen sich: »Kann ich mich Feministin nennen und gleichzeitig heteronormative Beziehungen führen?«, und sagen dann Sätze wie »Ich wünschte, ich wäre lesbisch. Es wäre so viel einfacher« oder »Haha ich bin grade in meiner asexuellen Ära – Männer nerven so«.

Solche Äußerungen existieren als Meme auf Social Media, als Running Gag in feministischen Kreisen und als Stoßseufzer nach katastrophalen Dates. Heterofatalismus ist also keine direkte Ablehnung von Heterosexualität an sich, sondern vielmehr eine Mischung aus Frustration, Selbsterkenntnis und einem Gefühl der Machtlosigkeit.

Es gibt unzählige Gründe, warum Frauen diese Kein-Bock-auf-Männer-Haltung entwickeln. Sie machen unangenehme Erfahrungen beim Daten, erleben Männer als emotional unreif oder als schlicht uninteressiert daran, sie als gleichwertige Menschen zu betrachten. Der Exfreund ghostet nach Monaten des intensiven Austauschs, die liebevolle, verständnisvolle Version von ihm hat sich, wie es scheint, in Luft aufgelöst, weil das Smartphone nicht mehr piept. Frauen engagieren sich politisch, gehen zu Demos gegen rechte Männerbündnisse, während sie parallel auf Tinder von Friedrich-Merz-Fans beleidigt werden. Sie werden in der Bahn von Fremden angegrinst, als ob Flirten ein einseitig beschlossenes Spiel sei. Wenn sie sich nach einem langen Tag dann doch über das Kompliment freuen und merken, dass es ihr Ego ein wenig gestreichelt hat, schämen sie sich dafür. Natürlich sind diese Beispiele und Gründe zugespitzt formuliert, aber sie fangen auch ein Lebensgefühl ein, in dem Frauen versuchen, zu navigieren.

Die Idee, dass all diese Probleme mit einer anderen sexuellen Orientierung plötzlich verschwinden würden, liegt also nah. Es fühlt sich an, als gäbe es einen Notausgang und Queerness sei der rettende Strohhalm. Doch genau hier liegt das Problem: Heterofatalismus führt selten zu echten Veränderungen. Die Frauen, die ihn performen, brechen nicht radikal mit heterosexuellen Beziehungsnormen. Sie überdenken nicht immer ihre eigenen Muster oder ihre Erwartungen an Beziehungen. Stattdessen ist Heterofatalismus oft eine Art Selbstschutz, eine Vorwegnahme der Enttäuschung, um die Verletzlichkeit zu minimieren. Wer sich über die eigene Heterosexualität lustig macht, kann zumindest nicht mehr von ihr überrascht oder verletzt werden.

Die Ähnlichkeit zum Incel-Diskurs liegt dabei gar nicht so fern, wie man denkt. Natürlich ist völlig klar: Es gibt immense Abstufungen im Gewaltpotenzial. Enthaltsamkeit gepaart mit Heterofatalismus bei Männern, wie ihn die Incels praktizieren, kann Leben kosten, während enthaltsame Frauen versuchen, sich selbst zu schützen oder durch neue Begrifflichkeiten und Trends in sozialen Medien Aufmerksamkeit auf ein Thema zu lenken. Aber zurück zur Ähnlichkeit, die ich sehe: Incel-Foren sind voller Männer, die sich von Frauen betrogen fühlen – betrogen um Sex, um Anerkennung, um eine ihnen vermeintlich zustehende romantische Erfüllung. Heterofatalismus hat eine ähnliche Dynamik, aber funktioniert auf einer anderen Ebene. Frauen sprechen sich von Verantwortung frei, indem sie nicht etwa ihre heterosexuellen Muster hinterfragen, sondern gleich die gesamte sexuelle Orientierung als Fehler deklarieren. Wenn Männer über die Unerreichbarkeit von Frauen klagen, dann oft, weil sie sich selbst als Opfer eines ungerechten Systems sehen. Wenn heterofatalistische Frauen über die Unerreichbarkeit einer gelungenen Heterosexualität klagen, dann geschieht das aus einer scheinbar feministischen Perspektive. Doch in beiden Fällen entsteht keine Lösung – eher ein resigniertes Schulterzucken.[37]

Diese Haltung zeigt sich regelmäßig in Situationen, in denen die feministische Online-Community ihre Augen auf Weltgeschehnisse richtet. So auch während des Gerichtsverfahrens zum Vorwurf der sexualisierten Gewalt von Brett Kavanaugh, einem Richter am Obersten Gerichtshof der Vereinigten Staaten. Ein Tweet des US-amerikanischen Komikers Solomon Georgio ging viral: »Today is a reminder that if homosexuality was a choice, there would be 2, maybe 3, straight women left after today.« Auf Deutsch: Dieser Tag erinnert daran, dass es, wenn Homosexualität eine Wahl wäre, ab heute vielleicht noch zwei oder drei hetero Frauen gäbe. Der Witz funktioniert, weil er eine Realität einfängt. Heterosexualität ist für viele Frauen nicht wirklich eine freie Wahl, sondern ein gesellschaftlich tief verankertes System, das sie oft schädigt. Gleichzeitig entzieht sich der Satz der Verantwortung. Denn wenn wirklich alle Frauen heterosexuelle Männer kollektiv verlassen würden, wäre das Problem dann gelöst? Oder würde es sich einfach nur verlagern?

Unsere kollektive Kein-Bock-auf-Bullshit-Haltung gepaart mit einem »Männer LOL«-Humor ist ausschlaggebend in der vierten Welle des Feminismus, in der wir uns gerade befinden. Die BuzzFeed-Autorin Emmeline Clein nennt es in einem Artikel von 2019 »dissoziativen Feminismus«.[38] Clein beschreibt dissoziativen Feminismus als eine neue, oft ironisch-distanzierte feministische Haltung, die sich nicht mehr kämpferisch oder lautstark gegen Unterdrückung wendet, sondern sich durch Sarkasmus, emotionalen Rückzug und eine gewisse Gleichgültigkeit äußert. Er ist ein Produkt der Desillusionierung mit dem optimistischen #girlboss-Feminismus früherer

Jahrzehnte, der Gleichstellung versprochen, aber nicht geliefert hat.

Statt Wut oder Schmerz offen zu zeigen, präsentieren dissoziative Feminist*innen weibliche Leiden in todernstem Ton, der eher abgeklärt, sarkastisch rüberkommt, fast wie ein schräger Witz, den man nicht mehr erklären will. Sie zeigen ihre Verletzlichkeit nicht mehr durch Klagen oder Aktivismus, sondern durch ein bewusstes »Verlassen des Körpers«, also ein Dissoziieren, etwa beim Sex oder eben, wenn sie keinen Sex haben, beim Waxing oder auf Social Media. Diese Form des Feminismus ist geprägt von einer inneren Leere, Coolness und Selbstironie. Es ist eine Überlebensstrategie in einer Welt, die Frauen permanent objektifiziert.

Die Protagonistinnen dieses Feminismus sind in der Regel weiße, privilegierte Frauen. Sie verarbeiten ihren Schmerz nicht öffentlich-kämpferisch, sondern ziehen sich emotional zurück und machen ihn zur ästhetischen Pose. Serienfiguren wie *Fleabag* verkörpern das perfekt. Die Serie, benannt nach ihrer Hauptfigur, erzählt von den Beziehungen, Verlusten und Alltagskonflikten einer jungen Frau in London. Fleabag durchlebt Chaos und Gewalt, aber kommentiert es trocken, humorvoll, ohne sich zu beklagen.

Dissoziativer Feminismus kritisiert patriarchale Strukturen nicht direkt, sondern spiegelt sie durch Understatement, durch zynischen Witz oder durch das Zur-Schau-Stellen von emotionaler Kälte. Er zeigt eine Müdigkeit gegenüber der Forderung, ständig stark, laut und aktivistisch zu sein. Dabei behauptet er nicht, dass die alten Feminist*innen unrecht hatten. Vielmehr wirkt diese Haltung wie ein melancholischer Rückzug, eine resignierte, aber stilisierte Selbstverteidigung. Emmeline Clein stellt die Frage, ob Dissoziation nur ein

Schutzmechanismus ist oder ob sie auch eine neue Form von Nähe und Verletzlichkeit ermöglichen kann, sobald man den ironischen Abstand wieder aufgibt.

Hier gibt es eine klare Verbindung zum Heterofatalismus, dem Gefühl, dass heterosexuelle Beziehungen zwar unglücklich machen, aber trotzdem als unvermeidbar angesehen werden. Während der Heterofatalismus Frauen in Beziehungen hält, an die sie eigentlich nicht glauben, führt der dissoziative Feminismus dazu, dass sie sich ganz aus der Romantik und Intimität zurückziehen. Zwei unterschiedliche Kein-Bock-Reaktionen auf dasselbe Problem: das Patriarchat als eine Art Naturgewalt, gegen die man entweder verzweifelt ankämpft oder einfach aufgibt.

Hier setzt auch der Kein Bock Club an. Dissoziativer Feminismus und Heterofatalismus zeigen, wie sehr Hetero- und Allonormativität Frauen in ein Dilemma drängen. Wenn das romantische Ideal ohnehin nur Frust bringt, bleibt dann nur die Wahl zwischen schlechten Beziehungen oder gar keinen? Der Kein Bock Club schlägt eine dritte Möglichkeit vor: nicht nur das Patriarchat, sondern auch die zwanghafte Fixierung auf romantische Liebe und Begehren zu hinterfragen. Statt sich in Resignation oder toxischer Romantik zu verlieren, geht es darum, neue Narrative und Lebensmodelle zu entwickeln. Den Fokus auf etwas anderes zu legen, jenseits von »Die muss einfach mal ordentlich durchgevögelt werden«, »Du brauchst einen Mann« oder »Du wirst sowieso unglücklich«.

Anstatt die eigene Heterosexualität zu pathologisieren, wäre es möglicherweise hilfreicher, sich zu fragen: Wie können wir Beziehungen führen, die uns nicht frustrieren, sondern stärken? Was machen queere Menschen anders? Was können wir von ihnen lernen? Wer sich insgeheim danach sehnt, lesbisch zu sein, könnte vielleicht davon profitieren, sich aktiv mit queerer Beziehungsdynamik auseinanderzusetzen, statt nur darüber zu scherzen. Denn wenn die eigene Heterosexualität sich anfühlt wie eine Sackgasse, dann liegt das nicht nur an den Männern, sondern auch an den Erwartungen, die Frauen an Männer und an sich selbst stellen. Wer sich wünscht, asexuell zu sein statt verzweifelt horny, könnte eigene Muster bearbeiten und den Fokus umlenken. Es gibt ein ganzes Universum an alternativen Beziehungskonzepten, die uns lehren könnten, wie wir Beziehungen gestalten können, die nicht nur ein binäres »toxisch« oder »traumhaft« sind. Wer sich die Kultur, die er eigentlich beneidet, nicht nur ironisch wünscht, sondern von ihr lernt, kann vielleicht etwas daran ändern, dass sich Heterosexualität wie eine verlorene Wette anfühlt.

Genauso denke ich über ironische Aussagen über eine asexuelle Phase oder dramatische Enthaltsamkeit, die aber nicht wirklich so gemeint sind. Während Enthaltsamkeit bei Incels berühmt geworden ist, aber belächelt wird, gibt es kaum eine Tradition der linken Praxis als Gegenstück zu der rechtsextremen Enthaltsamkeit, wie Incels sie feiern. Der Professor in Gender Studies Benjamin Kahan schreibt in seinem Buch »Celibacies: American Modernism & Sexual Life« dazu: »Bevor wir uns entscheiden, das Zölibat der Rechten zu überlassen, sollten wir vielleicht darüber nachdenken, das radikale politische Potenzial zurückzugewinnen, das Künstler und Aktivisten des 19. und 20. Jahrhunderts in den Praktiken des Zölibats fanden.«[39]

Mit Zölibat meint Kahan die selbstgewählte Absage an Sex, die man nicht mit Asexualität verwechseln sollte. Dennoch haben die beiden etwas gemeinsam: Sie widerstehen der verpflichtenden Sexualität und haben das Potenzial, Sexualität und den Umgang mit Bedürfnissen neu zu gestalten. Während in den Anfängen des Feminismus eine viel stärkere Tendenz zur politischen Enthaltsamkeit festzustellen war, wie sie heute im 4B-Movement wieder populär geworden ist, empowern heute Feminist*innen eher Promiskuität[40] – was ja auch gut ist. Es wirkt aber so, als könne weibliche Sexualität nur entweder unterdrückt oder befreit sein, und mit befreit meinen die meisten eben viel Lust und viel Sex. Dieses Entweder-oder wird von asexuellen Menschen genauso wie von zum Beispiel heterosexuellen Frauen, die keinen Bock auf Männer haben, infrage gestellt. Sollte das irgendwann zu einer ehrlichen Befreiung führen, würden davon nicht nur asexuelle Menschen profitieren, sondern alle – auch straighte Frauen, nicht-binäre Lesben oder eben cis Männer. Die Frage ist also, wie wir uns in dem ambivalenten Raum bewegen, in dem wir anerkennen, dass niemand dazu verpflichtet ist, jemanden zu begehren. Dass niemand ein Recht darauf hat, begehrt zu werden. Und dass die Frage, wer begehrt wird und wer nicht, eine politische Frage ist.

Es ist auffällig, aber wenig überraschend, dass Männer, die sich sexuell ausgeschlossen fühlen, häufig mit einem Gefühl der Berechtigung für den Zugriff auf den Körper von Frauen reagieren. Währenddessen sprechen Frauen, die sexuelle Marginalisierung erleben, normalerweise nicht von Berechtigung, sondern von Empowerment, also Ermächtigung. Wenn sie doch von Berechtigung sprechen, geht es in der Regel um das Recht auf Respekt und nicht um den Körper anderer Menschen.

10. Scheitern lernen

»Nee, heute nicht«, sage ich und fühle mich, als würde ich einen Drahtseilakt vollführen, sobald die Worte meinen Mund verlassen.

Wir hatten die Zone des Knutschens bereits verlassen und die Zone des Verhandelns betreten. Ich wusste, dass meine Worte dich verletzen würden. Du hattest schon beim Küssen gedacht, ich wolle mehr. Vielleicht war es mein Fehler, und ich hatte nicht klargemacht, dass es mir nur um Nähe ging, denke ich verunsichert. Aber jetzt ist der Moment da, und ich will einfach nicht mehr.

»Wegen Bauchschmerzen?«, fragst du.

Ich hätte fast gelacht, obwohl mir nicht nach Lachen zumute ist. Du suchst immer nach einer Begründung, einer Entschuldigung, als müsse ich erst die perfekte Erklärung liefern, um mein »Nein« gültig zu machen.

»Hat auch nichts mit dir zu tun«, sage ich und meine es auch so. Aber ich weiß, dass das nicht reichen wird. Es reicht nie.

Deine Enttäuschung trifft mich wie ein Schlag. Ich spüre, wie der Raum zwischen uns größer wird, obwohl wir immer noch nebeneinanderliegen. Kuscheln ist jetzt offensichtlich auch keine Option mehr.

»Puh, ja, okay«, sagst du. »Darauf muss ich erst mal klarkommen. Ich gehe mal kalt duschen.«

Ich fühle mich wie ein Kind, das bestraft werden muss. Bestraft für das, was ich nicht geben kann oder will. Warum ist es so schwer, das einfach zu akzeptieren? Du bist eigentlich die Erste, die auf Demos ruft: »Mein Körper, meine Grenzen, my body, my choice!« Trotzdem fühlt es sich für mich so an, als hätte ich etwas falsch gemacht. Ich will dich nicht wegstoßen oder verletzen. Ich höre die Dusche rauschen und fühle mich allein, obwohl du noch da bist.

So eine Situation habe ich mit meiner Ex-Partnerin erlebt. Der Moment dauerte nur zwei Minuten. Für dieses Buch wollte ich erst einen Text dazu schreiben, der ihre Perspektive einnimmt. Ich wollte empathisch nachvollziehen, was sie an meiner Absage an Sex scheinbar verletzt und so hilflos macht. Aber beim Schreiben machte es einfach nicht Klick, es fühlte sich fremd und oberflächlich an. Ich war noch nie in der Situation, dass mich das Nein meines Gegenübers frustriert hat.

Doch der Wunsch, in meinem Buch auch eine andere Perspektive abzubilden als meine eigene, ließ mich nicht los. Ich rief meine Ex-Freundin an und fragte sie, ob sie mir ihre Sicht der Dinge aufschreiben könnte. Ich war irre nervös. Sie war zwar später der größte Ally, was Asexualität anging, den ich je kennengelernt hatte, aber offen über diesen Moment in unserer Beziehung hatten wir noch nie gesprochen. Sie sagte zu, und wir lachten laut am Telefon, als uns auffiel, dass auch die Musikerin Charli xcx ihre Kollegin Lorde gebeten hatte, einen Streit auf der Single »Girls, so confusing« zu klären.

»Let's work it out in the Remix«, sagte meine Ex kichernd und wollte noch sichergehen, dass sie, als großer Charli-xcx-

Fan, Charli und ich Lorde sein würden. Ich stimmte zu. Wenige Tage später schickte sie mir ihren Text per Mail. Als ich ihn las, musste ich weinen. Sie hat mir erlaubt, ihn mit euch zu teilen.

»Nee, heute nicht«, sagtest du. Die Worte hallten in mir wider, als würden sie an den Wänden meines Kopfes zurückknallen, unaufhaltsam, lauter und lauter. Ich spürte, wie sich mein Brustkorb zusammenzog, mein Hals sich zuschnürte. Es war nicht das erste Mal, dass ich abgelehnt wurde, aber warum tat es heute so weh?

»Wegen Bauchschmerzen?«, hatte ich gefragt, halb hoffend, dass es einen nachvollziehbaren Grund gäbe, der mich trösten könnte. Stattdessen kam nur:

»Nein, das nicht. Hat auch nichts mit dir zu tun.«

»Wir hatten seit drei Wochen keinen Sex mehr. Ist irgendwas nicht in Ordnung?« Ich stellte es als Frage, aber tief in mir fühlte es sich längst wie eine Wahrheit an.

»Es tut mir wirklich leid. Ich fühle mich gerade einfach nicht wie ich selbst. Und ich kuschle doch jede Nacht mit dir – für mich ist Kuscheln die tiefste Form von Intimität«, antwortetest du.

»Ja, ja, klar«, dachte ich. Ich wusste schon immer, dass sie heißer war als ich, dass ich nicht in ihrer Liga spielte. Dass, wenn ich nicht dauerhaft mein Bestes geben würde, sie das Interesse verlieren würde. Und das würde ich genau daran merken, dass wir keinen Sex mehr hätten. Jetzt war es so weit.

Eine Freundin hat mir mal erzählt, dass das Durchschnittspaar nur einmal im Monat Sex hat. »Das ist so traurig«, fügte sie hinzu und lachte dabei abwertend. »Scheint, als wären gar nicht so viele Leute wirklich verliebt.« Das hat sich eingeprägt: Wenn man nicht regelmäßig Sex hat, ist man nicht verliebt.

Mir drehte sich der Magen um. Frust, Traurigkeit, Angst – alles stieg gleichzeitig in mir hoch. Warum begehrt sie mich nicht mehr? Soll ich öfter ins Fitnessstudio gehen? Wie lange schon verliert sie das Interesse an mir? Warum hab ich's nicht früher gemerkt? Natürlich würde sie sagen, es habe nichts mit mir zu tun. Aber warum fühlt es sich dann so an, als hätte jemand eine glühende Nadel genau in meine Unsicherheit gestochen?

»Ich bin jetzt total enttäuscht und muss darauf erst mal klarkommen. Ich gehe mal kalt duschen.«

Meine Stimme klang schärfer, als ich wollte, aber ich wusste nicht, wie ich diese Welle der Enttäuschung sonst bewältigen sollte. Eine Träne rollte über meine Wange. Wir sind – nein, ich bin gescheitert.

Ich wusste, das war das Ende unserer Beziehung.

Es war nur noch eine Frage der Zeit, bis sie sich in jemanden verlieben würde, der heißer war. Besser.

Ich verstand nicht, warum sie nicht kämpfen wollten, und fühlte mich fucking einsam.

»Nee, heute nicht.« Dieser Satz, so harmlos er klingt, kann sich anfühlen wie ein Dolchstoß. Für viele ist die Ablehnung von Intimität – sei es in Beziehungen oder in flüchtigen Begegnungen – nicht einfach nur ein »Nein« zu einer Handlung. Es wird oft als Ablehnung der Person an sich interpretiert. Warum aber fühlt sich »Kein Bock« beim Gegenüber so verletzend an, dass es manchmal in Enttäuschung, Wut oder sogar Eskalation mündet? Die Antwort liegt sowohl auf einer individuellen als auch auf einer strukturellen Ebene, in der Macht und Geschlechterrollen eine entscheidende Rolle spielen.

Auf der individuellen Ebene trifft Ablehnung oft auf tiefe Unsicherheiten. Wer in einer Beziehung oder sexuellen Dynamik »Nein« sagt, entzieht sich nicht nur dieser einen Handlung, sondern oft auch einem unausgesprochenen Skript. Dieses Skript beinhaltet die Erwartung, dass Intimität ein Indikator für Nähe und Zuneigung ist. Für viele Männer, die geprägt durch patriarchale Strukturen ihren Wert an Dominanz, Kontrolle und Begehrtheit knüpfen, wird »Kein Bock« schnell als Angriff auf die eigene Identität verstanden. Die Machtposition, die ihnen das Patriarchat verspricht, wird in dem Moment hinterfragt.

Aber auch Frauen oder Menschen, die weiblich sozialisiert wurden, können Ablehnung als Bedrohung empfinden. Die deutsche Autorin Sophia Fritz beschreibt in ihrem Buch »Toxische Weiblichkeit« eine andere Perspektive auf diese Dynamik. Das »Good Girl«, wie Sophia Fritz es nennt, ist das gute Mädchen, das gelernt hat, sich anzupassen, zu gefallen und Konfrontation um jeden Preis zu vermeiden. Das »Good Girl« wird in Momenten von Ablehnung nicht laut oder aggressiv, sondern zieht sich zurück. Warum es in ihrer Analyse von toxischer Weiblichkeit dazugehört? Anstatt ehrlich »Ich will das gerade nicht« zu sagen oder einen konkreten Wunsch auszusprechen, arbeitet das Good Girl lieber mit Vorwürfen wie »Nie kaufst du mir Blumen«.[1] Das gute Mädchen in uns greift lieber auf weichgespülte Ablehnungen zurück, die keine endgültigen Grenzen setzen, sondern die Konfrontation abmildern sollen. Sophia Fritz zitiert die Autorin Kasia Urbaniak, die in ihrem Buch »Unbound« dafür plädiert, mehr zu wollen: »Gute Mädchen sollen nichts wollen; wir sollen gewollt werden. Es ist nicht attraktiv zuzugeben, dass man hungrig ist oder Sex will. Der Wunsch nach Erfolg lässt uns unfeminin erscheinen, der Wunsch nach Liebe schwach. Das Radikalste, was eine Frau tun kann, ist wollen«.[2] Ich stimme zu, dass das »gute Mädchen« des Kein Bock Clubs gelernt hat, gewollt zu werden, statt zu wollen. Aber was ist, wenn wir eben mal nicht wollen? Ist der Konflikt dann vorprogrammiert?

Ich habe selbst total Angst, Menschen abzulehnen, ich grüble häufig schon beim Knutschen, wie weit ich heute gehen möchte, lege mir genau zurecht, wie ich eine Grenze kommunizieren soll. Ich übernehme viel zu viel Verantwortung für ein potenzielles Szenario der Ablehnung und für die Gefühle meines Gegenübers. Das hat dann auch sehr wenig mit Lust zu tun. Ich wünschte, das wäre ein Dilemma, das ich euch heute als gelöst präsentieren kann. Tadaa, hier die Lösung in drei Schritten! Aber so ist es nicht. So richtig ehrlich zu fühlen, was nur ich alleine will – ohne die Bedürfnisse meines Gegenübers dabei wie einen Bass, der die Fenster zum Vibrieren und meine Monstera zum Wackeln bringt, wahrzunehmen –, finde ich ganz schwierig.

Die Prägung als Good Girl umzuwandeln und an erster Stelle nach meinem Bedürfnis zu handeln kann total gruselig sein, obwohl ich davon überzeugt bin, dass meine Grenzen unverhandelbar sind. Auch meine Asexualität hinterfrage ich dabei konstant. Unbewusst will ich eine gute Asexuelle sein: cool und entspannt, jemand, der wenig Probleme macht. Eine Asexuelle, die Menschen bloß nicht mit den Themen der Bocklosigkeit überfordert und am besten nicht auffällt. Eigentlich wie schon als Teenager: irgendwie so wie alle anderen sein, aber irgendwie auch nicht. Ich bin dann eine »Pick

Me Ace«, wie ich es nenne, abgeleitet vom Begriff »Pick Me Girl«. Ein Pick Me Girl ist eine Frau, die männliche Bestätigung sucht, indem sie mal subtil, mal ganz direkt betont, dass sie »nicht wie die anderen Mädchen« ist. Typische Merkmale sind, dass sie Eigenschaften oder Verhaltensweisen ihrer männlichen Freunde übernimmt, die vorher gar nicht zu ihr gehörten, nur um dazuzugehören, um relatable zu wirken. Kurz gesagt: Sie versucht, sich von anderen Frauen abzugrenzen, um bei Männern besser anzukommen, selbst wenn sie sich dafür kleinmacht oder gegen die eigene Intuition handelt.

Eine Pick Me Ace bin ich, wenn ich typische Merkmale von sehr sexuellen Menschen übernehme, um nicht aufzufallen und mich als easygoing und cool zu inszenieren. Bloß nicht prüde sein, bloß nicht langweilig, als würde ich insgeheim andere Asexuelle auf diese Weise verurteilen. Ich sage dann Sachen wie: »Ach, mir sind Labels nicht so wichtig« oder »Nee, nee, ich hab sogar Sex«, um zu beteuern, dass ich zu »den guten« Asexuellen gehöre. Es ist mir ganz unangenehm, das zuzugeben, weil meine Haltung natürlich eigentlich eine andere ist. All die Menschen, die über Asexualität sowohl im Internet als auch Fernsehen aufklären und ihre Geschichten erzählen, sind meine Held*innen. Und umso unangepasster ich sie wahrnehme, desto cooler finde ich sie. Und trotzdem ist in mir manchmal diese gemeine kleine Pick-Me-Stimme.

Auf einer strukturellen Ebene wirkt Ablehnung in anderen Dimensionen. Denn seine eigenen Grenzen klar zu definieren, gerade als Frau oder weiblich sozialisierte Person, ist im Patriarchat nicht vorgesehen.

Männer wurden über Jahrhunderte hinweg in ihrer Rolle

als aktive »Eroberer« bestärkt, während Frauen als passive Empfängerinnen sexuellen Interesses gesehen wurden. Diese Konstellation erzeugt ein Machtungleichgewicht, in dem ein »Nein« nicht nur als persönliche Ablehnung empfunden wird, sondern als subversiver Akt gegen die etablierten Machtstrukturen. Männer reagieren auf ein Nein oft mit Wut, Frauen mit Angst – beide jedoch im Kontext einer vorherrschenden Ordnung, die ihnen keine gleichberechtigten Kommunikationsmittel zur Verfügung stellt.

Gerade innerhalb von intimen Beziehungen kommt außerdem ein weiterer Aspekt von Macht hinzu. Wer »Nein« sagt, entzieht sich einer unausgesprochenen Verpflichtung und setzt damit eine Grenze. Das Setzen von Grenzen ist in patriarchalen Strukturen jedoch oft mit Machtkämpfen verbunden. Ein Mann, der gelernt hat, seine Sexualität als Ausdruck von Dominanz zu sehen, wird durch eine Ablehnung herausgefordert, weil sie seine Kontrolle infrage stellt. Umgekehrt fühlt sich eine Frau, die in ihrer sozialen Rolle darauf konditioniert wurde zu gefallen, durch ihr eigenes »Nein« bedroht, weil sie befürchtet, ihre Position zu verlieren. Ich glaube, dass auch in queeren Beziehungen immer wieder die gleichen heteronormativen Muster wiederholt werden können. Lesbische Frauen beispielsweise bestätigen häufig normative Geschlechterrollen, wenn etwa eine maskuline Lesbe eine feminine Partnerin hat und sich als den dominanten Part in der Paarbeziehung und im Bett versteht. Natürlich kann das ihre Präferenz sein, es kann aber ebenso wie bei cis Männern eine Aneignung und Wiederholung von toxischen Rollenbildern sein. Das Aushandeln von Grenzen kann also sowohl in hetero als auch queeren Beziehungen zum Nachteil einer femininen Person sein.

Sophia Fritz schreibt über Grenzen: »Wenn ich als gutes Mädchen nicht selbstbestimmt und souverän meine Grenzen wahren kann, bleibe ich für immer auf das Wohlwollen der anderen angewiesen. Ich werde mich nie intrinsisch sicher fühlen, wenn ich mich nicht auf meine Wut und meine Stimme verlassen kann.« Und weiter: »Solange unser Gutsein nicht darauf beruht, was für uns selbst im tiefsten Innern gut ist, sondern darauf, was die Gesellschaft für günstig hält, wird uns diese Konditionierung trotz aller kapitalistischen Vorteile unerfüllt, frustriert und müde zurücklassen.«[3]

Dieser Anspruch an uns selbst, Grenzen zu setzen, Nein zu sagen oder uns auch zu trennen, wenn unser Nein nicht akzeptiert wird, kann natürlich nur für Beziehungen gelten, in denen man es mit halbwegs wohlwollenden Menschen zu tun hat. Grenzen setzen, das innere Good Girl herausfordern, ist leider auch heutzutage ein Privileg, das nicht jede*r nutzen kann. Nein sagen ist für Frauen, die in gewaltvollen Beziehungen leben, eine Gefahr, in solchen Beziehungen kann schon das Kein-Bock-Haben allein gefährlich sein.

Frauen, die sich Männern verweigern oder sich gegen sie wehren, werden schnell beschimpft. »Ähnlich verhalten sich User im Internet, wenn Frauen ihnen Aufmerksamkeit verweigern oder bestimmte kommunikative Erwartungen nicht erfüllen. Besonders drastisch kommt das auch bei jenen Erhebungen zum Ausdruck, denen zufolge die meisten Morde an Frauen im Moment einer Trennung verübt werden, wenn also eine Frau sich anmaßt, die Beziehungsansprüche eines Mannes nicht mehr zu erfüllen und ihren eigenen Weg zu gehen«, schreibt Autorin Franziska Schutzbach in »Die Erschöpfung der Frauen«.[4]

Die Autorinnen des Buchs »Femizide – Frauenmorde in Deutschland«, Julia Cruschwitz und Carolin Haentjes, kommen zu einem ähnlichen Schluss und beziehen sich dabei auf die Psychologin und Professorin Luise Greuel. Sie stellen fest, »dass die große Mehrheit der Femizide gerade nicht in bestehenden Beziehungen, sondern im Umfeld von Trennungen passiert«. Besonders »der Moment, in dem der Mann das unwiderrufliche Ende der Beziehung und damit auch den endgültigen Kontrollverlust über die Ex-Partnerin realisiert«, ist für Frauen gefährlich. »In den ersten beiden Monaten nach der Trennung ist das Risiko für die Frauen am höchsten, Opfer eines Gewaltdeliktes zu werden«, so die Autorinnen. »Tötungsdelikte dagegen ereigneten sich allerdings meist danach, im zweiten Trennungshalbjahr oder später.«[5]

Empowert keinen Bock haben, Konsens einfordern und furchtlos Neinsagen ist also ein Privileg, das nicht jede Frau hat.

Konsens

Konsens ist eines dieser Worte, das in den letzten Jahren immer präsenter geworden ist – und das aus gutem Grund. Es beschreibt das bewusste, freiwillige Einverständnis zu einer bestimmten Handlung, insbesondere zu sexuellen Aktivitäten. Das feministische Verständnis von Konsens hat sich über die Jahrzehnte weiterentwickelt. Früher wurde oft »Nein heißt Nein« als Leitsatz verwendet. Die Idee dahinter war klar: Wenn jemand sexuelle Handlungen ablehnt oder nicht weitermachen möchte, bedeutet das Stopp. Punkt. Dieses Konzept war eine wichtige Grundlage im Kampf gegen sexualisierte Gewalt, aber es hat auch Lücken. Es setzt voraus, dass Menschen in der Lage sind, sich in kritischen Situationen klar zu artikulieren. Doch Angst, Scham oder gesellschaftliche Erwartungen können dazu führen, dass ein »Nein« gar nicht erst ausgesprochen wird.[6]

Als Reaktion darauf wurden ein Rechtssystem und gesellschaftliche Moral gefordert, die »Ja heißt Ja« als Standard setzen. »Ja heißt Ja« besagt, dass nur ein ausdrückliches Ja zu einer sexuellen Handlung als Zustimmung gewertet werden kann. In einigen europäischen Ländern gilt diese Prämisse bereits als Gesetz. In Spanien beispielsweise hat die linksalternative Gleichstellungsministerin Irene Montero es im Jahr 2022 umgesetzt.

Bei »Ja heißt Ja« geht es nicht mehr nur darum, ob jemand aktiv widerspricht, sondern ob ein aktives Einverständnis gegeben wird. So könnte vermieden werden, zumindest in der Theorie, dass Menschen so etwas sagen wie: »Aber hat das Opfer überhaupt Nein gesagt?« Das klingt zunächst sinnvoll und schafft in der Praxis aber eine hohe Messlatte für gesunde Sexualität.

Konsens ist kein isoliertes Konzept, das unabhängig von gesellschaftlichen Strukturen existiert. Er ist eingebettet in Machtverhältnisse, Normen und Erwartungen, die bestimmen, wer sich wie frei fühlt, Ja oder Nein zu sagen. Die Fähigkeit, Konsens zu geben, ist nicht nur eine Frage des individuellen Begehrens, sondern auch eine des sozialen Status, der körperlichen Konsequenzen und der strukturellen Risiken. Besonders in heteronormativen Dynamiken zeigt sich, dass nicht alle Menschen gleich leicht oder unbefangen zustimmen können.

Jemand, der männlich sozialisiert wurde, hat oft eine größere Freiheit, seinen Konsens zu geben. Warum? Erstens, weil sein Status in der Gesellschaft in der Regel nicht daran geknüpft ist, ob er sexuell zugänglich oder zurückhaltend ist. Männer müssen weniger darum fürchten, als »leicht zu haben« abgestempelt zu werden oder ihren Wert durch promiskuitives Verhalten zu mindern. Ein Mann, der Sex hat, erfüllt schlichtweg die Erwartungen. Eine Frau, die Sex hat, muss hingegen in einem engen Rahmen navigieren: Sie darf weder zu prüde noch zu willig sein, weder zu unabhängig noch zu verfügbar.

Dann sind da noch die realen physischen Konsequenzen. Eine mögliche Schwangerschaft betrifft den Körper einer Frau oder eines Menschen mit Gebärmutter auf existenzieller Ebene. Selbst mit Zugang zu Verhütung liegt die Aufgabe, diese zu organisieren, oft bei ihr. Wer nimmt die Pille? Wer besorgt Kondome? Wer geht zur Apotheke, um die Pille danach zu besorgen, falls ein Kondom doch mal reißt? In heterosexuellen Begegnungen bedeutet das, dass die Entscheidung für Sex immer mit einer zusätzlichen Verantwortung einhergeht – einer Verantwortung, die Männer in den meisten Fällen nicht tragen müssen. Und selbst wenn Schwangerschaft keine unmittelbare Gefahr ist: Die gesellschaftliche Angst vor weiblicher Promiskuität führt dazu, dass Frauen und weiblich gelesene Menschen doppelt darüber nachdenken, bevor sie sich auf jemanden einlassen. Wird über sie geredet? Wird ihre Sexualität respektiert? Oder als Einladung zur weiteren Grenzüberschreitung verstanden? Auch Menschen, die beispielsweise finanziell von einer Beziehung abhängig sind oder in einer marginalisierten Position leben, haben nicht immer die Freiheit, ihre Lust an erste Stelle zu setzen. Ein enthusiastisches »Ja«, echter Konsens, ist also viel schwerer, wenn die möglichen Konsequenzen sich weit über eine gemeinsame Nacht hinaus erstrecken.

Bei der Konsensfrage stößt außerdem der Kein Bock Club auf eine Schwierigkeit: Menschen, die weniger oder keine sexuelle Anziehung empfinden, erleben den Enthusiasmus, Sex zu haben, nicht automatisch als innere Regung. Das bedeutet nicht, dass sie keine Intimität oder körperliche Nähe wollen, sondern dass sie möglicherweise andere Wege finden, sie zu genießen. Asexuelle oder sexuell wenig motivierte Menschen können zum Beispiel durchaus Lust auf Berührungen, Kuscheln oder emotionale Nähe haben – ohne dass diese automatisch in sexuelles Begehren umschlagen. Das Problem mit der Forderung nach enthusiastischem Konsens ist, dass es genau diese Nuancen nicht abbildet. Wenn Begeisterung zur Voraussetzung für Konsens wird, bedeutet das für manche Menschen eine paradoxe Situation: Sie haben möglicherweise Interesse an Intimität, aber kein von sich aus sprudelndes Verlangen. Ist ihr Konsens dann weniger wert?

Es gibt noch viele andere Situationen, in denen enthusiastischer Konsens nicht so einfach abrufbar ist. Menschen mit Vaginismus zum Beispiel erleben durch versuchte Penetration starke Schmerzen. Das bedeutet aber nicht zwangsläufig, dass sie keine Sexualität erleben möchten – doch ein euphorisches »Ja« ist in so einer Situation schwer denkbar. Manche Menschen mit Depressionen berichten, dass ihre Libido durch die Krankheit oder durch Medikamente stark gedämpft ist. Das bedeutet nicht, dass sie keinen Sex wollen oder keinen genießen können, sondern dass der Enthusiasmus in solchen Momenten möglicherweise nicht so groß ist. Heißt das, sie dürfen nur dann Sex haben, wenn sie sich aus heiterem Himmel danach verzehren?

Ein weiteres Beispiel sind Menschen, die eine responsive Erregung haben. Anders als bei denen, die sofort Lust empfinden, brauchen sie erst Stimulation, damit überhaupt ein sexuelles Interesse entsteht. Das bedeutet, dass aus einem »Vielleicht« erst ein »Ja« wird, wenn das Setting stimmt und die Person sich wohlfühlt. Nach der Logik des enthusiastischen Konsenses wäre das ein Problem, denn es gibt in diesem Modell keine Grauzonen zwischen »Ja, unbedingt!« und »Nein, auf keinen Fall«. Doch für viele Menschen funktioniert genau so Begehren – als Prozess, nicht als fertige Entscheidung, die aus dem Nichts getroffen wird.

Die Forscherinnen Emily Nagoski und Angela Chen haben ein Stufenmodell von Konsens entwickelt, das weit über das einfache Ja-Nein-Schema hinausgeht.[7] Es ist nicht als starre Checkliste zu verstehen, sondern als Alternative zu »Ja heißt Ja«, um sich selbst besser zu verstehen und Platz für Ambivalenz zu schaffen. Das Modell beschreibt verschiedene Formen des Konsenses, die je nach Situation unterschiedlich aussehen können:

Ein »enthusiastischer Konsens« liegt laut Chen vor, wenn man als Person beispielsweise denkt, fühlt oder sagt, dass man sein Gegenüber will, und man »keine negativen Konsequenzen« befürchtet, unabhängig davon, ob man »Ja oder Nein« sagt.

Der »bereite Konsens« hat mit grundsätzlichem Verlangen zu tun, das aber vielleicht gerade nicht sehr präsent ist. Es geht um Konsens, bei dem man glaubt, dass »Verlangen erst entstehen könnte, nachdem [man] Ja gesagt« hat.

»Unwilliger Konsens« herrscht dann vor, wenn man »die Konsequenzen eines Neins mehr [fürchtet] als die eines Jas«. Oder wenn man nicht nur keine Lust auf Sex hat, sondern auch keine Lust hat, im weiteren Verlauf der Handlung noch

Lust zu entwickeln. Außerdem geht es beim unwilligen Konsens auch um die Sorge, dass das Gegenüber versuchen könnte, einen umzustimmen, falls man Nein sagt.

Zuletzt kommt der »erzwungene Konsens«. Dieser ist eigentlich nicht mehr das, was wir uns in Wirklichkeit unter Konsens vorstellen. Es geht um das Gefühl, dass man Sorge hat, das Gegenüber könnte mit »negativen Konsequenzen« drohen, wenn man eine sexuelle Handlung verweigert. Und auch um das Empfinden, man könne »verletzt [werden]« und ein Nein hätte »schlimmere Folgen« als ein Ja.[8]

Dieses Modell, das ihr bei Nagoski und Chen ausführlicher nachlesen könnt, zeigt, dass Konsens keine starre Ja-/Nein-Frage ist, sondern ein Spektrum. Menschen können Entscheidung auf sehr unterschiedliche Arten und auf Basis von extrem vielfältigen Gefühlen treffen, und das sollte in unseren Gesprächen über Sexualität berücksichtigt werden.

Das Problem ist, dass wir als Gesellschaft versuchen, diese hochgradig persönlichen und situativen Prozesse mit einer Art vertraglicher Logik zu regeln – als wäre Konsens eine juristische Frage, die mit »Kreuze das richtige Kästchen an« gelöst werden kann. Aber Beziehungen, Begehren und Intimität sind komplex. Ein Konsens, der in einer Situation vollkommen klar erscheint, kann in einer anderen völlig anders empfunden werden. Das ist auch der Grund, warum oft das Missverständnis aufkommt, dass Konsens automatisch »einmal gegeben, immer gegeben« bedeutet – nach dem Motto: »Gestern wolltest du doch, warum heute nicht?« Doch so funktioniert das nicht. Lust und Begehren sind keine stabilen Größen. Auch innerhalb eines sexuellen Moments kann sich etwas verändern. Eine Person kann mit einem bestimmten Akt einverstanden sein, aber nach einer Weile merken, dass es doch nicht passt. Konsens ist keine einmalige Transaktion, sondern eine laufende Kommunikation.

Angela Chen argumentiert in »Ace«, dass deswegen auch die verbreitete Aussage »Vergewaltigung ist kein Sex«, die man vor allem in feministischen Debatten oft als Argument hört, zu kurz greift, weil sie die Grauzonen sexueller Erfahrungen nicht berücksichtigt. Ihrer Meinung nach wirft sie mehr Fragen auf, als sie beantwortet: Was passiert, wenn jemand einvernehmlich Sex hat, sich danach aber verletzt oder übergangen fühlt? Und wie soll man über Situationen nachdenken, in denen Zwang im Spiel war, aber nicht in einem Ausmaß, das rechtlich als Vergewaltigung gilt?[9]

Chen weist auch darauf hin, dass sexuelle Erfahrungen nicht nur in die Kategorien »gewaltsame Vergewaltigung« und »angenehmer Sex« passen. Vielmehr gibt es Abstufungen, in denen Druck, Zwang oder gesellschaftliche Erwartungen eine Rolle spielen, ohne dass es eindeutig in eine der beiden Schubladen passt. Sie schreibt: »Wenn du Ja gesagt hast, aber deine Körpersprache nicht besonders begeistert wirkte – war es dann keine Vergewaltigung, sondern Sex, also per Definition etwas Gutes? Warum hat es sich dann nicht gut angefühlt?« Das bestehende Narrativ führe dazu, so Chen, dass Menschen sich fragen, ob sie überhaupt das Recht haben, sich nach einem als einvernehmlich geltenden Akt verletzt oder übergangen zu fühlen.

Ein weiteres zentrales Argument von Chen ist, dass wir als Gesellschaft nicht immer wieder zwanghaft bestätigen müssen, dass Sex grundsätzlich etwas Gutes ist. »Für manche ist er niemals gut und niemals gewollt, egal wie ideal die Umstände scheinen oder wie einfühlsam der Partner oder die Partnerin ist.« Sie betont, dass es unterschiedliche Erfahrungen, Grade an Selbstbestimmung und Einstellungen zu Sex gibt – und dass es wichtiger ist, diese Realität anzuerkennen, als zwanghaft an der Idee festzuhalten, dass es immer Bedingungen gibt, unter denen Sex schön oder erfüllend sein muss. »Sex ist kompliziert«, fasst sie zusammen, »und der erste Schritt zur Heilung ist, anzuerkennen, was passiert und wie Menschen sich fühlen – selbst wenn das nicht den Erwartungen entspricht, wie Dinge angeblich ablaufen oder wie man sich angeblich fühlen sollte.«

Statt Konsens also wie eine Verhandlung vor Gericht zu behandeln, plädiert Chen dafür, ihn als offenen, dynamischen Prozess zu begreifen. Es braucht Platz für Kommunikation, für Unsicherheiten, für den Austausch von Bedürfnissen und Grenzen. Konsens darf komplizierter sein als ein Multiple-Choice-Test – denn das echte Leben ist es auch. Wenn wir Intimität nicht als Leistung betrachten, sondern als Begegnung, dann erkennen wir, dass der wichtigste Aspekt nicht das Häkchen hinter einem »Ja« oder »Nein« ist, sondern ein ehrlicher, respektvoller Umgang miteinander. Angela Chen schreibt dazu: »Du kannst Nein sagen, wenn dich jemand liebt und du die Person zurückliebst. Du kannst für den Rest deines Lebens Nein sagen.«[10]

Decentering Sex

Ich persönlich finde es schwer, ein Nein schnell und klar auszusprechen, vor allem wenn ich es meine*r Partner*in gegenüber formuliere, die ich liebe.

Ich bin sehr behütet aufgewachsen, habe allerdings – wie viele in meiner Generation – nicht gelernt, Grenzen zu kommunizieren. Wenn meine Tanten mich umarmen oder meine bulgarischen Onkel mich in die Wange kneifen wollten, wurde ich nicht gefragt, ob ich das wirklich möchte. Und wenn ich ablehnend reagiert habe, hieß es: »Ach, stell dich doch nicht so an.« Das ist kein Vorwurf an meine Familie, auch sie wurden durch ihre Zeit und die damals herrschenden Strukturen geprägt. Deshalb wurde bei uns zu Hause auch wenig über Grenzen gesprochen, und es gab erst recht nicht so etwas wie »gewaltfreie Kommunikation«.

Gewaltfreie Kommunikation ist ein Konzept des Psychologen Marshall Rosenberg. Dabei schlägt er vor, zuerst eine sachliche Beobachtung zu äußern, dann die eigenen Gefühle wahrzunehmen, anschließend die eigenen Bedürfnisse zu benennen und zuletzt einen Wunsch an das Gegenüber zu formulieren. Im Kontext einer Sexabsage ist es in einer Beziehung sicherlich hilfreich, eine Kommunikation anzuwenden, die es dem Partner oder der Partnerin leichter macht, ein Nein nicht persönlich zu nehmen. Andererseits: Muss es wirklich so kompliziert sein? Übernimmt man damit nicht schon sehr viel Verantwortung für die Regulierung des Gegenübers? Sollte nicht schon ein einfaches »Schatz, heute hab ich keinen Bock, können wir einfach kuscheln?« reichen?

Wenn ich an meine Good-Girl-Prägung denke, die sich in jede Falte meines Gehirns hineingefressen hat, wünsche ich mir von dem guten Mädchen in mir eher, dass es sich nicht fürs Kein-Bock-Haben entschuldigen will. Und ich möchte auch gar nicht, dass es als Kein-Bock-Haben empfunden wird. Es ist eher so, dass ich einfach auf etwas anderes Bock habe als mein Gegenüber. Während ich ganz viel Zeit darauf verwende zu überlegen, wie ich meine Bocklosigkeit in sanft duftende Worte verpacken kann, gestehe ich meinem Gegenüber Gefühlsausbrüche zu. Oft Trotz, manchmal aber auch Wut, Tränen oder Verzweiflung. Und ich? Von mir selbst erwarte ich, sortiert, rational, lösungsorientiert und super cool zu sein. Vielleicht muss ich, müssen wir alle mal lernen zu scheitern. Die Autorin und Kulturwissenschaftlerin Beate Absalon schreibt dazu in ihrem Buch »Not giving a fuck« sehr treffend: »Das Leiden an Sex werden wir nicht los, indem wir Sex meistern, sondern indem wir lernen, an Sex zu scheitern.«[11]

Es gibt einen kollektiven Druck, dass alles auf Anhieb funktionieren muss. Wer einen neuen Job beginnt, sollte am besten schon qualifizierter sein als die Vorgesetzten. Wer eine Sprache lernt, sollte bitte schon im ersten Monat fehlerfrei sprechen. Und wer Sex hat, sollte genau wissen, was er oder sie tut. Aber was, wenn das alles nicht klappt? Wenn das erste Mal mit einer neuen Person nicht reibungslos läuft, wenn man sich verhaspelt, wenn das Scheitern zum Prozess gehört? Die Wahrheit ist: Wir stecken als Gesellschaft nicht nur ökonomisch oder politisch in einer Krise, sondern haben auch die Fähigkeit verloren, Scheitern als Teil von Wachstum zu akzeptieren.

Besonders queere Menschen, die sich vielleicht erst spät mit ihrer Identität auseinandersetzen konnten, spüren diese Angst vor dem Neuen. Das erste Mal mit einer Person eines anderen Geschlechts oder einer anderen Geschlechtsidentität kann sich anfühlen wie ein kompletter Neustart – inklusive des Drucks, alles richtig zu machen. Wer als lesbische oder bisexuelle Person erst spät mit Frauen schläft, hat manchmal das Gefühl, die eigene Pubertät nachzuholen, während alle anderen sie längst überwunden haben. Das Gleiche gilt für trans Personen, die sich vielleicht mit einem neuen Körper oder neuen Erwartungen konfrontiert sehen. Queerness bedeutet in vielerlei Hinsicht, sich außerhalb der normativen Skripte zu bewegen – aber das bedeutet auch, dass es keine festen Regeln gibt. Genau das kann verunsichern.

Auch Männer sind nicht davor geschützt, vor dieser Angst zu scheitern. Viele haben internalisiert, dass sie »performen« müssen, dass sie immer wissen sollten, wo die Klitoris ist, dass sie dominant sein sollen und einfühlsam und ausdauernd, aber auf keinen Fall mechanisch. Die Erwartungen sind ein Minenfeld, und weil niemand ihnen beigebracht hat, offen über Unsicherheiten zu sprechen, tun sie oft so, als gäbe es keine. Das Ergebnis: Die Angst vorm Versagen ist so groß, dass sie lieber nach Skripten handeln, statt sich auf echte Intimität einzulassen. Und wer keine Fehler machen darf, hat auch weniger Bock.

Bei der Recherche zu diesem Buch habe ich mich gefragt, wer eigentlich wirklich Bock und vor allem guten Sex hat. Die Antwort hat mich überrascht. Studien legen nahe, dass Menschen mit sexuellen Dysfunktionen oft erfüllteren Sex haben als Menschen, die von sich behaupten, »funktional« zu sein.[12] Warum? Weil sie gezwungen sind, kreativ zu werden. Wer eine erektile Dysfunktion hat, weiß, dass Sex nicht nur aus Penetration bestehen kann. Wer Schmerzen beim Sex hat, wird eher kommunizieren, was sich gut anfühlt und was nicht. Und wer nicht immer Lust hat, wird Sex nicht als etwas betrachten, das geleistet werden muss, sondern als etwas, das entstehen darf. Das bedeutet nicht, dass es nicht frustrierend sein kann, wenn der Körper nicht so reagiert, wie man es gerne hätte – aber es bedeutet, dass diese Menschen oft mehr über Intimität, Kommunikation und Genuss nachdenken als diejenigen, die einfach nur »funktionieren«.

Die eigentliche Frage ist also: Wie kommen wir wieder zusammen? Wie lernen wir, das Scheitern nicht als Makel, sondern als Teil von Erfahrungen zu begreifen, die wir alle machen? Ich habe keine abschließende Antwort, würde aber sagen: Vielleicht beginnen wir damit, uns klarzumachen, dass niemand mit perfekten Skills geboren wird. Dass Sex nicht nur etwas ist, das man »kann«, sondern etwas, das man gemeinsam mit anderen immer wieder neu entdeckt. Und dass Unsicherheit nicht das Gegenteil von Lust ist – sondern dass Unsicherheit und Lust uns einander vielleicht sogar näherbringen als jede perfekte Performance.

Aber wie sehen Scheitern und Scheiternlernen aus? Machen wir das alleine für uns, aber daten weiterhin Menschen, die anfangen zu weinen, wenn sie keinen Sex bekommen? Müssen wir als der Kein Bock Club Männern und Sex abschwören?

Vielleicht erinnert ihr euch an das Konzept »Decentering Men«, um das es schon in »Männer LOL« kurz ging. Ich habe mich davon inspirieren lassen und mich gefragt: Wenn wir Männer aus dem Zentrum unseres Denkens rücken können – warum nicht auch Sex? Denn ähnlich wie heteroromantische Beziehungen wird ja auch Sex in unserer Gesellschaft selten neutral betrachtet.

Sexualität aus dem Fokus zu rücken heißt nicht, ihren Wert oder ihre Schönheit zu leugnen. Es bedeutet vielmehr, sich von der Vorstellung zu lösen, dass sie der natürliche Mittelpunkt des Lebens sein muss – oder ein zwingender Ausdruck von Intimität, Nähe oder Selbstverwirklichung. Hier drei mögliche Schritte, die sich an Taylors Blogeintrag zu Decentering Men orientieren und die ich auf unser Verhältnis zu Sex übertragen habe:

1. Bleib realistisch – Sexualität ist nicht der Maßstab für Intimität

Sex ist eine mögliche Form von Nähe, aber nicht die ultimative. Viele Menschen erleben Verbundenheit über Gespräche, gemeinsames Schweigen, Alltagsrituale oder Berührungen – ohne sexuelles Begehren. Trotzdem wird Sex oft als die »höchste Stufe« der Verbindung dargestellt. Wer keinen regelmäßigen Sex hat, muss sich rechtfertigen – oder wird pathologisiert. Dabei ist der eigene Zugang zu Sexualität so individuell wie das Verhältnis zu Essen oder Musik. Und lasst uns doch mal wieder realistisch und ehrlich sein, was Sex für uns ganz individuell kann und leistet.

2. Sich als vollständig begreifen – auch ohne sexuelle Agenda

Viele Menschen verschieben ihr Gefühl von Vollständigkeit auf eine Zukunft, in der sie endlich begehren oder begehrt werden. Dabei entsteht ein unterschwelliger Druck, Sexualität nicht nur zu haben, sondern auch zu performen – als Zeichen von »Normalität«. Aber es gibt keinen biologischen Imperativ, der besagt, dass sexuelles Begehren ein Muss ist. Wer heute keinen Wunsch nach Sex verspürt, ist nicht mangelhaft oder sitzt im Warteraum. Wer keinen Bock hat, darf einfach sein.

3. Die eigene Vorstellung von Nähe und Lust erweitern

Was passiert, wenn wir uns erlauben, andere Formen von Intimität als gleichwertig zu betrachten? Wenn wir Freundschaften, Care-Arbeit, gemeinsames Wohnen oder kreative Zusammenarbeit nicht mehr als »weniger als Liebesbeziehung«, sondern als gleichwertig verstehen? Wenn wir aufhören, sexuelle Erfüllung als Ziel zu formulieren – und anfangen zu fragen, was uns wirklich nährt? Die Antwort muss nicht unsexuell sein. Aber sie darf sich lösen vom Skript. Und die Antwort darf auch eine Ohrenmassage sein.

In »Lieben lernen« ruft bell hooks dazu auf, eine neue Art von Leidenschaft zu leben: »Leidenschaften, für die wir uns bewusst entscheiden, sind anders als die, die uns übergestülpt werden, weil wir naiv, unwissend oder verzweifelt sind. Leidenschaften, die wir uns selbst aussuchen, wecken und verwandeln uns. Das gilt auch für die sexuelle Leidenschaft.«[13]

Ich lese in ihren Sätzen auch das Überdenken der Allonorm. Eine Dekonstruktion der Allonorm ermöglicht es, Identität und Beziehungen auf vielfältigere Weise zu verstehen. Sie fördert eine Gesellschaft, die weniger auf Sexualität als Norm basiert und in der Menschen die Freiheit haben, ihre Identität und Beziehungen außerhalb des Drucks normativer Erwartungen zu gestalten. Die Dezentrierung von Männlichkeit *und* Sex könnte so eine wichtige Strategie sein, um die Allonorm zu bekämpfen und eine inklusivere, vielfältigere Gesellschaft zu fördern, in der individuelle Wünsche und Bedürfnisse nicht durch starr definierte gesellschaftliche Normen eingeschränkt werden. Sexualität aus dem Fokus zu rücken heißt: Raum schaffen. Für andere Arten von Nähe, für Selbstfürsorge, für Ruhe, für ein Leben ohne permanente Bewertung der eigenen Libido. Es ist keine Absage an Lust – sondern eine Einladung an das Leben, auch jenseits von ihr Bedeutung zu haben.

»Sexualität ist over«, schreibt die Wissenschaftlerin und Autorin Maria Markiewicz in einem Beitrag für das Buch »Asexualities«.[14] In einer Welt, in der Frauen die traditionellen Vorstellungen von (hetero-)sexuellem Begehren zunehmend hinterfragen, eröffnet sie die Vision einer postsexuellen Zukunft. Diese Zukunft befreit sich von der Hegemonie der Sexualität und lässt Raum für Asexualität und andere vielfältige Ausdrucksformen menschlicher Verbindung und Freude, die einen neuen Weg zur Befreiung aufzeigen. Auf Michel Foucaults Konzept des »Endes der Monarchie von Sex« aufbauend, argumentiert Markiewicz, dass sexuelle Lust keineswegs bedroht ist, sie sich lediglich auf nicht-sexuelle Bereiche umorientiert.[15]

Vielleicht sollten wir uns genau diesen Gedanken mal annehmen und uns trauen zu denken: Sex is over. Eindimensionale Sexpositivität ist over. Und ich verstehe diesen Gedanken nicht als Angriff, sondern als Einladung, Macht und Nähe neu zu denken. Er fordert uns heraus, Intimität nicht als Transaktion, sondern als ehrliche Begegnung zu sehen. Eine, in der Platz für Zustimmung und Ablehnung, für Freiheit und Verbindung gleichermaßen ist. Und eben auch für Chaos und Scheitern.

Wer sich von den verzerrten Vorstellungen von Sex löst, kann Beziehungen mit dem Bewusstsein eingehen, dass echte Romantik in der tiefen gegenseitigen Verbundenheit liegt. Diese Form der Intimität bildet die Grundlage dafür, dass zwei Menschen zu echten Partner*innen zusammenwachsen. Und geht es nicht eigentlich genau darum? Gelingt es, Scheitern zu meistern, kann daraus wahre Liebe entstehen – eine Kraft, die das Leben grundlegend verändert.

Nachwort

Was bleibt nach diesem Buch? Vor allem die Erkenntnis, dass unser Verhältnis zu Sexualität, Lust und Intimität weit weniger individuell und biologisch ist, als wir oft glauben. Es ist geprägt von Skripten, Normen und Erwartungen, die wir früh verinnerlichen. Ob wir uns als Spätzünder*innen erleben, ob wir Bock oder keinen Bock haben, ob wir Beziehungen mit oder ohne Sex führen, all das passiert nie im luftleeren Raum. Es hängt mit Geschlecht, Macht, Geschichte, Kapitalismus und unseren persönlichen Biografien zusammen. Mitglied im Kein Bock Club zu sein ist kein Defizit, kein Makel und kein Scheitern, sondern eine Einladung, andere Formen von Nähe, Liebe und Gemeinschaft zu erkunden. Es geht darum, Räume zu öffnen, in denen Intimität vielfältiger, freier und echter gedacht werden kann – jenseits von Sexpflicht, Beziehungsnormen und männlich geprägten Vorstellungen von Lust.

Das Unwohlsein, mit dem ich diesen Schreibprozess begonnen habe, hat sich noch lange nicht in Luft aufgelöst. Aber es hat einen Ort bekommen; Worte, Sätze und Seiten sind der Raum für dieses Unwohlsein geworden. Ich hoffe, dass in diesem Raum neue Debatten stattfinden können, die auch in mir neue Gedanken auslösen werden. Ich habe mich zu Beginn des Schreibens gefragt, wer außer mir eigentlich zum Kein Bock Club gehört. Ich habe mich gefragt, warum wir Lust auf Sex haben – und warum wir keine Lust haben. Ich habe mich gefragt, ob der Kein Bock Club eine Phase oder ein Zustand ist und wie wir damit umgehen wollen. Ich wollte in mich reinfühlen, ob ich weiterhin stolz und sexpositiv bei Ebow mitsingen kann, wenn sie rappt: *»Ertrink' in deinem Pussy-Juice, Brauch' ein Abo bei den Pussy-News. Vitamin P – Pussy Fruit, Yup du weißt, die Pussy's good.«*

Ich werde weiterhin laut sexy Songtexte mitrappen, und umarme gleichzeitig meine Haltung der Sexneutralität. Mein Titel »Warum wir auch mal keine Lust auf Sex haben« hat euch allerdings auf eine etwas falsche Fährte geführt. Die zentrale Frage ist für mich nicht, warum Menschen immer weniger Bock haben, sondern warum uns das überrascht und was das über unsere Gesellschaft aussagt. Der Titel klingt so, als hätte ich in diesem Buch herleiten wollen, warum vor allem Frauen keine Lust haben – hormonell, psychologisch, stressbedingt, Beziehungsdynamiken und so weiter. Und ja, das habe ich getan, und all das zu wissen ist definitiv hilfreich. Es kann entlasten zu verstehen, warum man wenig oder gar keine Lust empfindet und dass das völlig normal ist. Aber was mich viel mehr interessiert hat, ist die Frage: Was kommt dann?

Also selbst wenn wir wissen, woher Kein-Bock-Haben kommt, warum fällt es uns so schwer, das einfach stehen zu lassen? Warum denken wir sofort, das muss repariert oder optimiert werden? Meine Recherche hat auch mir noch mal vor Augen geführt, dass das Gefühl von »Ich bin damit alleine« eben kein individueller Zufall ist. Kein persönliches Scheitern. Denn klar ist: Keinen Bock zu haben ist sowohl individuell als auch politisch, aber sicherlich nicht pathologisch.

Und der Kein Bock Club wächst: Es gibt immer mehr Frauen, die ihre Grenzen kommunizieren, mehr Menschen, die vom Kapitalismus erschöpft sind, mehr Gen Zs, die strugglen, wegen hoher Mieten zu Hause auszuziehen, mehr dissoziierende Feminist*innen, die keinen Bock mehr auf Männer und Sexismus haben. Es gibt immer mehr Menschen, die aus den vielfältigsten Gründen weniger oder keinen Bock auf Sex haben.

Sie alle schwören nicht zufällig gerade Männern und/oder Sex ab. Es hat Struktur, und die lohnt es, sich anzuschauen. Wenn diese Struktur und Skripte männliches Verlangen priorisieren, bezweifle ich, dass es für alle gleichsam möglich ist, authentisch zu erkennen, ob man zum Bock Club oder Kein Bock Club gehört.

Ich habe außerdem gelernt, dass der Kampf um Sexpositivität nichts Neues ist und nicht so positiv ist, wie ich dachte. Radikale Feminist*innen hatten schon immer konservative Ansichten, die Wahrheiten enthielten. Wir sollten trotzdem auf keinen Fall denen den Diskurs überlassen, die sich eine Rückbesinnung zur Ehe wünschen oder trans Frauen als Bedrohung sehen.

Die wichtigste Botschaft für mich ist, dass es nicht schlimm ist, keinen Bock zu haben. Es ist nichts, was es zu bekämpfen gilt – auch nicht in uns selbst. Wenn du dich traust, deine Zugehörigkeit zum Kein Bock Club zu benennen, eröffnet sich eine Welt, die dir zeigt: Du bist nicht allein. Und du bist nicht gebrochen. Im Gegenteil: Das ist eine Superkraft.

In dem Buch »Ace Voices« schreibt eine Person: »Weil ich

aromantisch bin, musste ich mir abgewöhnen, meinen Wert als Mensch daran zu knüpfen, ob ich eine Partnerin finde. Ich habe nicht das Bedürfnis, meinen Wert dadurch zu beweisen, dass mich jemand attraktiv findet oder mit mir zusammen sein will. Mein ganzes Leben lang Single zu sein ist für mich kein Zeichen von Einsamkeit oder Scheitern, es ist einfach mein natürlicher Zustand. Ich würde liebend gern eine verrückte, alleinstehende Katzenlady sein – vorausgesetzt, meine Allergien spielen mit.«[1]

Eines ist mir beim Schreiben aufgefallen: Ich habe mir abgewöhnt, mit einem mahnenden Ton in feministischen Debatten öffentlich aufzutreten. Ich habe deutliche Sprache eingetauscht gegen softere Formulierungen, die es Menschen, die ganz tief in der Allonorm stecken, erleichtern, zuzuhören, zu verstehen und mir zu glauben. Hier und da habe ich einen Witz eingebaut, weil ich erstens super funny bin und damit es zweitens in so schweren Zeiten auch mal Spaß macht, ein Buch über Sex und Macht zu lesen. Ich kann dieses Buch aber nicht beenden, ohne es mal ganz deutlich aufgeschrieben zu haben:

Unsere allonormative Gesellschaft normiert vor allem weibliche und queere Sexualität, zerstört Beziehungen und formt nach kapitalistischen Logiken, wie wir über Intimität denken. Und wir haben auch in feministischen Kreisen Werte zu Sexpositivität übernommen, die mehr einem männlichen Wertesystem gleichen als einem, in dem es um Nähe, Solidarität und ehrliche Freiheit geht. Sexpositivität ist zu einem Slogan geworden à la: Dumm fickt gut, aber schlau doch bitte auch.

Asexualität stellt diese Ordnung radikal infrage. Wenn wir akzeptieren, dass auch kein sexuelles Verlangen Teil eines gesunden Lebens sein kann, dann wird Raum frei für eine Sexualität, die nicht performt werden muss, sondern einfach sein darf. CJ DeLuzio Chasin ist Autor*in und hat wesentlich zur Sichtbarkeit von Asexualität beigetragen. Chasin schreibt: »Wenn es in Ordnung sein kann, dass asexuelle Menschen keinen Sex wollen, vielleicht können wir es dann auch für alle okay machen, keinen Sex zu wollen.«[2] Vielleicht beginnt echte sexuelle Befreiung genau dort. Ich bin mir jedenfalls ganz sicher, wenn es in Debatten um Sexualität nicht um Männer ginge, würden wir viel weniger über hartes Ficken reden – sicherlich auch –, aber vor allem über Liebe, Freundschaft und Zugehörigkeit.

Das macht mich wütend, verzweifelt und traurig, aber es lässt mich eben auch genau dahin schauen, wo wahre Liebe ist. Und ich liebe die Liebe. Und ich liebe Intimität, und ich sehe sie nicht nur im Bett. Intimität ist überall. Die Nageldesignerin, die meine Hand sanft festhält, während sie nach einem anderen Werkzeug greift, obwohl sie gerade gar nicht an meinen Nägeln arbeitet. Rücken an Rücken mit einem fremden Mann auf starren Bierbänken, ohne Lehne, hin und wieder streifen sich dabei ganz leicht unsere Schulterblätter. Ein flüchtiger Blickkontakt mit einer Fremden quer durch einen vollen Raum, beide warten wir darauf, dass unsere Freund*innen vom Klo zurückkommen. Das unregelmäßige Aneinanderstoßen der Knie mit jemandem in der U-Bahn, und diesmal liegt's nicht am Manspreading. Wenn der Friseur dir direkt nach dem »Hallo« zart durchs Haar fährt, wie ein unausgesprochenes »Ich kümmer mich jetzt um dich«. Ein Kind im Bus, das sich schlafend an deine Schulter lehnt, obwohl ihr euch nicht kennt, und du bleibst einfach still sitzen. Die rauen Fingerspitzen der Kassiererin, die beim Herausgeben des Wechselgelds ganz leicht meine Hand berühren, fast zu kurz, um es zu bemerken, und trotzdem bleibt es einen Moment lang bei mir. Intimität ist überall und Liebe auch – besonders, wenn wir sie nicht nur in der romantischen Zweierbeziehung suchen und nicht nur im Sexuellen.

Ich möchte von Menschen lernen, die die Liebe über Grenzen hinweg finden. Ich möchte von alten Frauen lernen, jungen Frauen glauben, und queere, trans und migrantische Liebe als Vorbild nehmen. Ich möchte Selbstliebe üben und Intimität an Orten finden, an denen wir sie nie vermuten würden. Genau darauf habe ich Bock.

Dank

Um nicht ein weiteres Buch mit Danksagungen zu füllen, beschränke ich mich auf die Menschen, die es möglich gemacht haben, dass ich dieses hier schreiben durfte. Dass das ein Privileg ist, das nicht allen Menschen mit wichtigen Botschaften zuteilwird, ist mir sehr bewusst.

Danke an Anike Herriger – wegen derer ich keine Angst habe, gesehen zu werden.

Danke an Lydia Meyer – ein Mensch, ohne dessen Unterstützung ich vermutlich nie Moderatorin geworden wäre.

Danke an mein Management Barbarella Entertainment – bei euch kann ich ich selbst bleiben, auch wenn sich meine Branche manchmal wie eine Hochsprungolympiade anfühlt.

Danke an meine Literaturagentin Gila Keplin – du hast an meine Vision geglaubt.

Danke an den großartigsten Verlag kiwi space beziehungsweise Ilene Houben – du hast mich schon ermutigt zu schreiben, als ich mich noch nicht getraut habe, und ohne dich hätte ich dieses Buch nie in die Form bringen können, in der ich es sehen wollte.

Quellen

Sofern nicht anders angegeben, wurden englischsprachige Texte durch die Autorin ins Deutsche übersetzt. Alle Links wurden zuletzt geprüft am 1. Juli 2025.

1. Spätzünderin

1 Flo Rida – Low

2 Ginuwine – Pony

3 Shakira – Whenever, Wherever

4 Scharmanski, S., Hessling, A.: Im Fokus: Einstieg in das Sexualleben. Jugendsexualität 9. Welle. BzgA-Faktenblatt Köln: Bundeszentrale für gesundheitliche Aufklärung (BZgA), 2021. *https://www.sexualaufklaerung.de/publikation/im-fokus-einstieg-in-das-sexualleben/*

5 Erste Ergebnisse der neuen Befragungswelle BZgA-Studie »Jugendsexualität«, 03.12.2020. *https://www.bioeg.de/aktuelles/2020-12-03-erste-ergebnisse-der-neuen-befragungswelle-bzga-studie-jugendsexualitaet/*

6 Scharmanski, Hessling: Einstieg in das Sexualleben 2021.

7 Sexual Activity and Contraceptive Use Among Teenagers in the United States, 2011 – 2015. National Health Statistics Report No. 104. *https://www.cdc.gov/nchs/pressroom/nchs_press_releases/2017/201706_nsfg.htm*

8 Ghaznavi, C., Ueda, P., Okuhama, A., & Sakamoto, H.: Sexual Behaviors among Individuals Aged 20 – 49 in Japan: Initial Findings from a Quasi-Representative National Survey. In: The Journal of Sex Research, 61 (1), 2022, S. 9–20.

9 Nigeria Demographic and Health Survey 2018. *https://dhsprogram.com/pubs/pdf/FR359/FR359.pdf#:~:text=,5)*

10 Egypt Demographic and Health Survey 2014. *https://dhsprogram.com/pubs/pdf/FR302/FR302.pdf*

11 Scharmanski, Hessling: Einstieg in das Sexualleben 2021.

12 Pew Research Center: A Survey of LGBT Americans. Attitudes, Experiences and Values in Changing Times 13.6.2013. *https://www.pewresearch.org/social-trends/2013/06/13/a-survey-of-lgbt-americans/*

13 Deutschlandfunk Nova: Nur keine Scham: Sagt Vulvalippen!, 21.10.2018. *https://www.deutschlandfunknova.de/beitrag/vulvalippen-neuer-name-fuer-schamlippen*

14 Brown, Sherronda J.: Refusing Compulsory Sexuality: A Black Asexual Lens on Our Sex-Obsessed Culture. North Atlantic Books 2022, S. 43.

15 Brown: Refusing Compulsory Sexuality 2022, S. 43.

2. Die Annahme, dass alle Bock haben

1 Beyoncé – Partition

2 Müller, Annette: Die sexuelle Sozialisation in der weiblichen Adoleszenz. Mädchen und junge Frauen deutscher und türkischer Herkunft im Vergleich. Internationale Hochschulschriften, Band 468. Waxmann Verlag 2006, S. 17 – 29.

3 Müller: Die sexuelle Sozialisation 2006, S. 20.

4 Müller: Die sexuelle Sozialisation 2006, S. 20.

5 Burghardt, Juliane: Alles kann, nichts läuft. Warum wir immer weniger Sex haben. Hirzel 2024, S. 50.

6 Burghardt: Alles kann, nichts läuft 2024.

7 Burghardt: Alles kann, nichts läuft 2024, S. 48–50.

8 Burghardt: Alles kann, nichts läuft 2024, S. 46.

9 Burghardt: Alles kann, nichts läuft 2024, S. 46.

10 Hrdy, Sarah: Mothers and Others. In: Natural History 110, 2001. *https://www.researchgate.net/publication/295092600_Mothers_and_Others*

11 Hrdy: Mothers and Others 2001, S. 52.

12 Robin Thicke ft. T. I. & Pharrell Williams – Blurred Lines

13 Quotes: Video »Paulita Pappel & Maria Popov über feministische Pornos und weibliche Sexualität«, 30.11.2023. *https://www.youtube.com/watch?v=zB70sxa6f2g*

14 Burghardt: Alles kann, nichts läuft 2024, S. 139.

15 Burghardt: Alles kann, nichts läuft 2024, S. 149.

16 Pappel, Paulita: Pornopositiv: Was Pornografie mit Feminismus, Selbstbestimmung und gutem Sex zu tun hat. Ullstein 2023, S. 172.

17 Nelly Furtado, Timbaland – Promiscious

18 Profus, Andrzej: Unsichtbares sichtbar machen. Asexualität als sexuelle Orientierung. Geschlechtliche, sexuelle und reproduktive Selbstbestimmung. Psychosozial-Verlag 2016.

19 Masters, W. H., & Johnson, V. E.: Human sexual response. Little, Brown and Company 1966.

20 Sugar Babes – Push The Button

21 Kaplan, Helen Singer: Sexual desire disorders: Dysfunctional regulation of sexual motivation. Routledge 2013.

22 Spurgas, Alyson K.: Interest, arousal, and shifting diagnoses of female sexual dysfunction, or: How women learn about desire. In: Studies in Gender and Sexuality 14.3, 2013, S. 187–205.

23 Rosemary Basson: Neubewertung der weiblichen sexuellen Reaktion. In: Sexuologie 9 (1), 2002, S. 23–29.

24 Burghardt: Alles kann, nichts läuft 2024, S. 67.

25 Queer Lexikon: Allonormativität, 5.7.2024. *https://queer-lexikon.net/2020/04/29/allonormativitaet/*

26 Dictionary: Allosexual, 30.7.2020.
https://www.dictionary.com/e/gender-sexuality/allosexual/

27 Rich, Adrienne: Compulsory Heterosexuality and Lesbian Existence. In: Feminism and Sexuality: A Reader. Edinburgh University Press 1996, S. 130–143.
https://www.degruyterbrill.com/document/doi/10.1515/9781474469517-014/pdf?lang=en

28 Gupta, Kristina: Compulsory sexuality: Evaluating an emerging concept. In: Signs: Journal of Women in Culture and Society 41.1, 2015, S. 131–154.

3. (Kein) Erstes Mal

1 David Guetta ft Akon – Sexy Bitch

2 NPR Your Health: »Girls & Sex« And The Importance Of Talking To Young Women About Pleasure, 29.3.2016.
https://www.npr.org/transcripts/472211301?ft=nprml&f=155796397

3 Sigmund Freud: Über die allgemeinste Erniedrigung des Liebeslebens. In: Jahrbuch für Psychoanalytische und Psychopathologische Forschungen, 1912, S. 40–50.

4 Przybylo, Ela: Crisis and safety: The asexual in sexusociety. In: Sexualities 14.4 (2011), S. 444–461.

5 Houts, Leslie A.: But was it wanted? Young women's first voluntary sexual intercourse. In: Journal of Family Issues 26.8.2005, S. 1082–1102.

6 Konrad, Sandra: Das beherrschte Geschlecht: Warum sie will, was er will. Piper eBook 2017.

7 Kreienbrink, Matthias: Scham – Wie ein machtvolles Gefühl unser Leben neu prägt. Kösel 2025, S. 90.

8 Kreienbrink: Scham 2025, S. 92.

9 Kreienbrink: Scham 2025, S. 91.

10 Kreienbrink: Scham 2025, S. 92.

11 Meston, Cindy M., Buss, David M.: Why Women Have Sex: Under-

standing Sexual Motivation from Adventure to Revenge (and Everything in Between). Vintage 2009.

4. Alles ist Sex! – Ist Sex alles?

1 Janelle Monáe ft. Zoë Kravitz – Screwed

2 Schutzbach, Franziska: Die Erschöpfung der Frauen: Wider die weibliche Verfügbarkeit. Droemer 2021, S. 32.

3 Schutzbach: Die Erschöpfung der Frau 2021, S. 32.

4 Bundesministerium für Bildung, Familie, Senioren, Frauen und Jugend: Erster Monitor »Gewalt gegen Frauen«, 3.12.2024.
https://www.bmfsfj.de/bmfsfj/aktuelles/alle-meldungen/erster-monitor-gewalt-gegen-frauen-veroeffentlicht-251372

5 Curington, Celeste Vaughan, et al.: The Dating Divide: Race and Desire in the Era of Online Romance. USA, University of California Press 2021.

6 Chen: Ace 2020, S. 94.

7 Mauri, Salla: »A girl like me«: The Representation of Fat Female Characters and Fatness in Three Comedy Films. Master's Thesis for the Department of Language and Communication Studies, University of Jyväskylä 2022.

8 Chen: Ace 2020.

9 Sarasin, E., Leeners, B.: Die »therapieresistente« Libidostörung der Frau. Gynäkologische Endokrinologie 16, 2018, S. 80–85.

10 Martínez-Álvarez, J. L., Pozo-García, M. R., & García-Martín, J.: Changes in Adolescent Heterosexual Behaviors from the 1980s to the Present in Various Western Countries: A Systematic Review. Sexes, 5(4), S. 652–669.
https://doi.org/10.3390/sexes5040042
siehe auch: Kliagina, Irina, Koch, Kristina: So verändert sich das Sexualverhalten von Jugendlichen. SWR Wissen aktuell, 4.3.2025.
https://www.swr.de/leben/gesundheit/meta-studie-zeigt-veraendertes-sexualverhalten-bei-jugendlichen-100.html

11 Buss, Maston: Why Women Have Sex 2009, S. 192.

12 Deutsche Gesellschaft für Endokrinologie: Männliches Hormon

könnte weibliche Libido nach Eintritt des Wechsels fördern, 2.2.2015.
https://www.endokrinologie.net/pressemitteilungen-archiv/150202.php

13 Medizin im Fokus: Testosterongel bei Frauen in der Menopause: kein Lifestyle-Produkt für alle. In: Geburtsheft Frauenheilkunde 84, 2024, S. 87–88.
https://www.thieme-connect.com/products/ejournals/abstract/10.1055/a-2216-0897

14 Rentsch, Jolanda: Sexualität nach der Geburt – Lust und Frust. Beratung zur Prävention. In: Schweizer Zeitschrift für Gynäkologie 05/2016.
https://www.rosenfluh.ch/30541

15 Hinterholzer, Susanne: »Macht die Pille lustlos?«, 23.3.2017.
https://www.universimed.com/ch/article/gynaekologie-geburtshilfe/macht-die-pille-lustlos-2102085

16 Laumann E. et al.: Sexual problems among women and men aged 40–80 y: prevalence and correlates identified in the Global Study of Sexual Attitudes and Behaviors. In: Int. Journal of Impotence Research Jan-Feb 17(1), 2005, S. 39–57.
https://pubmed.ncbi.nlm.nih.gov/15215881/

17 Weber, Silke: »Wenn ihr Gefühle für Männer habt, seid ihr schwach«, FAZ 17.9.2024.
https://www.faz.net/aktuell/feuilleton/debatten/generation-z-fuer-zoelibat-junge-menschen-haben-immer-weniger-sex-19978793.html

18 Cortellini, Lara: Jugend ohne Sex? – Was hinter dem Mythos der »prüden Gen Z« steckt, The Gap, 19.3.2024.
https://thegap.at/jugend-ohne-sex-mythos-pruede-gen-z/

19 Sophie Lewis: Collective Turn-off. In: Mal Journal, August 2020.
https://maljournal.com/5/sex-negative/sophie-lewis/collective-turn-off/

20 Burghardt: Alles kann, nichts läuft 2024.

21 Burghardt: Alles kann, nichts läuft 2024, S. 61.

22 Lewis: Collective Turn-off 2020; siehe auch: Panzeri, Marta et al.: Changes in sexuality and quality of couple relationship during the COVID-19 lockdown. In: Frontiers in psychology 11, 2020.

23 Schröder, Johanna et al.: Veränderungen sexueller Interessen und Erfahrungen während der COVID-19-Pandemie – Eine qualitative Inhaltsanalyse. In: Die Psychotherapie 3, 2021, S. 233. *https://www.springermedizin.de/covid-19/psychiatrie-und-psychosomatik/veraenderungen-sexueller-interessen-und-erfahrungen-waehrend-der/19019920*

24 Scharmanski, Hessling: Einstieg in das Sexualleben 2020.

25 The Times: Gen Z more pro-marriage than millennials and have less casual sex, 11.2.2025. *https://www.thetimes.com/uk/society/article/gen-z-marriage-sex-relationships-survey-27s7n5297*

26 The Times: Gen Z more pro-marriage 2025.

27 The Times: Gen Z drink far less then their parents but want drugs decriminalized. 12.2.2025. *https://www.thetimes.com/uk/society/article/gen-z-drink-drugs-vape-smoking-survey-bt8pthzxg*

28 BzGA: Anteil Jugendlicher zwischen 12 und 17 Jahren, die mindestens wöchentlich Alkohol konsumiert haben, in den Jahren 1997 bis 2023. *https://de.statista.com/statistik/daten/studie/6257/umfrage/anteil-jugendlicher-mit-woechentlichem-alkoholkonsum/*

29 Lewis: Collective Turn-off 2020.

30 Lewis: Collective Turn-off 2020.

31 Schutzbach: Die Erschöpfung der Frau 2021, S. 37–41.

32 Carsten Wippermann: Sexismus im Alltag. Wahrnehmungen und Haltungen der deutschen Bevölkerung. Pilotstudie 2020, hg. v. Bundesministerium für Familie, Senioren, Frauen und Jugend. *https://www.bmfsfj.de/blob/141246/6elf0de0d740c8028e3fed6cfb8510fd/sexismus-im-alltag-pilotstudie-data.pdf*, S. 23, 33.

33 Wippermann: Sexismus im Alltag 2020, S. 38.

34 Schutzbach: Die Erschöpfung der Frauen 2021.

5. Willkommen im Kein Bock Club

1 Spahn, Annika: Frigidität 2.0 – Aktuelle Medikalisierungen von A_sexualität, 13.4.2021. *https://www.gender-blog.de/beitrag/medikalisierungen-von-asexualitaet*

2 Macvaugh, G. S.: Frigidity: What You Should Know About Its Cure with Hypnosis. Pergamon Press 1979.

3 Spahn: Frigidität 2021.

4 Spahn, Annika: Die Renaissance der Frigidität – Aktuelle Pathologisierungen von A*sexualität. In: Hackbart, Marcel (Hrsg.): Gesunde Vielfalt pflegen. Zum Umgang mit sexueller und geschlechtlicher Vielfalt in Gesundheit, Pflege und Medizin. Göttingen: Waldschlösschen Verlag 2011, S. 145–155, hier S. 145.

5 Landesuntersuchungsamt Rheinland-Pfalz: Warnung vor Potenz-Honigen mit nicht deklarierten Arzneistoffen, 12.8.2024. *https://lua.rlp.de/presse/pressemitteilungen/detail/warnung-vor-potenz-honigen-mit-nicht-deklarierten-arzneistoffen*

6 Apotheke adhoc: Flibanserin: Kaum Wirkung, viele Risiken, 1.3.2016. *https://www.apotheke-adhoc.de/nachrichten/detail/pharmazie/sexualstimulanzien-flibanserin-addyi-valeant-fda-pharma-pink-viagra/*

7 Landesamt für Gesundheit und Arbeitsschutz Nordrhein-Westfalen: Warnung vor U.S.A Viagra, 27.11.2020. *https://www.lzg.nrw.de/pharmazie/aktuell/arznei-newsmeldungen/2020-11-24-Warnung-vor-U_S_A-Viagra.html#:~:text=Personen%20mit%20Herzproblemen%20sind%20einem*

8 Spahn: Die Renaissance der Frigidität 2011.

9 Gupta: Compulsory sexuality 2015, S. 137–138.

10 Will, David: Heute vor 33 Jahren: Das Ende einer ›Krankheit‹. Tagesspiegel 17.5.2023. *https://www.tagesspiegel.de/wissen/heute-vor-33-jahren-wenn-liebe-zur-krankheit-gemacht-wird-9829508.html*

11 Fitzsimons, Tim: Historian unearths evidence of one of America's earliest gay rights activists. NBC News, 5.7.2019.

https://www.nbcnews.com/feature/nbc-out/historian-unearths-evidence-one-america-s-earliest-gay-rights-activists-n1026921

12 Waters, Michael: Finding Asexuality in the Archives. Slate, 6.3.2020. *https://slate.com/human-interest/2020/03/asexuality-history-internet-identity-queer-archive.html*

13 Kinsey, Alfred: Sexual Behaviour in the Human Male. Indiana University Press 1998.

14 Young, Eris: Ace Voices. What it Means to Be Asexual, Aromantic, Demi or Grey-Ace. Jessica Kingsley Publishers 2022.

15 Spahn: Die Renaissance der Frigidität 2011.

16 Spahn: Die Renaissance der Frigidität 2011, S. 149.

17 Spahn: Die Renaissance der Frigidität 2011.

18 Altanian, Melanie; Bozdoğan; Ayşegül: Kommentar zu Emily Goldbecks Praeliminierender Ungerechtigkeit: Über epistemische Ungerechtigkeit aus Perspektiven einer Asexuellen und Aromantischen Epistemologie 2024.

19 Altanian, Bozdoğan: Kommentar zu Emily Goldbecks Praeliminierender Ungerechtigkeit 2024.

20 Sanders, Michael, Hirneis, Vanessa, Benoit, Yasmin: Asexuality in the UK Public attitudes towards people who experience little to no sexual attraction. 7.2.2025. *https://www.kcl.ac.uk/news/asexual-people-face-ignorance-and-intolerance-in-uk-study-suggests*

21 Government Equalities Office: National LGBT Survey. Summary Report. Juli 2018. *https://assets.publishing.service.gov.uk/media/5b3cb6b6ed915d39fd5f14df/GEO-LGBT-Survey-Report.pdf*

22 Bauer, C., Miller, T., Ginoza, M. et al.: The 2016 Asexual Community Survey Summary Report. 15.11.2018. *https://acecommunitysurvey.org/wp-content/uploads/2018/11/2016_ace_community_survey_report.pdf*

6. Feminismus hat Bock

1 Bundeszentrale für politische Bildung: 55 Jahre »Pille«. 18.8.2015. *https://www.bpb.de/kurz-knapp/hintergrund-aktuell/210997/55-jahre-pille/*

2 Hanisch, Carol: The personal is political (1969). In: Radical Feminism: A Documentary Reader. NYU Press 2000, S. 113.

3 Eder, Franz X.: Die lange Geschichte der »Sexuellen Revolution« in Westdeutschland (1950er bis 1980er Jahre). In: Peter-Paul Bänziger et al. (Hrsg.): Sexuelle Revolution? Zur Geschichte der Sexualität im deutschsprachigen Raum seit den 1960er Jahren, Transcript 2015, S. 25–59.

4 Eismann, Sonja: Ene, mene, Missy. Die Superkräfte des Feminismus. Fischer Sauerländer 2017.

5 Bozdoğan, Ayşegül Şah: Keusch ist cool? In: FAMA – Feministisch-theologische Zeitschrift, 30.8.2014.

6 Dworkin, Andrea: Pornography: Men Possessing Women. Penguin Books Limited 1981.

7 Willis, Ellen: Lust Horizons: Is the Women's Movement Pro-Sex? In: Village Voice 26 1981, S. 36–37.

8 Sanyal, Mithu: Hä, was heißt Radikalfeminismus? In: Missy Magazin, 13.1.2020. *https://missy-magazine.de/blog/2020/01/13/hae-was-heisst-radikalfeminismus/*

9 Deutschlandfunk: Frauenhass als Social-Media-Trend, 30.4.2025. *https://www.deutschlandfunkkultur.de/toxische-maennlichkeit-antifeminismus-manosphere-100.html*

10 Wolfenstein, Martha: Fun morality. Childhood in contemporary cultures 1955, S. 168–178.

11 Adorno, Theodor W.: Sexualtabus & Recht heute, Vortrag. 1967. *https://www.youtube.com/watch?v=aPPCvyp6jOo*

12 Popova, Maria: Theodor Adorno on Work, Pleasure, and How the Cult of Efficiency Limits Our Happiness. *https://www.themarginalian.org/2015/09/11/theodor-adorno-work-pleasure-gadgeteering/*

13 Foucault, Michel: Sexualität und Wahrheit: Der Wille zum Wissen. Suhrkamp 1986.

14 Bundeszentrale für politische Bildung: AIDS-Epidemie, 10.5.2025. *https://www.bpb.de/kurz-knapp/zahlen-und-fakten/globalisierung/52717/aids-epidemie/*

15 Beljan, Magdalena: Aids-Geschichte als Gefühlsgeschichte. In: Aus Politik und Zeitgeschichte/bpb, 6.11.2015. *https://www.bpb.de/shop/zeitschriften/apuz/214863/aids-geschichte-als-gefuehlsgeschichte/?p=0*

16 Eder: Die lange Geschichte der »Sexuellen Revolution« 2015, S. 25.

17 Christina Aguilera – Genie In a Bottle

18 Lily Allen – Hard Out Here

19 McRobbie, Angela: Top girls? Young women and the post-feminist sexual contract. In: Cultural studies Nr. 21/2007, Vol. 4–5, S. 718–737. *https://doi.org/10.1080/09502380701279044*

20 Ariana Grande – 7 Rings

21 McRobbie: Top Girls 2007.

22 Markiewicz, Maria. Sexuality Is Over. Long Live Asexuality: Post-Sexuality in the Post-Post Era. In: Asexualities. Routledge 2024, S. 11–22.

23 Haarmann, Claudia. Die große Offenheit seit der »sexuellen Revolution« – nur ein Mythos? Die Scham ist nicht vorbei. In: Sexualaufklärung und Familienplanung 2011, S. 14.

24 Gupta: Compulsory sexuality 2015, S. 139.

25 Gill, Rosalind: Mediated Intimacy and Postfeminism: A Discourse Analytic Examination of Sex and Relationships Advice in a Women's Magazine. In: Discourse & Communication 2009, S. 345–369.

26 Gupta: Compulsory sexuality 2015.

27 Khia – My Neck, My Back

28 Perry, Louise: The Case Against the Sexual Revolution. Polity Press 2022.

29 Perry: The Case Against the Sexual Revolution 2022.

30 Nolla, Nora: So gar nicht harmlos. In: an.schläge – Das feministische Magazin.
https://anschlaege.at/so-gar-nicht-harmlos/

31 Kate Nash – Mansion Song

32 Okwodu, Janelle: In *Hunger,* Roxane Gay Says What No One Else Will About Being Fat in America. Vogue, 18.6.2017.
https://www.vogue.com/article/roxane-gay-interview-hunger-memoir

33 Yeboah, Stephanie: The body positivity movement is not for slim bodies already accepted by society. Metro, 1.7.2019.
https://metro.co.uk/2019/07/01/the-body-positivity-movement-is-not-for-slim-bodies-already-accepted-by-society-10081795/

34 Cowles, Charlotte: Can ›Body Neutrality‹ Change the Way You Work Out? The New York Times, 2.2.2022.
https://www.nytimes.com/2022/02/02/well/move/body-neutrality-exercise.html

35 Pellizzer, Mia L., and Tracey D. Wade: Developing a definition of body neutrality and strategies for an intervention. In: Body Image 46, 2023, S. 434–442.

36 Michelberger, Melodie: Body Politics. Rowohlt 2021, S. 119.

7. Bock und Beziehungen

1 Yasmin Benoit zitiert nach Young: Ace Voices 2022, S. 26.

2 Arctic Monkeys – I Wanna Be Yours

3 BBC: Women ›more likely to lose interest in sex than men‹, 14.9.2017.
https://www.bbc.com/news/health-41230891

4 Shirin David – Gib ihm

5 hooks, bell: Lieben lernen – Alles über Verbundenheit. HarperCollins 2022, S. 177.

6 Roig, Emilia: Lieben. Hanser 2024, S. 39.

7 Blair, K., Pukall, C.: Can less be more? Comparing duration vs. frequency of sexual encounters in same-sex and mixed-sex relationships. In: The Canadian Journal of Human Sexuality 23.2, 2014, S. 123–136.

8 Blair, Pukall: Can less be more 2014.

9 Roig, Emilia: Das Ende der Ehe. Ullstein 2023.

10 Bürgerliches Gesetzbuch (BGB): § 1353 Eheliche Lebensgemeinschaft. *https://www.gesetze-im-internet.de/bgb/__1353.html*

11 Wissenschaftlicher Dienst des Deutschen Bundestags: Vergewaltigung in der Ehe – Strafrechtliche Beurteilung im europäischen Vergleich. 2008. *https://www.bundestag.de/resource/blob/407124/6893b73fe226537fa85e9ccce444dc95/wd-7-307-07-pdf-data.pdf*

12 Die Zeit: Gericht verurteilt Frankreich wegen Festhalten an »ehelicher Pflicht«, 23.11.2025. *https://www.zeit.de/gesellschaft/zeitgeschehen/2025-01/europaeischer-gerichtshof-fuer-menschenrechte-ehe-eheliche-pflicht*

13 Hagan, Rachel: French divorcee wins appeal in case over refusing husband sex. BBC, 23.1.2025. *https://www.bbc.com/news/articles/cdxel6zkwwxo#*

14 Beratungsstelle Frauen-Notruf Münster: Vergewaltigung in Ehe und Partnerschaft. *https://www.frauennotruf-muenster.de/formen-von-sexualisierter-gewalt/standard-titel/*

15 Bujard, Martin: Die Folgen des demografischen Wandels. Informationen zur politischen Bildung Nr. 350/2022. *https://www.bpb.de/shop/zeitschriften/izpb/demografischer-wandel-350/507789/die-folgen-des-demografischen-wandels/*

16 Roig: Lieben 2024, S. 40.

8. Friendzone / Lovezone

1 Urban Dictionary: Friendzone. *https://www.urbandictionary.com/define.php?term=Friendzone.*

2 Chen: Ace 2020, S. 113.

3 Spice Girls – Wannabe

4 Megan Cole et al.: The Fiction of Amatonormativity: Reactions to Queer Platonic Relationships in Eighteenth-Century Literature.

Eighteenth-Century Fiction, 36 (2024), S. 269–292. *https://doi.org/10.3138/ecf.36.2.269*

5 Chen: Ace 2020, S. 119.

6 Chen: Ace 2020, S. 119.

7 Tennov, Dorothy: Love and limerence: The experience of being in love. Scarborough House 1998, S. 74.

8 Nicolaisen, M., & Thorsen, K.: Loneliness among men and women – a five-year follow-up study. In: Aging & Mental Health 18, 2014, S. 194–206.

9 Aartsen, M., Vangen, H. et al.: The unique and synergistic effects of social isolation and loneliness on 20-years mortality risks in older men and women. In: Frontiers in Public Health 12, 2024. *https://doi.org/10.3389/fpubh.2024.1432701*

10 Tokita, Tamaki: The Post-3/11 Quest for True Kizuna – Shi no Tsubute by Wagō Ryōichi and Kamisama 2011 by Kawakami Hiromi. In: Asia-Pacific Journal 2015.

11 Chen: Ace 2020, S. 111.

12 Liebl, Ole: Freunde lieben. Die Revolte in unseren engsten Beziehungen. HarperCollins 2024, S. 87.

13 Ndabane, Tšhegofatšo, Kochan, Elisabeth: The Single Files – Ja, du kannst auch in deiner Freundschaft Romantik finden. Refinery, 22.9.2021. *https://www.refinery29.com/de-de/2021/08/10623954/romantische-freundschaften-single-romantik*

14 Lehmiller, Justin J., VanderDrift, Laura E., Kelly Janice R.: Sex differences in approaching friends with benefits relationships. In: Journal of sex research 48, 2011, S. 275–284.

15 hooks: Lieben lernen 2022.

16 hooks: Lieben lernen 2022, S. 258–262.

17 hooks: Lieben lernen 2022, S. 258–262.

18 Liebl: Freunde lieben 2024, S. 207.

9. Männer LOL

1 Rihanna – Shut up and Drive

2 Henkelman, M., Levang, S., Neish, R. et al.: Blue Balls: Fact or Fiction? Experiences of Genitopelvic Pain and Sexual Coercion Among People with Penises and Vulvas. In: The Journal of Sexual Medicine 20/2, 2023.
https://doi.org/10.1093/jsxmed/qdad061.046

3 Henkelman et al.: Blue Balls 2023.

4 Jordan-Young, Rebecca, Karkazis, Katrina: Testosteron – Warum ein Hormon nicht als Ausrede taugt. Hanser 2020.

5 Reimers, Luise: Besser als sein Ruf: Testosteron fördert auch soziales Verhalten. UHH Newsletter Nr. 66, 2014.
https://www.uni-hamburg.de/newsletter/archiv/September-2014-Nr-66/Besser-als-sein-Ruf-Testosteron-foerdert-auch-soziales-Verhalten.html

6 Giammarco, Francesco: Im Hormonrausch. Zeit 32/2021.
https://www.zeit.de/2021/32/testosteron-hormon-maenner-gesellschaft-biologie-geschichte/komplettansicht?utm_source=chatgpt.com

7 Bola, JJ: Sei kein Mann – Warum Männlichkeit ein Albtraum für Jungs ist. Hanser 2020, S. 57.

8 Clemm, Christina: Gegen Frauenhass. Hanser 2023, S. 134.

9 Clemm: Gegen Frauenhass 2023, S. 134.

10 Eminem ft. Kendrick Lamar – Love Game

11 Eminem – Kill You

12 A. Muise et al.: Not in the mood? Men under- (not over-) perceive their partner's sexual desire in established intimate relationships. In: Journal of personality and social psychology, 110 (5), 2016, S. 725–742. *https://doi.org/10.1037/pspi0000046*

13 Snowden, Robert et al.: Automatic Distraction by Sexual Images: Gender Differences. In: Sexes 5(4), 2024, S. 778–795.
https://doi.org/10.3390/sexes5040050

14 Bola: Sei kein Mann, S. 60.

15 Chen: Ace 2020, S. 39.

16 Kheraj, Alim: Not Every Gay Man Is DTF. GQ 5.4.2018. *https://www.gq.com/story/not-every-gay-man-is-dtf*

17 Chen: Ace 2020, S. 39.

18 Murray, Sarah H.: Heterosexual Men's Sexual Desire: Supported by, or Deviating from, Traditional Masculinity Norms and Sexual Scripts? In: Sex Roles 78, 2018, S. 130–141. *https://doi.org/10.1007/S11199-017-0766-7*

19 Weiermann, Sebastian: Die Skandalisierung von Flüchtlingen, die Silvester feiern wollen. Übermedien, 30.12.2017. *https://uebermedien.de/24054/die-skandalisierung-von-fluechtlingen-die-silvester-feiern-wollen/*

20 Mathieu zitiert nach Dietze, Gabriele: Sex-Mob-Narrative um die Kölner Sylvesternacht. In: Movements – Journal for Critical Migration and Border Regime Studies 2, 2016, S. 177–185. *https://movements-journal.org/issues/03.rassismus/10.dietze--ethnosexismus.html*

21 Browley, Jasemine: I Decentered Men. Decentering Desire for Men Is Harder. The New Yorker, 27.9.2024. *https://www.nytimes.com/2024/09/27/style/modern-love-decentering-men.html*

22 Taylor, Charlie: How to Decenter Men. 15.10.2021. *https://www.charliestoolbox.com/post/how-to-decenter-men*

23 Hoan, E., MacDonald, G.: »Sisters Are Doin' It for Themselves«: Gender Differences in Singles' Well-Being. In: Social Psychological and Personality Science, 24.10.2024. *https://doi.org/10.1177/19485506241287960.*

24 Morel, Louise: Lesbisch werden in zehn Schritten. Ullstein 2025.

25 *https://www.tiktok.com/@justhopinalong/video/7315277319642418474?lang=de-DE&q=Woodard%20Boysober&t=1734437264765*

26 Charpentier, Marisa: She's Not Celibate – She's ›Boysober‹. The New York Times, 3.2.2024. *https://www.nytimes.com/2024/02/03/style/boysober-celibacy-hope-woodward.html*

27 Kaiser, Susanne: Politische Männlichkeit – Wie Incels, Fundamentalisten und Autoritäre für das Patriarchat mobilmachen. Suhrkamp 2020.

28 BBC: Elliot Rodger: How misogynist killer became ›incel hero‹. 26.4.2018.
https://www.bbc.com/news/world-us-canada-43892189

29 Beer, Isabell: Unberührt und voller Hass. Zeit 32/2020.
https://www.zeit.de/2020/32/incel-frauenfeindlichkeit-amoklauf-suizid-hass

30 Cuthbert, Karen: Neither ›incel‹ nor ›volcel‹ – Relational accounts of UK women's sexual abstinence. In: Women's Studies International Forum 101. Pergamon 2023.

31 Abbott, Elizabeth: A history of celibacy. Simon and Schuster 2000, S. 282.

32 Abbott: A history of celibacy 2020, S. 282.

33 *https://www.tiktok.com/@gibby_tingz/video/7434681887710350635?_r=1&_t=8rKRF7eDnn6*

34 Deutschlandfunk Kultur: Kein Date, kein Sex. 14.11.2024.
https://www.deutschlandfunkkultur.de/4b-feminismus-suedkorea-usa-100.html

35 Lee, Jieun, Jeong, Euisol: The 4B movement: envisioning a feminist future with/in a non-reproductive future in Korea. In: Journal of Gender Studies 30.5, 2021, S. 633–644.

36 Charpentier: She's Not Celibate 2024.

37 Johanssen, Jacob, Kay, Jilly Boyce: From femcels to ›femcelcore‹: Women's involuntary celibacy and the rise of heteronihilism. In: European Journal of Cultural Studies 2024.
https://doi.org/10.1177/13675494241293731

38 Clein, Emmeline: The Smartest Women I Know Are All Dissociating. Buzzfeed, 20.11.2019.
https://www.buzzfeednews.com/article/emmelineclein/dissociation-feminism-women-fleabag-twitter

39 Kahan, Benjamin: Celibacies – American Modernism & Sexual Life. Duke University Press 2013, S. 153.
https://doi.org/10.1215/9780822377184

40 Kahan: Celibacies 2013, S. 153.

10. Scheitern lernen

1 Fritz, Sophia: Toxische Weiblichkeit. Hanser 2024, S. 56–57.

2 Fritz: Toxische Weiblichkeit 2024, S. 56.

3 Fritz: Toxische Weiblichkeit 2024, S. 65–66.

4 Schutzbach: Die Erschöpfung der Frauen 2021, S. 30.

5 Cruschwitz, Julia, Haentjes, Carolin: Femizide. Frauenmorde in Deutschland. Hirzel 2022, S. 32–33.

6 Christen, Ursula, Kurt, Stefanie: Ja heißt ja, oder nein heißt nein? In: SozialAktuell 30, 2022.

7 Nagoski, Emily: Come as You Are – The Surprising New Science that Will Transform Your Sex Life. Simon & Schuster 2015.

8 Chen: Ace 2020, S. 146.

9 Chen: Ace 2020, S. 144–145.

10 Chen: Ace 2020, S. 140.

11 Absalon, Beate: Not giving a fuck: Von lustlosem Sex & sexloser Lust: Gesellschaftlichen Zwang überwinden und lebendige Intimität entdecken. Kremayr & Scheriau, S. 15.

12 Minchaca, C. et al.: Non-penetrative sexuality and sexual satisfaction among partners of prostatectomy candidates. In: The French journal of urology 35/2, 2025: 102797. doi:10.1016/j.fjurol.2024.102797; Interview mit Sexualtherapeut David Schnarch in der Zeit: *https://www.zeit.de/lebensart/partnerschaft/2012-05/schnarch-partnerschaft-sexualitaet*

13 hooks: Lieben lernen 2022, S. 289.

14 Markiewicz, Maria: Sexuality Is Over. Long Live Asexuality: Post-Sexuality in the Post-Post Era. In: Asexualities. Routledge 2024, S. 11–22.

15 Markiewicz: Sexuality Is Over 2024.

Nachwort

1 Young: Ace Voices 2022, S. 239.

2 Chasin, CJ DeLuzio: Reconsidering Asexuality and its Radical Potential. In: Feminist Studies 39, 2013, S. 416.

MIX
Papier | Fördert gute Waldnutzung
FSC® C083411

1. Auflage 2025

kiwi space

Bahnhofsvorplatz 1, 50667 Köln

Covergestaltung FAVORITBUERO, München
Covermotiv favoritbuero × Shutterstock AI
Gesetzt aus der Bely, der TT Commons und der Antique Olive Nord
Satz Buch-Werkstatt GmbH, Bad Aibling
Druck und Bindung CPI books GmbH, Leck
ISBN 978-3-462-01014-5

Kontaktadresse nach EU-Produktsicherheitsverordnung:
produktsicherheit@kiwi-verlag.de

Werde Teil der Community!

@kiwispace_verlag

@kiwispace_verlag

kiwispace.de

pinterest.com/kiwispace

kiwispace.de/newsletter/signup

kiwi space

there's no place like books